南京大学六朝研究所书系·丙种译丛·第贰号

南 京 大 学 六 朝 研 究 所　主编

从文物考古透视六朝社会

[德] 安 然 著　周 胤 等译

南京大学出版社

图书在版编目(CIP)数据

从文物考古透视六朝社会 / (德)安然著;周胤等译.
— 南京 :南京大学出版社,2021.1(2021.3 重印)
(南京大学六朝研究所书系. 丙种译丛. 第贰号)
ISBN 978 - 7 - 305 - 23523 - 8

Ⅰ. ①从… Ⅱ. ①安… Ⅲ. ①历史文物—考古—研究
—中国—六朝时代 Ⅳ. ①K871.424

中国版本图书馆 CIP 数据核字(2020)第 183006 号

出版发行　南京大学出版社
社　　址　南京市汉口路 22 号　　　　　邮　编　210093
出 版 人　金鑫荣

丛 书 名　南京大学六朝研究所书系·丙种译丛·第贰号
书　　名　从文物考古透视六朝社会
著　　者　[德]安然(Annette Kieser)
译　　者　周　胤　等
责任编辑　黄隽翀　　　　　　　　　编辑热线　025 - 83592409

照　　排　南京南琳图文制作有限公司
印　　刷　徐州绪权印刷有限公司
开　　本　787×1092　1/20　印张 10.6　字数 183 千
版　　次　2021 年 1 月第 1 版　2021 年 3 月第 2 次印刷
ISBN 978 - 7 - 305 - 23523 - 8
定　　价　58.00 元

网址:http://www.njupco.com
官方微博:http://weibo.com/njupco
官方微信号:njupress
销售咨询热线:(025) 83594756

总　序

一

晃晃悠悠的节奏、断断续续的过程，也许是"万事开头难"吧，从 2017 年 3 月 14 日"南京大学六朝研究所成立仪式暨学术座谈会"召开、计划出版系列图书至今，竟然已经三年又八个月过去了，具有"标志"意义的南京大学出版社版"南京大学六朝研究所书系"首批四册，终于即将推出，它们是：

刘淑芬著《六朝的城市与社会》（增订本），"甲种专著"第叁号；

张学锋编《"都城圈"与"都城圈社会"研究文集——以六朝建康为中心》，"乙种论集"第壹号；

［美］戚安道（Andrew Chittick）著、毕云译《中古中国的荫护与社群：公元 400—600 年的襄阳城》，"丙种译丛"第壹号；

［德］安然（Annette Kieser）著、周胤等译《从文物考古透视六朝社会》，"丙种译丛"第贰号。

既然是"首批四册"，如何"甲种专著"却编为"第叁号"呢？这缘于此前"书系"已经出版了以下数种：

胡阿祥著《东晋南朝侨州郡县与侨流人口研究》（修订本），江苏人民出版社，2019 年 10 月版，"甲种专著"第壹号；

吴桂兵著《中古丧葬礼俗中佛教因素演进的考古学研究》，科学出版社，2019 年 12 月版，"甲种专著"第贰号；

（唐）许嵩撰，张学锋、陆帅整理《建康实录》，南京出版社，2019 年

10月版,"丁种资料"第壹号;

　　胡阿祥著《"胡"说六朝》,江苏人民出版社,2019年6月版,"戊种公共史学"第壹号;

　　胡阿祥、王景福著《谢朓传》,凤凰出版社,2019年12月版,"戊种公共史学"第贰号。

　　据上所陈,"南京大学六朝研究所书系"的总体设计,应该就可以瞭然了。

　　首先,"书系"包含五个系列,即甲种专著、乙种论集、丙种译丛、丁种资料、戊种公共史学,这显示了我们对六朝历史之基础研究与应用研究的全面关注、对话学界之"学院"史学与面向社会之"公共史学"的兼容并包。

　　其次,"书系"出版采取"1＋N"模式,"1"为南京大学出版社,"N"为其他出版社,"1"为主,"N"为辅,但仍按出版时序进行统一编号。所以如此处理,自然不在追求"差异美",而是随顺作者、译者、编者的意愿以及其他各别复杂情形。

　　再次,"书系"虽以"南京大学六朝研究所书系"冠名,但只是冠名而已,我们会热忱邀约、真诚接受所内外、校内外、国内外的书稿,并尽遴选、评审、建议乃至修改之责。

　　要之,五个系列的齐头并进、出版单位的灵活安排、书稿来源的不拘内外,这样有异寻常的总体设计,又都服务于我们的相关中期乃至远期目标:通过若干年的努力,使学界同仁共襄盛举的"南京大学六朝研究所书系"渐具规模、形成特色、产生影响,而"南京大学六朝研究所"也因之成为学界同仁信任、首肯乃至赞誉的研究机构。如此,庶不辜负我们回望的如梦的六朝时代、我们生活的坚韧而光荣的华夏正统古都南京、我们工作的诚朴雄伟励学敦行的南京大学、我们钟情的昌明国粹融化新知的南京大学历史学院。

二

南京大学历史学院有着厚实的六朝研究传统。蒋赞初、孟昭庚等老一辈学者宏基初奠，如蒋赞初教授开创的六朝考古领域，在学界独树一帜，若孟昭庚教授从事的六朝文献整理，在学界备受赞誉；近20多年来，张学锋、贺云翱、吴桂兵、杨晓春等中年学者开拓创新，又形成了六朝人文地理、东亚关系、都城考古、墓葬考古、佛教考古等特色方向。推而广之，南京大学文学院程章灿之石刻文献研究、赵益之知识信仰研究、童岭之思想文化研究，南京大学地海学院陈刚之建康空间研究，皆已卓然成家；又卞孝萱师创办的"江苏省六朝史研究会"，已历半个多甲子，一批"后浪"张罗的"六朝历史与考古青年学者交流会"，近期将举办第七回，本人任馆长的六朝博物馆，成为六朝古都南京的璀璨"地标"，南京师范大学、南京市考古研究院、南京晓庄学院等，也都汇聚起不弱的六朝研究力量。凡此种种，既有意或无意中彰显了学者个人之"文章合为时而著，歌诗合为事而作"的"义理"追求，也主动或被动地因应了现实社会对历史记忆、文化遗产等的"经济"（经世济用）需求。

即以现实社会之"经济"需求而言，就南方论，就江苏论，就南京论，六朝时代既是整体变迁过程中客观存在的一环，又是特别关键、相当荣耀的一环。以秦岭-淮河为大致分界的中国南方，经过六朝时代，经济开发出来了，文化发展起来了；跨江越淮带海的江苏，唤醒历史记忆，弘扬文化遗产，同样无法绕过六朝时代；而南京所以能够成为中国第四大古都、中国南方第一的古都，也主要是因为六朝在此建都。

六朝的意义当然绝不仅此。举其"义理"之荦荦大者，以言孙吴，经过孙吴一朝的民族融合、交通开辟、政区设置，南中国进入了中国历史的主舞台，并引领了此后北方有乱、避难南方的历史趋势，比如东晋、南朝、南宋皆如此；以言东晋南朝，当中国北方陷入十六国大乱，正是晋朝在南方的重建以及其后宋、齐、梁、陈较为平稳的递嬗，才使传统华夏文明在南方得以保存与延续、发展并丰富,这样薪火相传、"凤凰涅槃"的南方华夏文明,又给北方的十六国北朝之"汉化"或"本土化"的演进,提供了鲜活的"样本"、完整的"模范",其结果,便是南与北交融、胡与汉融铸而成的辉煌灿烂的隋唐文明,特别是其中的精英文化;再言虽然分隔为孙吴、东晋南朝两段而诸多方面仍一以贯之的六朝,就颇有学者把包括六朝在内的汉晋文化与罗马文化并列为世界古代文明的两大中心,这又无疑显示了六朝文化在世界史上的超凡地位。

然则围绕着这样的"义理"与"经济",笔者起 2004 年、至 2018 年,为《南京晓庄学院学报》"六朝研究"专栏写下了 50 篇回旋往复甚至有些啰嗦的"主持人语",这些"主持人语",现已结集在"南京大学六朝研究所书系"最先问世的《"胡"说六朝》中;至于"南京大学六朝研究所书系"过去近四年的"万事开头难"、今后若干年的"不忘初心,而必果本愿",我们也就自我定位为伟哉斯业,准备着无怨无悔地奉献心力了……

南京大学六朝研究所　所长胡阿祥

2020 年 11 月 16 日

序

　　20 世纪 90 年代初,我在德国慕尼黑大学读汉学及中国艺术和考古专业硕士学位。当时,Käte Finsterbusch 教授特别强调南北朝时期的重要性,这极大地影响了我们。那时的西方汉学界对这一时期的研究不多,这就使得她的学生,包括我在内,都选择了南北朝时期作为硕士论文研究目标。从此我对南北朝时期的热爱就一发而不可收。我的硕士论文是考察位于今天山东地区的北朝崔氏家族墓葬,从 1988 年至 1989 年我曾在济南山东大学进行为期一年的语言学习,让我有机会了解这一地区。

　　此后,我的博士论文选择以南京地区六朝家族墓葬为研究中心。特别幸运的是,我在 1995 年至 1996 年在南京大学学习期间遇到像蒋赞初教授一样的学者,给我启发、令我受益。在德国,我对六朝时期随葬品的认知主要来自博物馆。在蒋教授的指导下,在好友傅江的陪伴下,我有机会在南京看到大量考古发掘地和发掘资料,对研究对象有了丰富且清晰的认识。他们的帮助给我留下了美好记忆,至今每每念及。我非常感谢罗宗真、梁白泉以及我在南京遇到的所有令人尊敬的老师和同事,感谢他们的友善、他们与我的交流以及对我的帮助。

　　博士论文完成以后,我在慕尼黑大学从事汉代墓葬研究工作,在美因茨罗马—日耳曼中央博物馆研究唐代考古发掘和金银器工艺,同时出版了一册为德国大众读者介绍中国艺术的简明历史书。但是我仍然不断地回到六朝这个主题,这是一个以其富于变化并涉及各个文化方面因而始终吸引我的时代。目前我在明斯特大学汉学暨东亚研究所主持一个由德国科学基金会资助的六朝时期长江中游墓葬研究项目。

为什么我对六朝时期如此感兴趣呢？长期以来，六朝研究一直处于汉、唐研究的阴影之下。然而越来越多的考古发现为我们提供了更多的对六朝时期进行深入探索的可能，比如，六朝时期创造的重要文化成果曾为大唐的繁荣奠定了基础，也为中华文化的传承留下了印记。考古发现证实，六朝时期中原与边疆地区保持着外交联系及密切的商业贸易往来。

我在研究中探讨的重点问题，长期以来只能通过文本证据来回答，现在可以从考古学的角度去验证。在这个过程中也会产生一些全新的问题，因此，考古材料应始终与研究工作紧密结合，并用于对传统观点的批判性核查。考古发掘反映了六朝时期人们所经历的历史变迁和政治变革，因此，通过对文化遗产的研究，我们可以为过去的时代打开一扇窗，用物质遗产去解答历史疑问。当时人们是如何面对战乱和由此而产生的逃亡迁移？他们怎样去适应陌生的环境？南方的考古发现揭示出流民与本土居民之间怎样的应对策略与互动关系？这一时期的巨变对物质文化和人民信仰的影响在考古发现上有怎样的表现？在对南京周边地区家族墓葬及长江以南其他墓葬的研究时，这些都是我所关注的关键性问题。

考古材料所显现出的西晋和东晋之间的变化是我经常关注的主题。《魂返故土还是寄托异乡？——从墓葬和墓志看东晋的流徙士族》（2002）和《建康东晋流徙士族墓葬新解》（New insight on émigré tombs of the Eastern Jin in Jiankang, 2011）以当地的家庭墓葬为历史背景分析了当时都城地区墓葬的特征，并尝试从他们的墓地去了解流徙到南方的士族采取的生存的策略。《"广州皆平康"：南朝广东的墓葬与移民》（'Nur Guangzhou ist ruhig und friedlich'—Grabkult und Migration während der Sechs Dynastien im heutigen Guangdong, 2004）和《"长眠于他挚爱的山中"？寻找王羲之墓》（'Laid to rest there among the mountains he loved so well'? In Search of Wang Xizhi's Tomb, 2011）两篇文章，分析比较了长江中游、浙江和广东的墓葬，依据考古资料描述了当地的移民流动，探讨了可能的墓主。《从考古角度看东晋社会——初探》(Eastern Jin Society from the Perspective of the Archaeological Evidence. A Preliminary Survey，2019)尝试对已知的中国南方六朝时期不同的墓葬类型依照历史资料所记载的当时的社会族群进行归类。《葬礼对犯罪与道德的态度》(Attitudes towards Crime and Morality as reflected in Burial，2014)和《孝子贤孙不见了？一个在时代变迁中消失的主题(东汉至南北朝)》(Kein Raum für kindliche Pietät? Über das Verschwinden eines Motivs im Wandel der Zeit [Östliche Han bis Nördliche und Südliche Dynastien]，2019)这两篇文章意在观察社会规范中的行为，特别是差别极大的行为模式和社会规范，如犯罪、道德及孝道如何在考古资料中得以反映。以现实生活世界为参照，具体细致地对不同的随葬品进行分析则见于《六朝(220—589年)漆器之考察》(Six Dynasties (220—589) Lacquer Ware- a Survey，2019)和《香袋和猪圈：中国南方六朝墓葬中的厕所模型明器》(Von Duftsäckchen und Schweinekoben：Toilettenmodelle aus Gräbern der Sechs Dynastien in Südchina，2017)。

这本论文集中的许多文章以我在"汉唐之间"会议上所做的报告为基础，以参加巫鸿在芝加哥大学和北京大学发起的同名系列国际讨论会(1999—2002)为肇始。除了以六朝为主题的专业会议之外，"中国中古研究会"及美国"亚洲研究协会"(AAS)的年会为学者们提供了研究讨论交流的机会。中国中古研究会杂志也为专业文章的发表提供了平台。此外，在欧洲关于"中国中古研究"的工作坊以及几年前新成立的"欧洲亚洲艺术和考古协会"(EAAA)都提供了与同事交流思想的机会。在"东亚考古学会"(SEAA)的会议上，我有机会将我的研究主题介绍给考古专业学者。

胡阿祥教授为我提供机会，将这些文章翻译成中文在南京大学出版社出版，对我来说，这是一个莫大的荣誉。本书的出版，会使更多的中国读者可以看到这些文章，当时，我主要是为那些不熟悉六朝时期研究的读者而写的,其中有些已经是 15 年前的旧文。我非常高兴得到这次机会,能通过这本论文集与我的中国同事、与所有那些乐于分享这一时代魅力的人们加强交流。在此我谨衷心感谢南京大学出版社,特别感谢胡阿祥教授!

同样,我还要感谢诸位翻译者:在德国的李敏、赵圆、陆岸和陈钢林以及在中国的周胤和吴驷,感谢我在明斯特大学的同事于宏博士。最后,我要表达我对中国考古界同仁的谢意,通过他们不辞劳苦的工作使得出土文献和发掘报告大量问世,为深入而全面的专业研究奠定了基础。

安然(Annette Kieser)

2019 年 6 月于明斯特

目　录

魂返故土还是寄托异乡？

——从墓葬和墓志看东晋的流徙士族①

一、导　论

自中华人民共和国成立以来，特别是近 15 年里，在南京市区及近郊，大量东晋时期的墓葬得到发掘。清理出来的不仅有常见单个的墓葬，而且还有集中埋葬的家族墓群，后者呈单行或双行有序排列，通常坐落在山坡上。

这些士族大多能见于史书。永嘉五年（311），匈奴军队攻下洛阳，西晋随后灭亡，北方从此为异族所统治，这些原籍北方的士族便纷纷南徙避难。317 年，司马睿于建康（即今日南京）建立东晋，此后，正是这些士族的成员被授高官显职。琅邪（今山东临沂北）人丞相王导（276—339）即当时名流之一，声势显赫。而王导家的一支旁系便葬在南京象山。②陈郡阳夏（今河南太康）人谢安（320—385）位至宰相，知名当世，他的家

①　原刊于《东南文化》2002 年第 9 期，第 45 - 49 页。

邀我撰写此文的是我尊敬的蒋赞初教授，我想在这里向他致谢。2000 年，我在慕尼黑大学完成了以《乡豪、流民、新贵——公元 3 至 6 世纪中国南方的家族墓地》（Landadel-Emigranten-Emporkoemmlinge. Familienfriedhoefe des 3. - 6. Jh. n. Chr. in Südchina）为题的博士论文，本文系该论文几个部分的摘要。1995 年至 1996 年，我在南京大学，进修期间，我得到了蒋教授的可贵帮助和支持。

②　南京市文物保管委员会：《南京人台山东晋兴之夫妇墓发掘报告》，《文物》1965 年第 6 期，第 26 - 33 页；南京市文物保管委员会：《南京象山东晋王丹虎墓和二、四号墓发掘简报》，《文物》1965 年第 10 期，第 29 - 45 页；南京市博物馆：《南京象山 5 号、6 号、7 号墓清理简报》，《文物》1972 年第 11 期，第 23 - 41 页；南京市博物馆：《南京象山 8 号、9 号、10 号墓发掘简报》，《文物》2000 年第 7 期，第 4 - 20 页。

族墓葬在司家山。① 此外在老虎山发掘了祖籍同为琅邪的颜氏家族墓群,②在吕家山清理了来自广平(今河北省)的李氏家族墓。③

通过所发现的墓志,可确考这些墓与上述士族的归属关系。墓志通常记述死者的家世,本人及父辈、有时包括祖辈的职官,他的年寿和故世日期,他的葬地以及其后嗣同他们的配偶。在所发现的墓志中,有一方为东晋初年(324)去世的谢鲲墓志。谢鲲系后来宰相谢安的伯父,他的墓志除了包含通常的内容之外,还透露了其他的信息。现录如下:

> 晋故豫章内史陈国阳夏谢鲲幼舆,以泰宁元年十一月廿八亡,假葬建康县石子罡……旧墓在荥阳。④

按这方墓志的说法,谢鲲墓并未被墓主人当作最后的安息之地,而是视之为假葬,也就是说,仅作为临时葬地。⑤ 倘若想到东晋初年流民的处境,便不难理解此话的特殊意味。异族占领北方后,许多人被迫匆忙地离开北方故里,流散到陌生的江南一隅。人们并不满足于流徙生涯,相反,他们都怀着不久便恢复中原的心愿。⑥ 届时回归故土,亦可

---

① 南京市博物馆、雨花台区文化局:《南京南郊六朝谢琰墓》《南京南郊六朝谢温墓》,《文物》1998 年第 5 期,第 4 - 14 页;南京市博物馆、雨花台区文化局:《南京司家山东晋、南朝谢氏家族墓》,《文物》2000 年第 7 期,第 36 - 49 页。

② 南京市文物保管委员会:《南京老虎山晋墓》,《考古》1959 年第 6 期,第 288 - 295 页。

③ 南京市博物馆:《南京吕家山东晋李氏家族墓》,《文物》2000 年第 7 期,第 21 - 35 页。

④ 南京市文物保管委员会:《南京戚家山东晋谢鲲墓简报》,《文物》1965 年第 6 期,第 34 页。荥阳在今河南省郑州西面。

⑤ 罗宗真:《从考古资料看六朝谢氏家族的兴衰》,《东南文化》1997 年第 4 期,第 15 页。

⑥ 克伦威尔(William G. Cromwell):《北方流民和人口普查登记的问题》,丁爱博(Albert E. Dien)编:《中国中古早期的国家与社会》(*State and Society in Early Medieval China*),香港:香港大学出版社(Hong Kong University Press),1990 年,第 175 - 176 页。

把在南方死去的家族成员带上，让他们归葬旧茔，得到最终的安息。①

南徙移民谢鲲的墓并非作为其永久之坟茔，而只是为短时过渡而建，这一点已在其墓志中得到清楚的表明，那么需要澄清的是其他墓的情况，即东晋时期由北方移民在南方所建的那些墓葬，是否有另外的墓志、墓葬形制和随葬物能够揭示墓葬属于临时的还是最终的性质。②最后，东晋时期移民对墓葬的态度发生的变化，是否有一发展的脉络可循。迄今为止所清理的南渡移民的墓葬，为解答这些问题提供了良好的事实依据，因为这些墓葬的时间跨度大，早的建于东晋初年，晚的止于刘宋伊始。

二、企望回归——王兴之和王丹虎

1965 年迄今，在南京北郊象山发掘了王彬家族 3 代的 10 座墓葬。③ 从其子女的墓志来看，咸和八年（333）去世的王彬亦葬在象山（但其墓未保存下来），他是丞相王导的堂兄弟，著名书法家王羲之的叔辈。他本人在东晋任侍中，即皇帝的顾问。其兄王廙在朝廷威望甚高④，永昌元年（322）故世后，很可能便葬在 M7 中。在这十座墓葬中，M1 和 M3

① 将在南方故去亲人的遗体迁葬故乡的义务，乃是出自为先人送终的传统。颜之推便试图将他临时安葬在江陵的双亲，迁回建康的旧茔。见《颜氏家训·终制》"先君先夫人皆未还建邺旧山，旅葬江陵东郭。承圣末，已启求扬都，欲营迁厝。"

② （作者注）可惜谢鲲墓在这些方面几乎不能给我们提示，因为它遭到了严重破坏，盗墓者仅留下一个青瓷碗。

③ 南京市文物保管委员会：《南京人台山东晋兴之夫妇墓发掘报告》，第 26 - 33 页；南京市文物保管委员会：《南京象山东晋王丹虎墓和二、四号墓发掘简报》，第 29 - 45 页；南京市博物馆：《南京象山 5 号、6 号、7 号墓清理简报》，第 23 - 41 页；《南京象山 8 号、9 号、10 号墓发掘简报》，第 4 - 20 页。2000 年进行发掘的墓葬 M11 的报告目前尚未发表。

④ ［唐］房玄龄等撰：《晋书》卷七十六《王廙传》，北京：中华书局，1974 年，第 2002 - 2005 页。

这两座墓尤其具有研究价值,因为它们属于最早的、可明确断代的移民家族墓。同时它们未被盗掘,保存状态良好,这样便可确认随葬物的种类及其在墓中的摆放位置。两座墓葬中均置墓志,但志文没有交代安葬的方式。

表1-1　王氏家族墓

M1	王兴之和宋和之	341/348	未扰乱
M2	墓主不明	刘宋初	顶塌落
M3	王丹虎	359	未扰乱
M4	墓主不明	东晋	遭盗掘
M5	王闽之	358	可能未盗过
M6	夏金虎	392	顶塌落
M7	有可能王廙	322	未扰乱
M8	王仚之	367	遭盗掘
M9	王建之和刘媚子	371	未扰乱
M10	墓主不明	东晋	遭盗掘

咸康七年(341)安葬在 M1 里的是王彬之子王兴之,其墓室甚小,只有 3.7 米×1.75 米的空间,系砖结构,有券顶和短甬道。7 年后,其妻在同墓合葬。放在男棺头部的有一把青瓷壶、3 个青瓷碗和 1 个青瓷香熏,而放在女棺头部的只有一把青瓷壶。墙上置灯盏和石刻墓志。王兴之的棺内放着个人的随葬物,包括几件容器、用具、铜镜、铜弩机和一只金环,与他随葬的还有罕见的器物,如一个鹦鹉螺杯和一个铅人。为防潮,女棺底部洒有石灰,相比男棺,这里除了弩机、铁镜和石板之外,仅存一根金簪。王兴之的姐姐王丹虎于升平三年(359)卒,她的墓即 M3 的情景亦类似。她也葬在一座券顶只有 1.34 米高的小砖室墓中,面积为 4.25 米×1.15 米,墓门前有一道排水沟。棺室壁龛中有两个青瓷灯盏,除了砖质墓志之外,棺头那仅有一把青瓷壶。墓室布置得极其简陋,这与棺内墓主人的大量陪葬品形成了鲜明的对照。该棺下

也铺有一层石灰,起防潮作用。这里除了一些容器、铁镜和铜弩机之外,还有日常用器皿、数量可观的首饰以及大批穿孔贝壳。而最引人瞩目的发现,则是那200余粒丹丸,有人认为那是"摄生"的仙丹。①

以上两墓均为券顶单室砖墓,棺室极小,又窄又矮,在里面几乎无法行走。除灯盏外,在入口处棺头部位摆放的容器寥寥无几,这些器物形制单一,毫无装饰价值。相反,棺内却置有不少,有的随葬品部分甚至十分珍贵。这些墓葬在规模和随葬品的数量上表现出的节制这一特征令人惊异,这里安葬的可是当时最显赫的家族之一的成员,而且有的家人作为政治精英与皇室过往甚密。从这一点来看,再考虑到王丹虎丰厚的随葬首饰,墓葬建得过小,墓穴容器过少,不可能是出于经济因素。

探索墓葬简朴之因,先得弄清是否有这种可能,即这种墓葬形制和随葬品的规模,反映了移民从北方老家带来的丧葬传统。从墓中置墓志来说,情况确实如此,因为东晋之前,这种习俗尚不见于江南。至于墓葬的其他随葬品,移民在江南所建之墓与其先人在北方所建之墓的区别颇大:与 M1 和 M3 正相反,西晋时期北方的墓葬不仅有大量容器,而且还有第二类即模型器随葬,包括家用器具、仓、井、家畜模型、陶俑、陶马及牛车。这一类模型器在王氏家族墓 M1 和 M3 中未见。除此之外,北方墓葬的规模绝不小,某些甚至建成双室墓。②

东晋建立之前,地方豪族在南京地区所建的墓葬无不奢华,在这一背景下,更无法理解王氏家族墓的这种处理。③ 因为人们会期待,新来者为了与世代居住此地的人竞争,同样要建豪华的墓葬,以便炫耀自己

---

① 雷德侯(Lothar Ledderose):《六朝书法中的某些道教成分》("Some Taoist Elements in the Calligraphy of the Six Dynasties"),载《通报》(*T'oung Pao*),LXX (1984),249.

② 洛阳市第二文物工作队:《洛阳谷水晋墓》,《文物》1996 年第 8 期,第 37 - 45 页。

③ 南京市文物保管委员会:《南京板桥镇石闸湖晋墓清理简报》,《文物》1965 年第 6 期,第 37 - 45 页。

的家族。这些土著士族的墓葬为双室墓,有高大的穹窿顶,内置祭台,上面摆着数量可观而造型各异的青瓷容器。与仅晚几年的王氏家族墓中使用的没有纹饰、形制简单的青瓷器正好相反,这些青瓷器有饰模印纹和兽头图案作装饰。除此之外,还有狮子形的插器、虎形的虎子及特制的单件器物,如造型优美的兽形尊。① 西晋时,无论江南抑或江北的墓葬中,首先少不了第二组随葬品,即各种模型器,它们属于大墓的常规随葬器物。

由于王氏把家族墓建得简陋窄小,未追随北方传统,也谈不上欲同江南大户的墓葬见高低,这一点只能有一种适宜的解释:即同谢鲲墓一致,王兴之和王丹虎这两座墓也只是临时葬地。在这种背景下,可对这些特征做如下阐释。建这些临时墓葬,绝非是为死者提供一个长久的居室,它们只是要在迁葬那天之前,起到尽量安全存放棺木和防止其腐烂的作用。建券顶墓,里面恰可容纳棺木和几件祭祀用的容器,乃是一种简易可行的解决方法,且结构又不失牢固。王丹虎墓的棺室修得如此矮小,人只能弯腰在里面站着。为了防止水的渗入,墓中设有一条排水沟,同时棺底施石灰。也许只是基于江南土壤的特性,更简便和更省时的土洞墓葬恐会坍塌,人们才选择了砖券顶。② 常见的墓室装饰亦予放弃。墓中没有模型和陶俑,就是说墓无陈设,非死者之新居。人们这样做,是因为他们希冀在不久之未来,于北方家园修筑最终的归宿,届时再显示那种排场。同样,临时墓葬中的容器也减到不能再减,安葬当日,灯盏照明墓室,靠一把壶、一只碗和一个香熏盛着供品,作第一次祭祀。王丹虎墓入口处仅有一把壶,说明所需器物可以少到何种程度。这一礼仪只用无装饰的简单器物,也许是因为这些器物价廉易得的缘

---

① 宜兴县周氏家族墓地 M4 出土的神兽尊、江宁县秣陵公社出土的熊尊。南京博物院:《江苏六朝青瓷》,北京:文物出版社,1980 年,图版 38、40。

② 在江苏六朝时期的所有墓葬中,没有一座采用土洞形式,也说明了这一点。相反,北方却能发现这种土洞墓。洛阳市第二文物工作队:《洛阳谷水晋墓 FM6 发掘简报》,《文物》1997 年第 9 期,第 49 - 54 页。

故。西晋时，兽形尊或其他特别的器形见于江南墓葬，现无人再为此定做。江南人这种对装饰复杂的青瓷器的偏爱，似乎并不为江北人所重。与几乎空空如也的棺室相反，棺内死者的随葬品却十分丰富，这一现象亦颇能说明问题。迁葬时开棺的可能性极小，连棺带人一并运回北方显得更合情合理。因此，死者入殓时已装饰完备，如同最终的安葬，他们佩戴首饰，其他特别珍贵的个人财富，可能还有唁劳之赠以及对死者必不可少的器物，均摆放在身旁或棺首。王兴之和王丹虎，或安葬他们的亲人，怀有不久光复中原之热望。一旦能安全地返回北方，人们便会打开墓葬，将他们同棺木迁回故乡。他们将最终被安葬在故里，正如西晋时他们的先人在北方安葬时那样，建大墓室，里面放置模型、陶俑以及大量供盛大祭祀礼仪之用的器物。

1958 年清理的 4 座颜氏家族墓是临时的还是最终的，其特征就不那么明显。① 颜含是东晋第一个皇帝司马睿的心腹，他的两个儿子、一个儿媳和一个孙子葬在老虎山，同样在南京北郊。②

表 1 - 2　颜氏家族墓

M1	颜谦之妻刘氏	345	也许未遭盗掘
M2	颜綝与妻	东晋	未扰乱
M3	颜约与妻	东晋	也许未遭盗掘
M4	颜镇	东晋	未扰乱

颜氏家族墓建得虽比王氏家族墓要高大些，随葬品看上去亦更多。但这些主要是容器，可能是针对临时墓葬中第一次规模大一点的祭祀，因为这里又缺少本来用来充实墓葬的模型器。③ 唯一发现的刘氏的墓志，也没有提供其他的线索。

---

① 南京市文物保管委员会：《南京老虎山晋墓》，第 288 - 295 页。
② ［唐］房玄龄等撰：《晋书》卷八十八《颜含传》，第 2285 - 2287 页。
③ （作者注）发表的发掘报告太简要，而且没有说明，哪些器物放在墓室，哪些又在棺中随葬，因此很难让人把握墓葬的特征。

三、接受现状：王廙、李繤、王闽之和王建之

王兴之墓 M1 和其妹王丹虎墓 M3 的状况表明，它们均系临时墓葬，而象山另一个墓葬的面貌却全然不同。M7 的墓主人有可能是王彬兄王廙，他卒于永昌元年（322），但墓中没有发现墓志。此墓亦未遭盗掘，它位于象山的西侧，离八座排葬的王彬的后嗣墓葬较远，但该墓明显特殊的情况还不仅是由它所在位置决定的。该墓建在较大的近乎正方形的平面上，上有 3.5 米高的穹隆顶，壁置直棂假窗，甬道原由中间一道木门封闭。就其随葬品而言，该墓在许多方面都显得非同寻常。甬道中有一架牛车和一匹马，旁边立着 14 个陶俑。不光是这组牛、马、俑的出现，而且其数量在东晋初期也是极不寻常的，因为大约要到东晋晚期，江南的墓葬中才置陶俑，而即使如此，也不过 2—4 个一组而已。在墓室的入口处，为墓主设有一个宽大的陶案几，上面放着一个陶凭几和一个陶盘，盘上有两个盛饮料的陶耳杯。另外还有一个散发可人馨香的青瓷熏，旁有一个青瓷唾壶和一个陶砚。案几的脚下有一个供取暖的铜方炉。除了壁龛中的青瓷灯盏外，照明墓室的还有角落里的青瓷灯。墓室靠墙处摆着为数可观的青瓷囷，旁边是饮、食器，在所葬 3 人的棺首，也有饮、食器和香熏。王廙个人和他两个妻子的随葬品亦超过其他的王氏家族墓。不少金、银簪以及珠宝装饰着两位女子的头部，也许还有她们的衣裳。王廙右边女子的棺中有一件珍贵的、西域传入的玻璃杯，另一件在王廙的棺中，旁边是墓主人的生前用品，如玉带钩以及一枚嵌金刚石的金指环，在东晋考古中所发现的金刚石指环仅此一枚。

倘若像 M1 和 M3 这样的小型墓室和不完备的随葬品说明这是临时处理，那么，M7 便应视为最终的墓葬。我们已经看到，其规模和装饰之出众，使王廙墓成为舒适的最后安息之地。这便意味着，墓主人并不打算重返北方，也不愿往那迁葬。此事乍看着实让人惊讶，有别于后

来在江左出生的几代人，王廙可是属于最早一代人，这些人仍未忘怀中原。王廙与皇室相交甚笃，随葬丰厚恐怕与此有关。他是后来晋明帝的绘画老师，安葬王廙时，皇室还以家礼相待。① 兴许是靠这一层与皇室格外密切之关系，保证了王廙一生得以过着奢侈的生活，玻璃杯和金刚石指环便说明了这一点。这种生活是他在北方从未经历过的吧？

　　1999 年在南京东面吕家山清理了三座广平李氏家族墓，这些墓葬系东晋中叶所建。② 从李缉墓 M1、王氏（李摹之妻）墓 M2 和李摹墓 M3 出土的 3 方墓志，由于墓志记载的时间都是升平元年（357）的同一天，所以人们推测，这三座墓为同时迁移改葬墓，但也不能完全否定三人死于非命的可能。李摹后来于宁康三年（375）与其先亡之妻合葬在 M2 中。任何一位墓主均不见于《晋书》，其亲属关系，只有依据李摹和李缉名字写法上的相似性来推断。他们有可能是兄弟俩，M1 中安葬的兴许就是他们的父亲。

表 1‑3　李氏家族墓

M1	李缉和陈氏	357	遭盗掘
M2	李摹、武氏和何氏	357/375	遭盗掘
M3	李摹	357	遭破坏

　　3 座墓的墓室通长不过 4.5 米，与王氏家族墓 M1 和 M3 一样，规模颇为节制，里面亦未置模型器。尽管 M1 和 M2 已遭盗掘（M3 破坏严重），然而还是可以看出，这里随葬的容器虽然有限，但其数量仍要多于王氏家族墓中的容器。在 M2 中可以发现，两把青瓷盘口壶、两只钵以及 7 个陶盘为几组祭祀容器，分别于 357 年安葬武氏时及 18 年后即 375 年合葬李摹和他第二任夫人时随葬。在李缉和陈氏墓 M1 中有好

---

　　① 《历代名画记》卷二。《晋书·王廙传》："帝犹以亲故，深痛愍之。丧还京都，皇太子亲临拜柩，如家人之礼。"［唐］房玄龄等撰：《晋书》卷七十六，第 2004 页。

　　② 南京市博物馆：《南京吕家山东晋李氏家族墓》，第 21‑35 页。

几只碗、两把盘口壶和一个筒形罐。如何对这些墓葬进行解释呢？其性质是临时的还是最终的呢？墓志给了我们进一步的提示：357 年撰写的李缉和李摹的墓志上记载，位于今日河北省的广平郡，即北方，为墓主的故乡，而 18 年之后去世的李纂的墓志上却写着：

晋故宜都太守魏郡肥乡李纂宁康三年十月廿六日。

咸康四年（338），东晋成帝时，在建康设置了魏郡，作为移民居住的侨郡。[①] 既然李纂墓志称此郡为他的家乡，那么在 18 年期间，在妻子、兄弟和父亲故去后，李氏家族的思想仿佛起了变化。李纂于宁康三年（375）甘心留在江左，看来已接受南方作为他新的故乡。考古发掘报告上也这样认为："同时反映当时一部分南渡士族逐渐面对现实，更加实际的复杂心态。"倘若《晋书》记录了死者的生平，说不定便会提起这一态度的转变。而现在我们只能依赖墓志了。

在寻觅南渡移民观念转变，接受南方为他们新的家乡这方面的文字资料时，发现了象山王氏家族另两座墓葬中的墓志。这里葬的是王彬的两个孙子，即王氏第三代的两个成员。王闽之和王建之分别于升平二年（358）和咸安二年（372）葬在 M5 和 M9 中。他们的墓志记载没有李纂的墓志那么清楚，但还是称琅邪，即山东为他们的老家。在大家豪族中，人们以这一地名来区别来自其他地方的王氏士族（如太原王氏或东海王氏）。琅邪王氏家族是东晋最重要的士族，恰恰作为这一家族的成员，与无足轻重的广平李氏相反，他们是绝不会放弃名字前面的地名的。然而，到了东晋晚期，琅邪的称谓已不再暗示与祖籍老家在精神上的特殊联系了。在这些墓志中，更为重要的是象山家族墓的名称，它现在被称为"旧墓"。而在太宁二年（324）撰写的谢鲲墓志中，"旧墓"还

---

① 《晋书·地理志》："咸康四年侨置魏郡、广川、高阳、堂邑等诸郡。"[唐]房玄龄等撰：《晋书》卷十五，第 463 页。

在指北方谢家的祖坟。态度方面的转变还可通过以下事实说明，王闽
之和王建之娶的都是南方豪族的女子，即吴兴的施氏和南阳的刘氏。
墓志清楚地表明，东晋初期，子女还只愿与北方来的士族联姻。这一思
想的改变，看来并（还）没有通过随葬品或墓葬的变化表现出来。即使
王闽之，亦像他的表兄弟王建之一样，两人的墓葬都不大，里面没有模
型器，祭祀容器也寥寥无几。

四、在接受现实和寄托希望之间徘徊：谢球和谢琰

通过移民墓葬中的一些墓志，可以看出，随着时间的推移，南渡移
民对其流徙之地的观念已逐渐发生了变化。1984—1987 年，考古工作
者在南京城南郊的司家山清理了谢氏家族墓，这些墓的考古资料为我
们提供了一次检验机会，看移民的观念变化是否也在墓葬结构，特别是
随葬品中得到了表现。① 所有七座墓均建于东晋晚期和刘宋初期。在
这里安葬的有谢琨和谢球，他们是宰相谢安的两个侄孙，也是谢琨的曾
侄孙。在上面提到的谢琨墓志上，记的还是"假葬"。

表 1-4　谢氏家族墓

M1	墓主不明	南朝初	遭扰乱
M2	墓主不明	南朝初	遭扰乱
M3	墓主不明	南朝初	遭盗掘
M4	谢球和王氏	407	遭盗掘
M5	谢温	402	遭盗掘
M6	谢琰	421	遭盗掘
M7	墓主不明	南朝	遭破坏

---

①　南京市博物馆、雨花台区文化局:《南京南郊六朝谢琰墓》《南京南郊六朝
谢温墓》，第 4-18 页;南京市博物馆、雨花台区文化局:《南京司家山东晋、南朝谢
氏家族墓》，第 36-49 页。

　　这些墓葬在规模上均建得较大,其墓室可长达 6 米,高可过 3 米,祭祀时可从容地直身站立。甬道中可能原有木门,棺木放置在砖砌的棺床上。在墓室的设计上,又着意模仿居室。如谢球墓和谢琰墓,墓室设直棂假窗,侧壁和后壁上的假窗最多可达 5 个,假窗上方设龛置灯。墓室附加之灯取三足盆形,置于盘上。为了墓主人的舒适,墓中还放置了凭几。遗憾的是,无一墓能逃脱盗掘的厄运。但总的看来,随葬品的数量有增多的趋势,而器型亦更加丰富。如容器不像在王氏和李氏家族墓,仅限于盘口壶、罐和碗,这里还有鸡首壶、唾壶以及盛饮料的耳杯和盏托。即使这儿也未置模型器,但是 M1 中毕竟还有两件石俑。从墓葬形制和随葬品来看,这些墓更像是最终的墓。

　　相比之下,志文的记载,令人吃惊:墓志称北方陈郡为故乡,像琅琊王氏的情况一样,这里的陈郡也应视为士族身份的标志。谢球于义熙三年(407)下葬,但其墓志不像其他墓志通常那样用“葬”字,而是使用“厝”字,后者也许如同“假葬”,要作为临时安葬来理解。[①] 9 年之后,谢球之妻与其合葬,为此所刻的砖文又重复了“厝”字。东晋时期,人们盼着王室恢复中原。但到了公元 421 年,即刘宋永初二年,东晋王朝已不复存在,谢琰墓志却仍写着“厝”字。

　　墓志和墓室装饰之间的矛盾十分明显,墓葬既要建得比先前舒适,又要称作是临时的,这恰好说明南迁移民在务实和怀盼之间徘徊的心态:由于在江左生活的已是第三代和第四代人,他们业已安于现状。人们不再抱着很大的希望,重返中原的愿望也许已经荡然无存。正是出于此因,人们才为他们死去的亲人建造这样的坟茔,它们要比东晋初期移民的墓葬宽大舒适。同时,献祭之物亦更丰富,因为这很可能即最后一次献祭。尽管如此,人们仍保持谨慎,不愿完全摈弃返回北方故土的念头。出于此因,志文称其为临时墓葬。在死者的家中,也许保留着一

---

　　① 见罗宗真:《从考古资料看六朝谢氏家族的兴衰》,第 15 页。并请参考前注《颜氏家训》中“厝”的含义。

份载此志文的拓片，它提醒家人，有朝一日返回北方家园时，勿将死者弃在江南——当年人们离开北方时过于仓促，便发生过这样的事。

五、结束语

南下移民与其故乡和他们流亡之地的关系究竟如何，墓志和墓葬装饰给人的印象并不一致。恰恰在东晋的动乱时期，不同的士族、甚至一个家族的不同成员，都会按照个人的境遇和地位，有不同的观点。早在东晋初期，北方移民中便明显的有两派：一方面是像谢鲲和王氏家族中的几位成员，他们坚信，在不远的未来，无论生与死，一定能重归北方故里。另一方面是像王廙这样的人，他们早已甘心于现状。50 多年后，如同李缪一类的许多人已接受江南的生活，但依旧有些人如谢家成员，在许多年之后，仍对回归抱有一线希望。

对墓葬作临时性抑或最终性的划分，其界限并不总是一目了然。参照的范畴之一，在某些情况下为随葬品，在另一些情况下，又要看志文的选词，或者它们向我们指出不同的趋向。总之，在阐述东晋墓葬时要谨慎，因为在东晋结束 160 年之后，中国才由隋重新统一。因此，那些本来只为几年过渡而建的墓葬，最终还是成了北方移民的最后的安息之地。但是，在今日所发现的这些墓葬旁，穿插着另一些墓葬，它们的建造，乃是为了永恒。

陈钢林（德国慕尼黑大学）译

建康东晋流徙士族墓葬新解^①

公元 311 年,洛阳沦陷于异族,西晋随之灭亡。大批的北方民众不愿留在外族的统治下,等待一个不确定的未来,遂选择了背井离乡,迁往南方。南迁的浪潮出现过几次,北方流徙家族迅速掌握了政权,并于公元 317 年在建康重建了晋室,是为东晋。许多流徙士族成为新政权及朝廷核心集团的重要人物,最著名者,即东晋初年的王导和公元 385 年去世的谢安。流徙家族虽很快在南方安顿下来,但他们从未放弃过北归的念头,尽管只短暂地收复过洛阳。^②

在过去数十年中,南京地区的考古发掘揭露出不少这些北方移民的家族墓群,包括皇室司马家族的一些墓葬。^③ 第一座流徙士族墓发掘于 20 世纪 50 年代末。

对这些地下建筑及其随葬品的分析表明,它们从未作为永久的安息之所,而只是暂时的茔墓。一旦北方被收复,都城迁回洛阳,这些墓葬就将再次打开并随之迁往北方[安然(Kieser,Annette):《东晋时期

---

① 原刊于罗亚娜(Rosker,Jana S.)、娜塔莎(Natasa,Vampelj Suhadolnik) 编:《转型之作:早期中古中国的文学、艺术和哲学》(*The Yields of Transition: Literature, Art and Philosophy in Early Medieval China*). Cambridge, Scholars Publishers 2011.

② 桓温短暂收复洛阳一事,参见其本传。[唐]房玄龄等撰:《晋书》卷九十八,北京:中华书局,1974 年,第 2568 页。

③ 关于南京地区出土的 200 多座墓葬的数据和分析,参见安然(Kieser):《乡豪、流民、新贵——公元 3 至 6 世纪中国南方的家族墓地》(*Landadel-Emigranten-Emporkömmlinge. Familienfriedhöfe des 3. - 6. Jh. n. Chr. in Südchina*),*Asiatische Forschungen* 144. Wiesbaden:Harrassowitz, 2002.

北方移民对南方墓葬影响的重新评估》,巫鸿编:《汉唐之间文化艺术的
互动与交融》,北京:文物出版社,2001 年,第 231－272 页。]。

　　近代南京的建筑活动导致了考古发掘的激增,并出现了更多的北
方家族墓群。下文将对此进行分析,并说明它们是否也能支持临时墓
葬的观点。同时,其他有关建康流徙士族生前死后的方面,在文中也将
进行探讨。

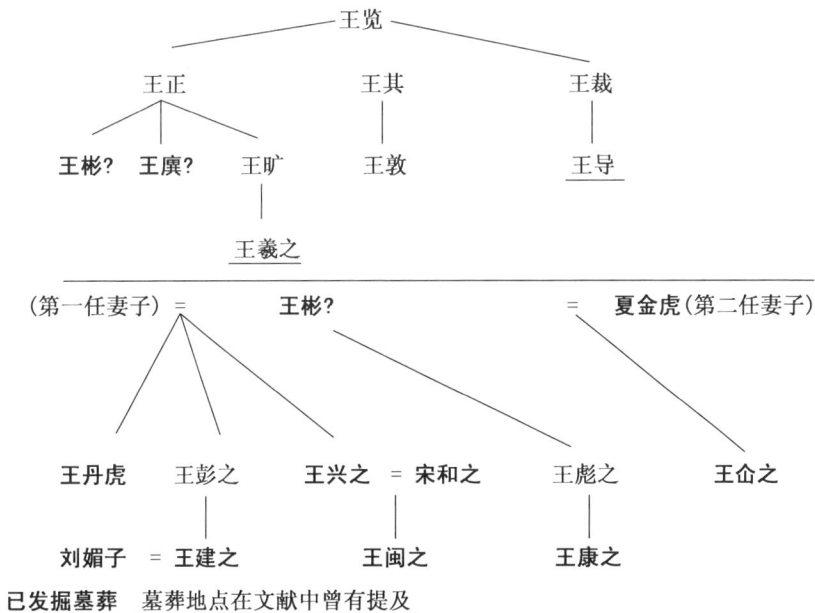

图 2－1　琅邪王氏族谱

一、南京琅邪王氏家族墓

　　1965 年,当考古工作者开始着手发掘据称在南京北郊象山发现的
砖室墓时,对其期望是很高的。毕竟一件墓志已证实,其中一座墓内埋
葬的是王兴之(王羲之的堂兄弟),东晋著名的琅邪王氏家族成员(图
2－1)。既然当时最重要家族的成员就埋在那里,那么人们会有怎样的

期待？琅邪王氏是公元 307 年追随司马睿南渡建康的众多家族之一。长安西晋倾覆后，其在公元 317 年晋室重建为东晋的过程中起到了关键的作用。统治阶层中最杰出的代表即王导，其在公元 339 年去世前都是权倾一时的丞相。与皇室紧密的联系、联姻及其自身的血缘关系，使得王氏家族在朝中的地位始终举足轻重，并由此成为了东晋初年的名门望族。当时流行的一句俗语即道明了这种形势："王与马，共天下。"（［唐］房玄龄等撰：《晋书》卷九十八，第 2554 页。）

表 2-1　南京的北方流徙士族埋葬地

家族	郡望	南京葬地
王氏	琅邪	象山
颜氏	琅邪	老虎山
李氏	广平	吕家山
谢氏	陈国	戚家山、司家山
温氏	太原	郭家山

图 2-2　南京象山琅邪王氏家族墓示意图

摘自南京市博物馆：《南京象山 11 号墓清理简报》，《文物》2002 年第 7 期，第 34 页。

　　然而,墓葬被探明后,考古人员的期待却落空了(图 2-2):12 座墓葬中除一座外,其余皆为非常小的墓室,且仅随葬了少量的物品。当然,汉代地下宫殿的辉煌时代已过,但这些毕竟是琅邪王氏的家族墓葬!

　　为阐明公元 4 世纪王氏家族墓的情况,让我们从这些墓葬的更细节处开始说起:王彬(前述王兴之父)家族共三代人葬于象山之麓。根据墓志,12 座墓葬中有 7 座的年代在公元 341 至 392 年之间。

表 2-2　琅邪王氏墓葬①

墓葬	墓主人	墓志	时间
M1	王兴之与宋和之	1	341/348
M2	未知	—	刘宋早期
M3	王丹虎	1	359
M4	未知	—	东晋
M5	王闽之	1	358
M6	夏金虎	1	392
M7	王廙(?)	—	322
M8	王仚之	1	367
M9	王建之与刘媚子	3	372/371
M10	未知	1	东晋
M11	王康之与何法登	2	356/389
M12	未知	—	报告未刊布

　　① 发掘报告参见南京市文物保管委员会:《南京人台山东晋兴之夫妇墓发掘报告》,《文物》1965 年第 6 期,第 26-33 页。南京市文物保管委员会:《南京象山东晋王丹虎墓和二、四号墓发掘简报》,《文物》1965 年第 10 期,第 29-45 页。南京市博物馆:《南京象山 5 号、6 号、7 号墓清理简报》,《文物》1972 年第 11 期,第 23-41 页。南京市博物馆:《南京象山 8 号、9 号、10 号墓发掘简报》,《文物》2000 年第 7 期,第 4-20 页。南京市博物馆:《南京象山 11 号墓清理简报》,《文物》2002 年第 7 期,第 34-40 页。

所有这些墓葬(除 M7 外——很可能是王廙之墓,留待下文探讨)显示出了相同的特征(图 2-3):它们都是小型的砖砌单室墓,低券顶。有些有入口甬道,以砖墙封闭。多数有排水沟,部分设置棺床。墓砖通常无装饰,且无铭文。极少量的素面青瓷或陶制饮食器被集中安放在入口附近或砖砌的祭台上,在某座墓中甚至仅有一把壶!灯或素面灯盏被置于壁龛内,下葬时为墓室照明之用。偶有熏炉或其他的随葬品。不少墓中的墓志被放于棺木的前部,其数量从一件到三件不等,视墓中埋葬的人数而定;其墓志多为陶制,且刻工草率。

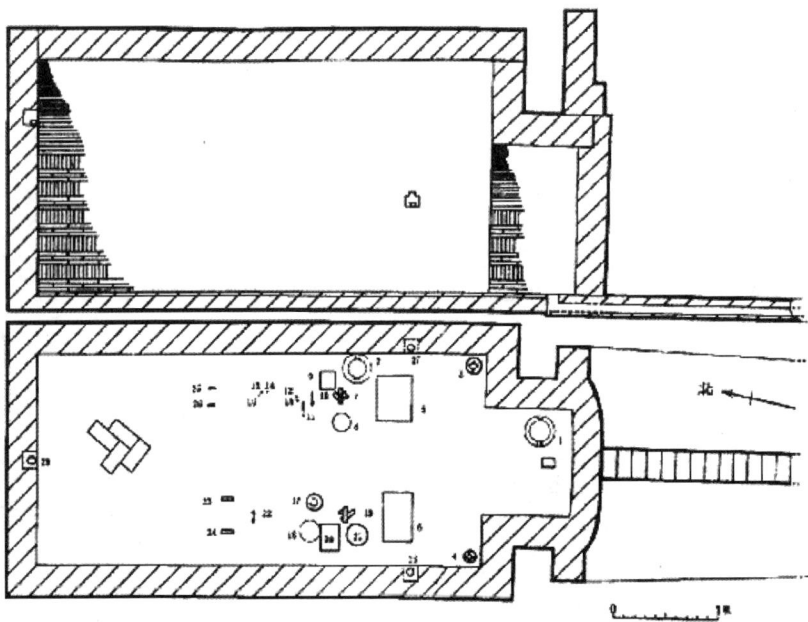

图 2-3 M9,象山王建之与刘媚子合葬墓示意图

摘自南京市博物馆:《南京象山 8 号、9 号、10 号墓发掘简报》,《文物》2000 年第 7 期,第 9 页。

至于原本放在棺内的个人随葬品,这里的出土则较丰富:逝者每只手中或各握有一只滑石猪,且口含玉蝉。身体附近或有小瓷碗、钱币及镜子(时而连同弩机一起)。私人首饰则多限于光面的金银戒指、手镯或发簪。但在王氏家族的部分墓中，最珍贵的物品却来自外域，如置于逝者近旁的一只鹦鹉螺杯。还有其他的舶来品如琉璃杯、各种珠饰（以绿松石、玛瑙或琥珀等宝石制成）、珍珠、一枚金刚石指环及其他更为精美的金银饰品。这些都显示出了王氏家族的尊贵地位。王兴之墓中的小铅人及其姐姐墓中的丹丸（其名为丹虎），或与王氏家族的道教信仰背景有关。①

二、临时墓葬

这些极为狭小且几无摆设的墓葬，是为当时政治顶层家族的成员所建，这确实令人惊讶。但若考虑到当时的历史背景，我们或能理解，这些为不幸死于异乡的家族成员所建的地下砖室墓，绝不可能是他们理想中最后的安息之所。别忘了，对许多北方流徙者而言，建康乃被迫流亡之地。这里有着无法适应的阴湿气候和难以理解的本地方言，且在他们眼中，此处与被奉为正朔的中原文化中心相去甚远。因此总的来说，这里对许多人而言，是一个一旦北方被收复，就会想要尽快离开的地方。若生者期盼着北归，又怎会留下死者？因此，王氏家族的"墓葬"应被视为临时的，而非永久的安息之所。它们有望在不久的将来被再次打开，这些棺木最终将被取出并运往北方进行最后的永葬。从这个角度来看，家族墓地中群集的墓葬不仅符合传统，且在北归之时应当非常实用。

在了解上述的历史背景后，这些墓葬的独特性便具有了意义，让我们再来看看这些墓葬。前已述及且最为突出的特点是墓室规模的缩

---

① 关于琅邪王氏家族的道教信仰背景，参见安然（Kieser）：《乡豪、流民、新贵——公元 3 至 6 世纪中国南方的家族墓地》（*Landadel-Emigranten-Emporkömmlinge. Familienfriedhöfe des 3.-6. Jh. n. Chr. in Südchina*），95-117；有关家族取名中的道教影响，见鲍尔（Bauer）：《中国人名》（*Der chinesische Personenname*）. *Asiatische Forschungen Band* 4. Wiesbaden：Harrassowitz，1959，132-140.

减。诚然,汉代式的地下宫殿在汉亡之后便不再建造,但汉朝以后贵族墓葬的规模和陈设从未像南京移民墓那样极度地缩减过。例如,在流徙士族故土家园中的洛阳西晋墓(图2-4)就具有更大的规模,一条长斜坡墓道通往墓室,并附有大型的耳室存放随葬品。部分墓葬为双室甚或多室结构,其穹窿顶的前室可在下葬当天为哀悼者举行祭祀仪式时提供更大的空间。但对建康已故的移民而言,这种大型的墓葬必须等到北归之时。事实上,我们之所以发现砖室的结构,很可能只是由于长江流域土壤的特性,因为这种土壤无法实现直接从地里挖出一个墓室(这是最快捷且最简单的方式)。对墓葬结构唯一确定的要求,是它必须维持到重新开启的那天。为此,棺木需防止腐坏。而最方便且可能是最稳妥、便捷的选择即建筑一个小型券顶的砖室墓,带排水沟或棺床,以防止棺木受潮或发生水浸。

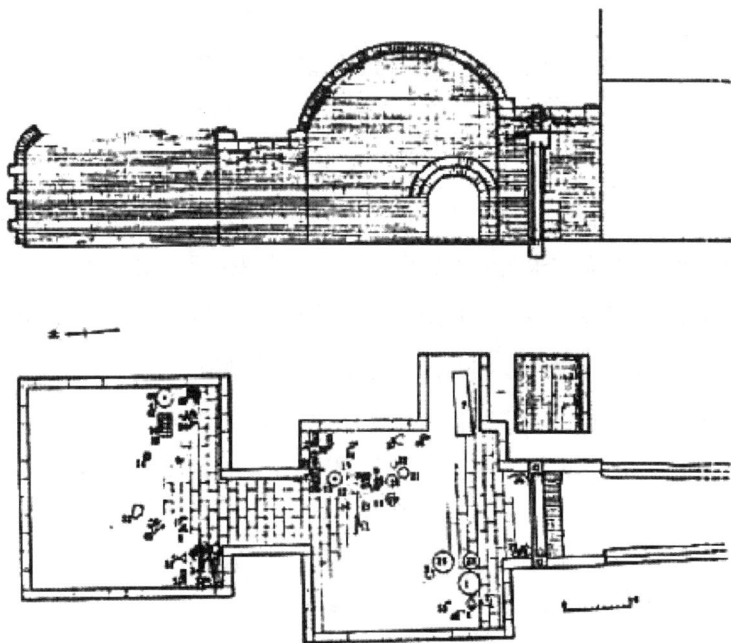

图2-4 洛阳西晋墓,有前室与耳室

摘自洛阳市第二文物工作队:《洛阳谷水晋墓》,《文物》1996年第8期,第38页。

关于临时墓葬的陈设方面，与洛阳"真"墓的再次比较可提供给我们一幅更为清晰的画面：洛阳墓内随葬有墓俑及模型器，如小型的家常物品模型、建筑模型或动物模型，这些物品使墓葬映照出了逝者生前住宅的模样(图 2－5)。而所有这些特点——宽敞的空间、模型器及墓俑——是移民墓(如王氏家族在南方所建的墓葬)所没有的。墓中无任何物品可令人回忆起逝者地上的居所。没有小型家常物品的模型，没有建筑或动物模型，也没有逝者之前家庭的微缩复制品。总之，没有什么能使墓葬成为逝者的新家，因其从未打算成为一个新家。

图 2－5　洛阳西晋墓内的模型器和陶俑

摘自洛阳市第二文物工作队：《洛阳太原路西晋墓发掘简报》，《文物》2006 年第 12 期，第 35 页。

　　然而,即使是临时的埋葬,也有一组随葬品被认为是必须的(图2-5)。我们也确实在临时墓中找到了最基本的献祭品:显然,第一次供奉给逝者的祭品是最重要的,包括食物、酒或香,以及在安葬仪式中用于墓室照明的灯盏。在临时墓葬中,哪些物品被认为是重要或基本的献祭品,视逝者各自亲属的理解而定:如在王丹虎墓(M3)中,仅有一把壶放置在其棺木的附近,除此之外别无他者。这一墓葬修建得十分低矮(仅1.34米高),人们很难进入其中进行祭祀。

　　当时另一显著的发展变化,也可能是由东晋临时墓葬的出现所带来。在西晋墓中,献祭器及其他类型的随葬品仍以精雕细琢的青瓷制成。罐、壶、虎子、水注、鸡首壶及其他物品,都造型巧妙且装饰精美。但如前所述,到了东晋初期,陈设物品(如模型、虎子、文房用品等)完全消失。尽管礼器如壶、罐、盘等仍自作坊订制(当然数量较少),但其上已很少出现任何的装饰。这可能是由于当时的贵族并不认为有必要订制装饰精美(且价格更高)的器皿作为临时祭品,而觉得廉价的素面容器已可满足需求。

　　迁葬时开棺的可能性很小。棺木将原封不动被带走,连同棺内的物品一起运回北方。这些墓葬总体来说虽"未完成",但逝者本身在其棺内已装饰完备。今天我们于其身旁发现的随葬品(原本在早已不见的棺内),即入殓当天被施予逝者的物品。按照礼制,其口中和手中含有并握有物件。他们佩戴首饰及其他特别珍贵的个人物品。贵重品或唁劳之赠则被置于身边,以证明其身份及与皇室亲密的关系。

　　墓志是证明建康墓葬为临时墓的最有力证据。我们已知北方的碑铭文笔优美且雕刻精良,因此相比之下部分南方墓志的粗陋程度令人惊讶。其使用粗糙的陶制碑板,有时甚至为建筑砖块,在某些情况下,墓志的刻字极其草率(图2-6)。人们不禁会问,难道他们一点都没有受到王羲之的影响吗?其作为那个时代乃至有史以来最著名的书法家,正是这一家族的成员。这些墓志的铭文只提及了逝者最基本的信息:郡望、职官、祖辈及后裔子孙。没有生平细节或悼念之词,也没有对逝者品行赞美的记录。建康墓志被视为一种"临时的标识"[华人德(Hua Rende):《东晋墓志石:附议〈兰亭序〉之论争》("Eastern Jin Epitaphic Stones. With Some Notes on the 'Lanting Xu' Debate"),《中国中古研究》(*Early Medieval China*), 3 (1997), 40 - 41],其唯一的功能是一旦再次打开墓葬,可以用来鉴定墓主人的身份。通常,墓志铭文会被刻写得十分精美,因其复本将由家族保存,而其他则可能在葬礼上分散给参加者。在建康,标识的刻写显然可以由几乎没有文化的工匠来完成,无人费心去聘请撰写及雕刻方面的行家。而除去这些事实——即墓志的外观(如墓志本身的材质、行文

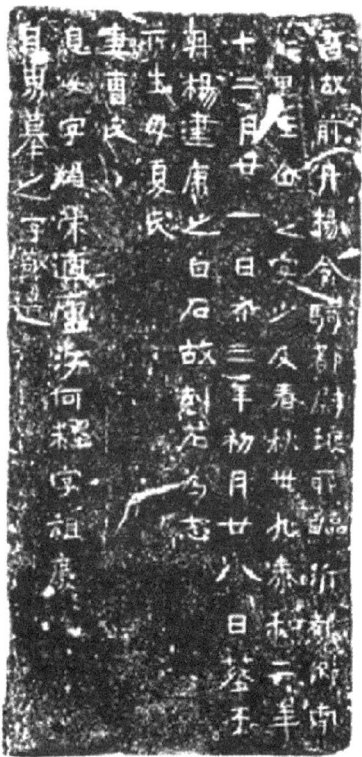

图 2 - 6　王仚之墓志,王氏家族墓 M8
摘自南京市博物馆:《南京象山 8 号、9 号、10 号墓发掘简报》,第 8 页。

风格及铭文内容)外,还有一个关于"墓葬"性质的极为明显的线索,即墓志用语的谨慎:在北方流徙士族谢鲲的志文中,我们读到他只是"假葬"于建康,而家族的"旧墓"在荥阳,即今天的郑州附近(南京市文物保管委员会:《南京戚家山东晋谢鲲墓简报》,《文物》1965 年第 6 期,第 34 - 35 页)。这一明确的信息是说明移民墓葬性质的最确切证据。

三、对比其他流徙士族墓

认识到王氏家族的墓葬只是临时的安息之所,我们便能解释其独特性了。然而,其他的流徙士族又如何? 如前所述,在南京还发现了一些显赫家族的墓群,这些家族也是在异族入侵后逃离了北方的动乱。我们对一位北方流徙士族在南迁的早年(即东晋时期和南朝初年)是如何安葬的,已有十分清晰的了解。因此,他们的墓葬是否具有相同的特征,从而也可被解释为是临时的墓葬? 这些墓葬又能否透露出他们对故土及流浪异乡的态度?

除王氏家族的墓群外,同样来自琅邪的颜氏家族也有三处墓葬。这些墓葬发掘于 20 世纪 50 年代末。一件墓志及若干枚印章显示,颜含(260—350)的两个儿子、一个媳妇及一个孙子被葬于老虎山的山坡之上,即象山的东南侧(图 2 - 7)。颜含为东晋开国皇帝司马睿的心腹之一([唐]房玄龄等撰:《晋书》卷八十八,第 2285 - 2287 页)。

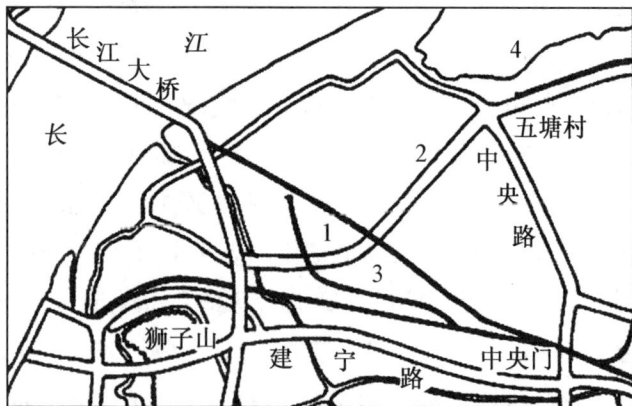

图 2 - 7　象山(1),郭家山(2),老虎山(3)和幕府山(4)位于南京北郊

摘自南京市博物馆:《南京市郭家山东晋温氏家族墓》,《考古》2008 年第 6 期,第 3 页。

表 2-3　颜氏家族墓①

墓葬	墓主	墓志	时间
M1	刘氏,颜谦夫人	1	345
M2	颜綝及其妻	—	东晋
M3	颜约及其妻	—	东晋
M4	颜镇	—	东晋

遗憾的是,发掘报告仅提供了墓葬结构及随葬品的最基本信息。但根据这些已有的信息可知,颜氏家族墓葬的规模比王氏家族略大(墓室长度可达 4.6 米),其中亦无家常物品及谷仓之类的模型。

李氏家族来自广平(今河北),然其地位没有重要到《晋书》为之作传,甚或未曾提及相关的人名。借此机会,我们可以看看社会非上层人士的墓葬是怎样。幸赖墓志,我们仍可知其出身。1999 年在吕家山(南京东部)出土了三座墓葬。因所有三块墓志均记有相同的年份,即公元 357 年,发掘者因此认为,这应是三个人在同一时间被改葬于此。李蓁在近 20 年后,与其第一任妻子合葬。李蓁和李摹在名字书写上有相似性,因此可能为兄弟。李缉则被埋于其他人的右侧尊位,或即他们的父亲。

表 2-4　李氏家族墓②

墓葬	墓主	墓志	时间
M1	李缉、陈氏	1	357
M2	武氏、李蓁、何氏	3	357/375/-
M3	李摹	1	357

①　发掘报告参见南京市文物保管委员会:《南京老虎山晋墓》,《考古》1959 年第 6 期,第 288-295 页。

②　发掘报告参见南京市博物馆:《南京吕家山东晋李氏家族墓》,《文物》2000 年第 7 期,第 21-35 页。

　　三座墓葬皆为中等规模(墓室长约 4.5 米),发掘时均遭盗扰。墓中似也没有模型器,但相比王氏家族的墓葬,其拥有更多类型的礼器。M2 中的器物可分为不同的两组,一组属于夫人武氏,葬(改葬)于公元 357 年,另一组则属于李纂及其第二任妻子何氏,葬于公元 375 年。每组器物中都包含有一件青瓷盘口壶和一件青瓷钵,以及七件陶盘。

　　谢氏家族墓的情况更适于分析。作为这一家族的成员,谢安(320—385)直到去世前,都被认为是东晋最具权势的人,其家族背景可从正史中获知。① 另外,谢氏家族墓的发掘在 20 世纪 80 年代,相关的考古报告却到 90 年代才公布,因此报告的内容十分详尽。事实证明,对这一家族的墓葬进行仔细研究是非常值得的。到目前为止,有 8 座墓葬已经考古发掘并公布。它们是后世流徙士族墓的代表,因除一座外,其余均属南朝时期。大部分谢氏墓葬集中于南京南部的司家山一带。墓主人为谢安的侄孙们,亦即谢鲲的曾侄孙们。谢鲲墓志中提到,他只是被假葬于彼(图 2‐8)。

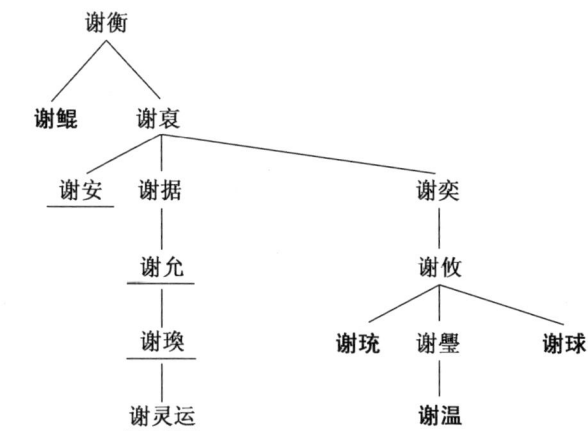

已发掘墓葬
墓葬地点在文献中曾有提及

图 2‐8　陈国谢氏家族谱系

---

① 《谢安传》,参见[唐]房玄龄等撰:《晋书》卷七十九,第 2072‐2077 页。

表 2-5　谢氏家族墓①

墓葬	墓主人	墓志	时间
M1	未知	1	南朝早期
M2	未知	—	南朝早期
M3	未知	—	南朝早期
M4	谢球与王氏	2	407/416
M5	谢温	1	402
M6	谢琰	1	421
M7	未知	—	南朝

遗憾的是,所有这些墓葬都被严重盗扰。虽其结构仍可知晓,然下葬当日逝者随葬品的情况,却只能拼凑其概貌。谢氏家族墓的墓室结构与王氏家族略有区别(图 2-9);其也为砖室墓,但规模较大,长度可达 6 米,高度可过 3 米。一座木门封闭了通向墓室的短甬道。砖墙上也有发现放置灯盏的壁龛,但谢氏墓在侧壁和后壁还设置了砖制的直棂假窗。棺木被放置在墓室后半部砖砌的棺床上,有些墓的前半部还设有小型砖砌祭台。

随葬品方面,亦没有发现家常物品的模型,但与东晋早期王氏家族的墓葬相比,后期(刘宋时期)的谢氏家族墓,似随葬有更多的物品。它们都是典型的青瓷器,有时甚至带有装饰——其品质为东晋初年的青瓷所没有。灯盏、三足盆、凭几及不同类型的容器——碗、罐、鸡首壶、唾壶被置于其中,同时还包括一些石俑。由于盗扰严重,贵重物品如金银珠宝等均未发现。但毫无疑问,这样一位世家大族的去世者也会拥有这类物件随葬,正如王氏家族的逝者一样。

---

① 发掘报告参见南京市博物馆、雨花台区文化局:《南京南郊六朝谢琰墓》,《文物》1998 年第 5 期,第 4-14 页;南京市博物馆、雨花台区文化局:《南京南郊六朝谢温墓》,《文物》1998 年第 5 期,第 15-18 页;南京市博物馆、雨花台区文化局:《南京司家山东晋、南朝谢氏家族墓》,《文物》2000 年第 7 期,第 36-49 页。

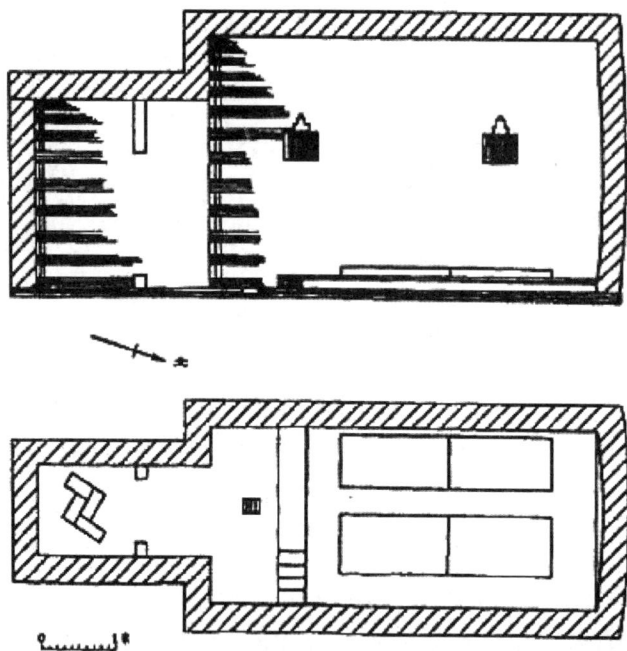

图 2 - 9　南京司家山谢氏家族墓 M1

摘自南京市博物馆、雨花台区文化局:《南京司家山东晋、南朝谢氏
家族墓》,《文物》2000 年第 7 期,第 37 页。

表 2 - 6　温氏家族墓①

墓葬	墓主人	墓志	时间
M1	未知	—	347
M2	未知	—	东晋早期
M3	未知	—	324
M4	未知	—	东晋早期
M5	未知	—	东晋早期

①　发掘报告参见南京市博物馆:《南京北郊郭家山东晋墓葬发掘简报》,《文物》1981 年第 12 期,第 1 - 7 页;南京市博物馆:《江苏南京北郊郭家山五号墓清理简报》,《考古》1989 年第 7 期,第 603 - 606 页、第 597 页;南京市博物馆:《南京北郊东晋温峤墓》,《文物》2002 年第 7 期,第 19 - 33 页;南京市博物馆:《南京市郭家山东晋温氏家族墓》,《考古》2008 年第 6 期,第 3 - 25 页。

墓葬	墓主人	墓志	时间
M9	何氏	1	329 以后
M10	温峤（?）	—	329 以后
M12	温式之	1	371
M13	温嵩之（?）	—	东晋晚期，刘宋早期

　　2001 年，另有一批十分有趣且重要的墓葬出土。虽然关于墓主人确切身份的讨论仍在继续，但目前清楚的是，被葬于郭家山中、象山王氏家族墓地旁的，应是来自太原的温峤及其家族的亲属（图 2－7）。温峤是第一批南渡，投奔建康司马睿的官员。这一墓群共 13 座墓葬中，有 8 座发掘于 20 世纪 80 年代。其中 4 座的时间在东吴（M6－8）和西晋（M11）时期，因此不属于（后来所建造的）家族墓地。另外 4 座东晋时期墓葬的规模令人印象深刻（面积可达近 18 平方米），尽管它们也已被盗，但仍保存了一些贵重的物品，如黄金、玉饰之类。20 世纪 80 年代对这 4 座墓葬的发掘显示它们均无墓志，因此人们只能猜测墓主人的身份。唯一可以确定的是，他们来自一个显赫的家族。2001 年，M9 中一块墓志的出土最终解开了这一谜题：温峤及其三任妻子——李氏、王氏、何氏的名字在志文中有所提及。然考古工作者怀疑，M9 是否真为温峤之墓，因其在郭家山的墓葬中是规模较小的一例。2008 年，在发掘出 M10、M12 和 M13 后，M10 才被认为是温峤最后的安息之所，而 M9 则是其妻何氏之墓。另据 M12 中出土的墓志记载，温峤次子温式之在公元 371 年被葬于其中。而温峤之孙温嵩之则可能被埋于M13 中，因该墓葬的时间在东晋晚期或南朝早期。

　　史籍记载温峤在咸和四年（329）四月卒于武昌，其尸体被运往豫章（今江西南昌）并被安葬于彼。其妻何氏故去后，温峤又被迁葬于建康（［唐］房玄龄等撰：《晋书》卷六十七，第 1795－1796 页）。如前所述，在 M9 中发现了一块刻有温峤及其三位夫人、祖辈及子孙名字的墓志。但墓志铭仅罗列了这些人名，而并未提及温峤或其他任何人的葬地，更不必说下葬的日期。在发掘完 M10 后,2008 年考古报告的作者提出,何氏可能被葬于 M9 中。因在已遭盗掘的墓内,发现了不少女性的饰件,而在男性墓中通常会发现的,诸如玉带钩或青铜剑一类的物品,却没有找到。另外,M10 的墓葬规模较大,并配有两件陶案、一件凭几、四件虎形和龙形陶灯座,以及四件陶俑和一扇木门(用以封闭通往墓室的甬道)——这些乃是东晋帝王陵墓的特点(图 2‐10)。[①] 换言之,除了温氏家族中最尊贵的人外,没有人能被埋葬于这座墓中,而这一最高等级的人物,自然非温峤莫属。

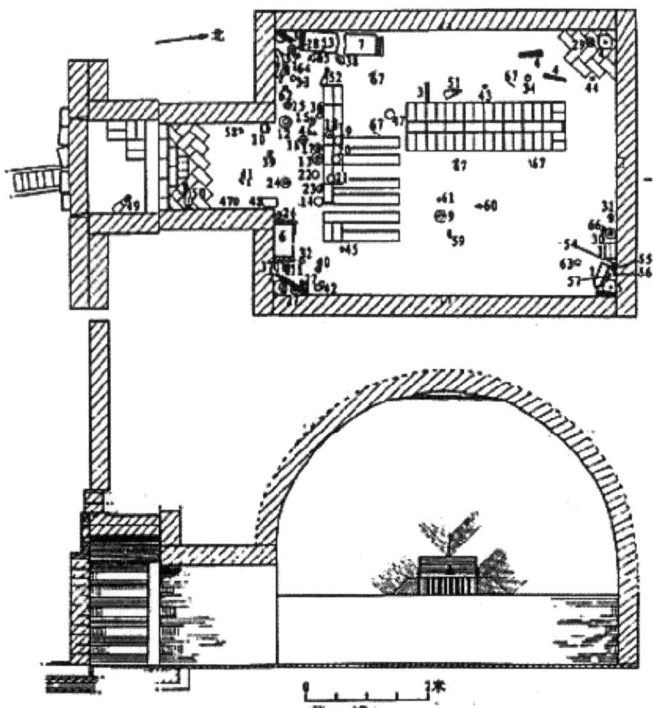

图 2‐10 M10,南京郭家山温峤墓

摘自南京市博物馆:《南京市郭家山东晋温氏家族墓》,《考古》2008 年第 6 期,第 4 页。

---

① 有关东晋皇室陵墓的特征,参见安然(Kieser):《乡豪、流民、新贵——公元 3 至 6 世纪中国南方的家族墓地》(*Landadel-Emigranten-Emporkömmlinge. Familienfriedhöfe des 3.‐6. Jh. n. Chr. in Südchina*),297‐306.

那么,这些温氏家族的墓葬都有哪些特点呢？我们必须谨记这是一个十分特殊的例子。温峤墓是所有流徙者墓中,唯一可以合理确定为是高级统治精英的墓葬(王氏家族的 M7 除外,其中虽未发现墓志,但极可能被鉴定为王廙之墓。当时的皇太子、后来的晋明帝司马绍视其为心腹。据称在公元 322 年王廙故世时,皇太子曾"亲临拜枢"(〔唐〕房玄龄等撰:《晋书》卷七十六,第 2004 页)。我们无法将这些墓葬与李氏那类籍籍无名的北方士族墓进行比较。谢安第二或第三代后人的墓葬及王彬子孙之墓也无法与之相比。

因此,温氏家族的墓葬规模要大一些不足为怪(王氏家族 M7 也是如此)——M9 全长达 7.49 米,M10 为 9.38 米,M12 为 7.43 米,M13 则为 7.64 米。这些墓葬的顶部并未建成典型的最简易的券顶结构,而是圆顶,即穹隆顶结构。尽管所有的墓葬均遭盗扰,但仍可看出它们原来被布置得相当舒适,随葬的物品有炉、仓、凭几及墓俑之类。而在比较特殊的温峤墓中(同王廙),尚有陶案及龙虎形灯座作为陪葬。另可推测,在墓室的前半部甚或祭台上,还很可能集中安放有一定数量的献祭器。因此总体而言,温氏家族的墓葬比其他流徙士族墓,尤其是不甚完整的王氏家族墓,在布置上要更为丰富。

四、态度转变?

流徙家族的墓葬都有哪些特点？以颜氏家族为例(考虑到所提供材料的不足),笔者认为他们的墓葬也是临时的。几年后李氏家族的墓葬似在为逝者提供饮食方面,投入了更多的精力和金钱。但另一方面,他们有限的墓葬规模和模型器陈设的缺乏,也可能是由于他们并不属于社会的顶层阶级。

谢氏家族的墓葬揭示了流徙者后代的态度,因他们的墓葬多属于南朝早期。东晋墓的形制较小,墓顶大多十分低矮,而南朝墓的墓室趋于更大一些,但长度通常不超过 6 米。棺床及小型祭台在后期的墓葬中出现得更加频繁。至于随葬品方面,东晋墓中仅有少量的,且主要是未经雕琢的青瓷器或陶制饮食器。素面灯盏被放置于壁龛中,偶有熏炉,但其他的物件较少。相比之下,南朝墓中陈设有类型丰富的祭祀器,并有其他的随葬品,如唾壶、凭几、砚台等,偶尔也有墓俑出现。总之,这些后期的墓葬在随葬品的种类和数量上略有增多,但于墓室的陈设方面仍显惊人的简陋。

东晋和南朝的墓葬在陈设方面的这些差异[即北方流徙者与他们第二或第三代后人(如谢氏)在墓葬方面的差异],乍一眼看并不明显,但也许仍能证明他们对北方故土的态度正在逐渐改变。流徙士族的后代似对收复北方不再有绝对的信心——也许他们已不再想这样做。他们生于南方,并在这里自然安排了自己的生活轨迹。无论如何,他们认为更舒适地安葬逝者是明智的。当然,他们仍计划着一旦重新征服北方,就将带上逝者一同北归。然而,考虑到不确定性——你永远不知道何时能够收复北方——也许不会这么快就重新征服。因此,明智的做法是在墓葬上多花一点精力,将其建得更大一些,并为逝者配备更多的设施。

沿着这一思路,我们再来看看王氏家族的墓葬(图2-1)。王闽之墓志上一些谨慎的用词似很重要:他是在其祖父逃离洛阳若干年后于南方出生的。和其他所有王氏家族的墓志一样,志文记述了王闽之的郡望为北方琅邪。但是所谓的"旧墓",即传统的墓地,现已不在北方的某个地方,而在新的都城建康,即其父亲的坟茔背后。

像温氏这样到了社会顶层的家族,即便在东晋初年,一座很小的墓葬似也不成问题。大而舒适的茔墓可能是被埋葬者愿意长留建康的一个标志。但也不可忽视另一方面,即对一位有一定社会地位的人(及其近亲)来说,葬礼总是显示财富、身份和地位的重要时刻。若皇太子前来参加你的葬礼,如史籍记载的王廙之例,一个人便不会愿意被葬在一座只有1.3米高且仅随葬了一小件青瓷壶的墓室里。

五、结　论

尽管流徙士族墓在很大程度上被认为只是临时的葬所,但它们仍然非常清楚地显示出了当时的等级制度。如李氏家族将其成员葬在都城的东边,当时的大族则将他们的家族墓地设在北边,毗邻幕府山的皇陵(图2-7)。王氏自移民第一代起就葬在那里,颜氏至少从第二代起,温峤则在皇帝的恩赐下被风光改葬于彼。而南朝谢氏虽出自一位显赫的先祖,然他们明显属于旁系的分支,因此不再位高到足以埋葬在皇陵的区域内。

因此,考古证据可以阐明历史的语境。而了解历史背景也有助于解释考古材料的独特性,如建康地区节制墓葬的出现及同时期青瓷器物风格的转变。

对于考古材料的分析,也显示出北方流徙者不愿接受南方为其新家,而希望尽快北归的态度。遗憾的是,他们的后代对光复北方的怀疑变成了事实:在南方流徙的岁月最终持续了250多年,逝者从未被迁葬于故土。他们的茔墓最终在今天的南京被找到。

周胤(重庆大学)译

参考文献

原始文献

[唐]房玄龄等撰:《晋书》,北京:中华书局,1974年。

中文文献

安然(Kieser,Annette):《东晋时期北方移民对南方墓葬影响的重新评估》,巫鸿编:《汉唐之间文化艺术的互动与交融》,北京:文物出版社,2001 年,第 231－272 页。

南京市博物馆、雨花台区文化局:《南京南郊六朝谢琉墓》,《文物》1998
　　(5),第 4－14 页。

南京市博物馆、雨花台区文化局:《南京南郊六朝谢温墓》,《文物》1998
　　(5),第 15－18 页。

南京市博物馆:《南京北郊东晋温峤墓》,《文物》2002(7),第 19－33 页。

南京市博物馆:《南京象山 8 号、9 号、10 号墓发掘简报》,《文物》2000
　　(7),第 4－20 页。

南京市博物馆:《南京象山 11 号墓清理简报》,《文物》2002(7),第 34－
　　40 页。

南京市文物保管委员会:《南京老虎山晋墓》,《考古》1959(6),第 288－
　　295 页。

南京市文物保管委员会:《南京人台山东晋兴之夫妇墓发掘报告》,《文
　　物》1965(6),第 26－33 页。

南京市文物保管委员会:《南京象山东晋王丹虎墓和二、四号墓发掘简
　　报》,《文物》1965(10),第 29－45 页。

南京市文物保管委员会:《南京戚家山东晋谢鲲墓简报》,《文物》1965
　　(6),第 34－35 页。

洛阳市第二文物工作队:《洛阳谷水晋墓》,《文物》1996(8),第 37－
　　45 页。

南京市博物馆:《南京北郊郭家山东晋墓葬发掘简报》,《文物》1981
　　(12),第 1－7 页。

南京市博物馆、雨花台区文化局:《南京司家山东晋、南朝谢氏家族墓》,
　　《文物》2000(7),第 36－49 页。

南京市博物馆:《南京吕家山东晋李氏家族墓》,《文物》2000(7),第
　　21－35 页。

南京市博物馆:《南京象山 5 号、6 号、7 号墓清理简报》,《文物》1972
　　(11),第 23－41 页。

南京市博物馆:《南京市郭家山东晋温氏家族墓》,《考古》2008(6),第
　　3－25页。

洛阳市第二文物工作队:《洛阳太原路西晋墓发掘简报》,《文物》2006
　　(12),第32－36页。

南京市博物馆:《江苏南京北郊郭家山五号墓清理简报》,《考古》1989
　　(7),第603－606页、第597页。

外文文献

Bauer, Wolfgang. 1959, *Der chinesische Personenname*. *Asiatische
　　Forschungen Band* 4. Wiesbaden: Harrassowitz.

Hua Rende. 1997. "Eastern Jin Epitaphic Stones. With Some Notes
　　on the 'Lanting Xu' Debate." *Early Medieval China* 3:30－88.

Kieser, Annette. 2002. *Landadel-Emigranten-Emporkömmlinge.
　　Familienfriedhöfe des 3.－6. Jh. n. Chr. in Südchina,
　　Asiatische Forschungen Band* 144. Wiesbaden: Harrassowitz.

"广州皆平康":南朝广东的墓葬与移民①

一、引言

"永嘉世,天下荒,余广州,皆平康。"这是出土于广州的西晋墓砖上的铭文。② 尽管西晋末年的"广州"——今天的两广大部——不可能如此安定祥乐,可它说明南海之滨的日子,至少好过北方的首都洛阳周边。

开国皇帝司马炎过世后,华北内战连年,流民避祸南迁。所谓"永嘉"(307—313),实乃崩乱离叛之世③:洛阳于末年沦陷,中原为外族凌占,衣冠举族逃亡,不肯苟存胡尘之下。他们南渡的队伍,一直绵延到五世纪。由是汉族政权偏安江南,定都建康,始自 317 年东晋建立,终迄 589 年隋朝统一。④

这次西晋末年的人口南徙,在中国历史上规模至巨,使两广地区自秦汉以来生齿骤繁。而魏晋南北朝时,中原政局动荡,饥馑虐行⑤,为人

① 原刊于宋馨(Shing Müller)、贺东劢(Thomas O. Höllmann)、Putao Gui 编:《广东:考古与早期文献(周—唐)》[*Guangdong：Archaeology and early Texts / Archäologie und frühe Texte（Zhou-Tang）*],《华南与亚洲沿海》(*South China and Maritime Asia*), Wiesbaden：Otto Harrassowitz, 2004, Vol. 13, 101 - 124.

② 墓葬纪年为公元 311 年,发掘于广州城区西部。见麦英豪、黎金:《广州西郊晋墓清理报导》,《文物参考资料》1955 年第 3 期,第 24 - 32 页。

③ "永嘉之乱",见[唐]房玄龄等撰:《晋书》卷五,北京:中华书局,1974 年,第 132 页。

④ 部分流民迁往东北和甘肃地区。五世纪以前的移民潮,见托马斯·詹森(Thomas Jansen):《魏晋南北朝时期朝廷的开放化》(*Höfische Öffentlichkeit im frühmittelalterlichen China*), Freiburg：Rombach, 2000, 19 - 20.

⑤ 见李权时:《岭南文化》,广州:广东人民出版社,1993 年,第 180 页。

熟知的迁徙大潮就有三次：(1) 东吴立国之初；(2) 西晋末年永嘉之乱；(3) 南梁晚期侯景之乱。这些移民潮不仅源于华北，也来自长江流域。①

　　移民潮带来了多少人口？史籍无考。② 不过清楚的是，六朝时期，广东地区郡县频立。③ 跟随移民南下的新技术，比如冶铁，促进了当地的经济发展④；广东以资源丰饶著称，土壤肥沃，作物可以一年两收；番禺又是全国最大的港口，通商贸易致使当地繁荣富裕。⑤

　　而广东的另一幅景象，是文献中瘴疟肆行的不寿之域。汉代吕后派去平定南越国的军队不就因患染而绵弱，在北还途中折损惨重吗？⑥

---

　　①　见许辉、蒋福亚：《六朝经济史》，南京：江苏古籍出版社，1993 年，第 83 页。

　　②　李公明《广东美术史》列广州人口数而无出处：刘宋时期多于 49 700 户；隋代达到 185 800 户。见李公明：《广东美术史》，广州：广东人民出版社，1993 年，第 215‑216 页。刘宋时期广东人口数可见［梁］沈约：《宋书》卷二十八，北京：中华书局，1974 年，第 1189 页；李公明所引隋代人口数不尽可靠，因为隋代不设"广州"辖区，见［唐］魏微等撰：《隋书》卷三十一，北京：中华书局，1973 年，第 880‑885 页。关于人口的问题参见鲁惟一（Michael Loewe）：《从〈史记〉到〈陈书〉：初览正史中的广州》（"Guangzhou：the Evidence of the Standard Histories from the *Shi ji* to the *Chen shu*，a Preliminary Survey"），宋馨（Shing Müller）、贺东劢（Thomas O. Höllmann）、Putao Gui 编：《广东：考古与早期文献（周—唐）》［*Guangdong：Archaeology and early Texts / Archäologie und frühe Texte（Zhou‑Tang）*］，51‑80.

　　③　见丁慕妮（Monique Nagel‑Angermann）：《类书中的岭南》（"Frühes 'enzyklopädisches' Wissen zu Lingnan"），《广东：考古与早期文献（周—唐）》［*Guangdong：Archaeology and early Texts / Archäologie und frühe Texte（Zhou‑Tang）*］，171‑194.

　　④　［唐］房玄龄等撰：《晋书》卷七十三，第 1932 页。汉代吕后有令禁止铁器贸易，以打压南越叛乱，因有后事。又见赫尔曼·约瑟夫·洛力克（Hermann‑Josef Röllicke）：《太史司马迁笔下的南越（约前 145—前 85）》［"Nan Yue in der Überlieferung des Hofschreiber Sima Qian（ca. 145 - ca. 85 v. Chr.）"］，蒲吕西（Margarete Prüch）编：《国王赵眜的宝藏：南越王墓》（*Schätze für König Zhao Mo. Das Grab von Nan Yue*），Heidelberg：Umschau / Braus Verlag，1998，36.

　　⑤　李公明：《广东美术史》，第 216 页。

　　⑥　见洛力克（Röllicke）：《太史司马迁笔下的南越（约前 145—前 85）》［"Nan Yue in der Überlieferung des Hofschreiber Sima Qian（ca. 145 - ca. 85 v. Chr.）"］，36‑37.

政治上的敌手和逊位的霸主常常被发配至此,调任而来的官员也是无奈至极。① 可尽管记载时有叛军作乱、割据分裂、流土矛盾、海寇劫掠,跟北方比起来,六朝时期的广东还是称得上"平康"。②

关于六朝南下的移民,他们究竟从哪里来? 由什么线路来? 在广东哪里落脚? 史籍中只有零星晦涩的线索,比如《晋书》所记:"时东土多赋役,百姓乃从海道入广州。"③

既然依靠文献无从追索,不妨转向考古资料(即六朝时期的墓葬),寻找移民南下的答案。在中国其他地区,特别是当时的都城建康(今江苏南京)一带,葬有大量来自北方的皇室眷属、豪门子弟。他们墓穴的结构、随葬的物品颇为相似,尤其墓志铭文,记录了墓主的姓名、先祖、籍贯,把这些移民的来源交代得清清楚楚。④ 可广东的情况又不一样,墓中并没有发现墓志铭。仅有的墓砖铭文,也只是寄愿祝福,最多不过记录了造墓的年代。对于墓主,则一无所知。

所以要弄清这些墓主的来源和移民的线路,不得不从陪葬品以及墓葬样式入手。下文将介绍六朝时期广东地区的墓葬,以年代早晚为顺序,并略述其装饰及陪葬品。再因其形制,向中国其他地区的墓葬追溯。

研究资料来源于 20 世纪 50 年代以来刊发在中国考古学杂志上的发掘报告,⑤总共约五十座墓葬。毫无疑问,它们只是那已经开掘的一

---

① 宋少帝退位后可能被送至今日广东北部,仅是众多例子之一。见毕汉思(Hans Bielenstein):《六朝》("The Six Dynasties"),《远东文物博物馆简报》(*Bulletin of the Museum of Far Eastern Antiquities*),68(1996),126.

② 六朝时期南方大事一览,可见毕汉思(Hans Bielenstein):《六朝》("The Six Dynasties"),13 - 246.

③ [唐]房玄龄等撰:《晋书》卷七十三,第 1932 页。

④ 见拙著《乡豪、流民、新贵——公元 3 至 6 世纪中国南方的家族墓地》(*Landadel-Emigranten-Emporkömmlinge. Familienfriedehöfe des 3. - 6. Jh. n. Chr. in Südchina*),Wiesbaden:Harrassowits,2002.

⑤ (作者注)《考古》《考古学报》《文物》以及 1980 年湖北省文物考古研究所创办的《江汉考古》。

小部分。① 所以我们要清楚地认识到，现在的"以少见多"有"以偏概全"的危险，新的发掘和刊文都可能带来新的疑问。②

二、六朝墓葬

汉代末期，小墓简葬成风。全国如是，广州也不例外。③ 其中穴墓和砖墓最为普遍。前者罕见于考古报告，④而后者以单室墓居多，并有双室及多室。部分墓砖刻有铭文，或带生坯压印的饰纹。早期饰纹为简单的几何图案，如菱纹、斜方格纹和圆纹。六朝中出现粗制的花卉图样，间有鸟雀和鱼族。⑤ 各处墓葬可能因地制宜，朝向不尽统一。封土在发掘报告中很少提及。⑥

（一）吴、西晋时代

广东地区至今尚未发现东吴时期的墓葬。少量西晋墓葬基本都为

---

① 1985 年的展品名录收列了当时未曾公布的墓葬。见广东省博物馆、香港中文大学文物馆编：《广东出土晋至唐文物》，香港：明爱印刷训练中心（Caritas Printing Training Center），1985 年。

② 汉代交州（位于广州西南）人口远比广州稠密，直到隋朝统一才有所改变。见查尔斯·霍尔库姆（Charles Holcombe）：《早期中华帝国的南方腹地：唐时的越南地区》（"Early Imperial China's Deep South: The Viet Region through Tang Times"），《唐学报》（T'ang Studies），17 - 18(1997 - 1998），138 - 140. 比较坐落于交州（今日越南）的墓葬，可以得知移民来源，不过越南并未刊发这一时期的发掘报告。感谢波恩考古研究所外欧洲考古学委员会（Kommision für Archäologie Aussereuropäischer Kulturen des Deutschen Archäologischen Institutes，Bonn）Andreas Reinecke 博士的指点。

③ 概略见李公明：《广东美术史》，第 216 - 217 页。

④ 见广东省博物馆、香港中文大学文物馆编：《广东出土晋至唐文物》，第 13 - 14 页，及第 45 页图 1。

⑤ 广东省博物馆、香港中文大学文物馆编：《广东出土晋至唐文物》，第 65 - 67 页，图 1 - 60。

⑥ 见廖晋雄：《广东始兴县缫丝厂东晋南朝墓的发掘》，《考古》1996 年第 6 期，第 30 - 36 页，M1、M2 号墓。

双室、多室结构。① 依其形制可分为两种。

Ⅰ型代表是一座双室墓葬,发掘于沙河(位于广州市区),根据砖铭判断,建筑于公元290年(图3-4)。② 朝向正东,长7.9米,宽4.5米,高2.3米。甬道短,土墙封口,接横向长方形墓穴前室。前室有穹窿顶,左右各一耳室,高75厘米,可能用来放置陪葬品(墓被盗掘过)。通向墓室的过道口有砖砌祭台,原应陈有祭祀器物。长方形墓室(即后室)起券顶。墓内有大量青瓷器,如罐以及各式碗、盅、盂,另有虎子、鸡首壶和唾壶。前室墙角及祭台边立有陶俑,颇为特别:两架牛车,各有两人在侧;两件骑马俑,同样各有两人在侧;一灶,灶口有妇女。它们由手工捏制,覆以青釉,均置于地面(图3-1)。墓室中还存有两只滑石猪。

图3-1 骑俑及侍从

出土于广州沙河,西晋,290年。引自广州市文物管理委员会考古

组:《广州沙河顶西晋墓》,《考古》1985年第9期,图版肆,图4。

---

① (作者注)小型单室墓少有陪葬品,墓砖无铭文,所推断的年代不免有错,因此不能一概排除。

② 广州市文物管理委员会考古组:《广州沙河顶西晋墓》,《考古》1985年第9期,第799-802页,图1。

　　另有两处双室墓葬,是两座Ⅰ型单室墓的并列组合,可能为夫妇合葬墓。[①] 双室以低小过道连接,通道位于前室一侧耳室的位置。

　　同样在西晋,出现了Ⅱ型墓葬,其代表为发掘于广州市区北部下塘狮带岗的M5号墓(图3-2上)。[②] 墓长逾5米,宽不足1米,前后室同券,朝向西南,接窄甬道。前室有祭台,宽度几同室宽。其他类型的双室墓,两室多由过道连接。此墓"两室"其实为一室,内壁立有砖柱,上承拱券,前半部地砖铺人字形,后半部地砖横直相间(棺木所在),以此

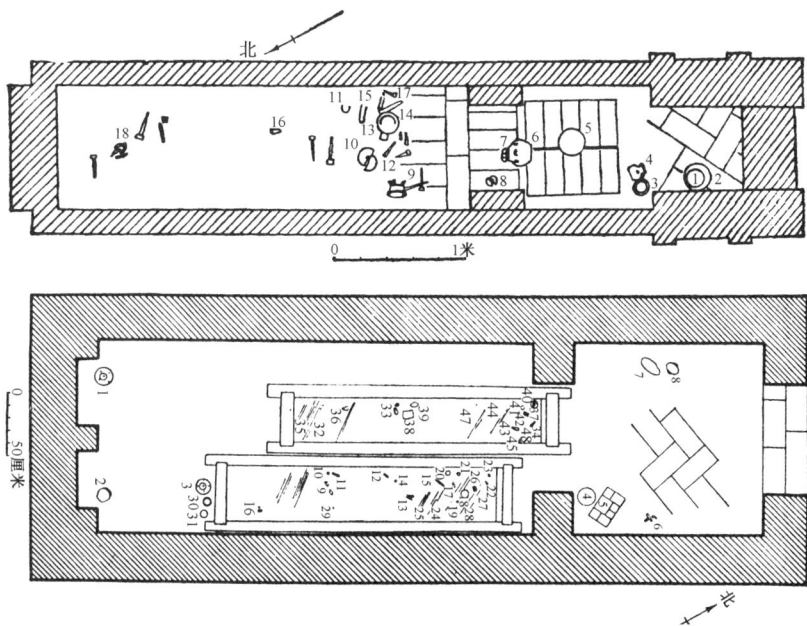

图3-2 Ⅱ型墓

上:出土于广州下塘,西晋晚期。引自广州市文物管理委员会:《广州市下塘狮带岗晋墓发掘简报》,《考古》1996年第1期,第37页,图一。下:出土于江西南昌,东晋。引自江西省博物馆:《江西南昌晋墓》,《考古》1974年第6期,第373页,图一。

---

　　① 麦英豪:《广州沙河镇狮子岗晋墓》,《考古》1961年第5期,第245-247页,图1;广州市文物管理委员会:《广州市下塘狮带岗晋墓发掘简报》,《考古》1996年第1期,第36-45页,图5。

　　② 广州市文物管理委员会:《广州市下塘狮带岗晋墓发掘简报》,图2。

分隔前后。祭台上和前室内有瓷碗、瓷盆、瓷八耳罐、鸡首壶及唾壶。骸骨边原有银环一只、银钗一枚、滑石猪一只、铜镜一面及铁器若干。铜器有三足镦斗一只、碗两只,碗应产自海外。① 另有玻璃器皿碎片,可能来自波斯萨珊王朝。

(二) 东晋

Ⅱ型墓葬结构十分经济,相比带有过道连接双室的墓葬,节省了建筑材料。这种结构频见于东晋,②并且有所发展,增加了砖券的数量。腰间的大拱券将长达 8 米的墓穴分为前后两室,入口和后壁另砌有小砖券。内壁另立砖柱承券,作为支撑。后壁上还发现一处"假柱",同样有加固建筑的作用。墓室地面通常比前室高一层砖,有些前室中央也会高砌一层,作为祭台;祭台与墓室以砖券分隔。后壁或前室墙角常有半块凸出的砖头,用以放置灯碗。虽然多数墓葬遭到过盗掘,其内棺木无存,在一些墓葬中,仍可以根据陪葬品推断,Ⅱ型是双人墓葬。两口棺木并列于后室,前室放置陪葬品和祭祀器物。

还有一种双人墓葬,在这里归为Ⅲ型:双室并列对称,即如发掘于始兴的 M4 号墓(图 3 - 3)。③ M4 号墓朝向北偏西,长 5 米,两间墓室均宽 1.8 米,高 1.2 米。与两座Ⅰ型联通而成的双人墓不同,Ⅲ型墓的两边墓室不曾打通。两边墓室各有外墙(即隔墙有两层砖),而仅仅共用封门墙。虽然两边墓室均有安葬,却只有一边设有祭台。东侧墓室已被盗掘,西侧存有各种陶罐、陶碗、陶杯以及骸骨边原有的两把铁刀。

---

① "经中国科学院南海海洋研究所分析测试中心作电子探针能谱分析,其成分比例与国内常见青铜有所不同。"见广州市文物管理委员会:《广州市下塘狮带岗晋墓发掘简报》,第 41 页。

② 杨豪:《广东韶关市郊的晋墓》,《考古学集刊》1981 年第 1 期,第 191 页。

③ 廖晋雄:《广东始兴县缫丝厂东晋南朝墓的发掘》,图 4。

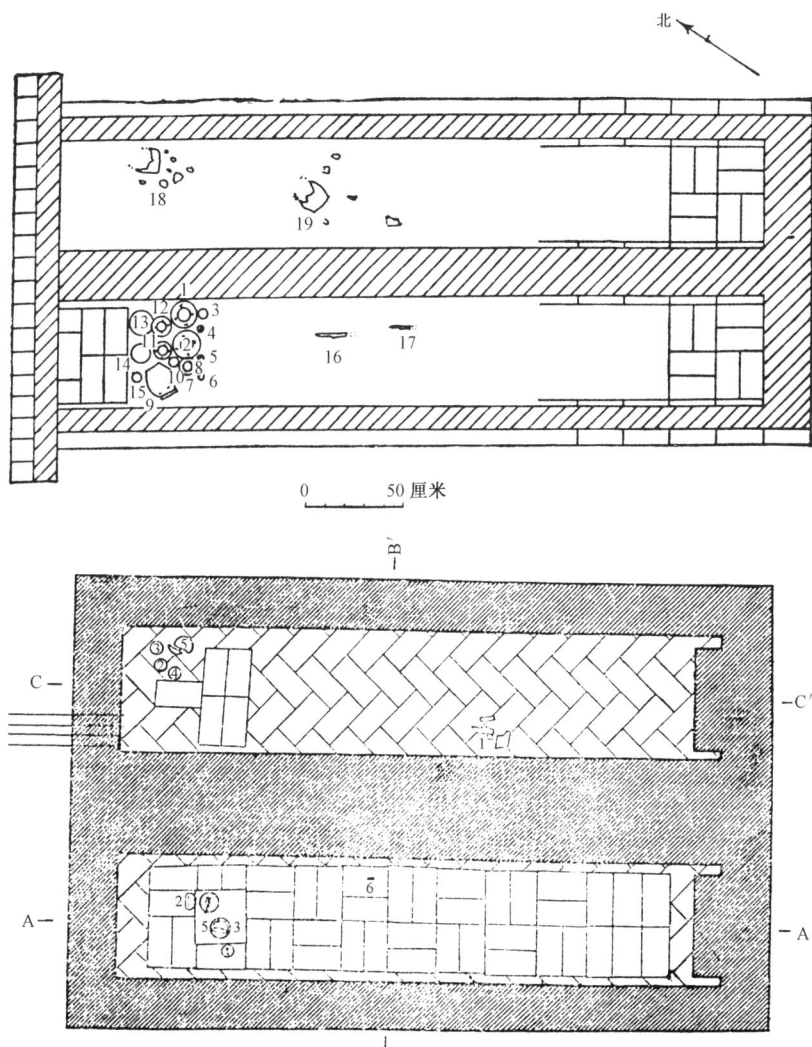

图 3 - 3　Ⅲ型墓

上：始兴 M4 号墓，东晋。引自廖晋雄：《广东始兴县缫丝厂东晋南朝墓的发掘》，《考古》1996 年第 6 期，第 31 页，图二。下：出土于湖北鄂城，南朝。引自武汉大学历史系考古专业、鄂州市博物馆：《鄂州市泽林南朝墓》，《江汉考古》1991 年第 3 期，第 40 页，图二。

东晋时期最常见的单室墓,墓室长 3.5 到 5 米,宽在 1 到 3 米之间。覆以砖制券顶,大多高度在 1 米出头。少数墓室极其狭长,叠涩式券顶。[1] 个别有甬道,以单层或双层砖作封门墙。同样仅在个别墓室内,有壁龛或凸出的砖块,用以摆放灯碗。陪葬品中,陶瓷罐和各式陶碗、青瓷碗为多。有些墓中还有铁剪刀或铁刀,推断本来应放在棺木内。碗罐类陪葬品则置于入口处。

(三) 南朝

南朝时期的墓葬,绝大多数仍为单室。其形制与东晋一致(墓室为长方形,有砖制券顶),不过更加注重内部装饰。前文提到的放置灯碗的墙角凸砖和壁龛,在南朝依旧留存,还出现了以竖砌砖石模仿木构的假窗。一些墓葬封门内设有沟渠,应当用以排出渗水。[2] 同样可能为了防潮,墓室的后半部分垫高了一层砖,可以将渗水导向前部的排水沟。陪葬品中,大部分仍为碗、罐,又出现盘之类的器物,这些容器较晋代更多。铁刀、铁剪刀之外,一些小型墓葬中发现了滑石猪,个别还有墓主的装饰品,诸如戒指、各种材质的宝珠以及铁镜或铜镜。

双室墓中,消失于东晋的Ⅰ型在南朝重现。揭阳揭仙赤 M3 号墓是仅有一例,由低矮通道连接的Ⅰ型三室墓(图 3-4)。[3] 该墓在形制上有所发展,包括前室与墓室、外侧耳室间,设有数级向上的台阶。中、右两室中,前室与墓室之间设祭台,左室无祭台而有正方形"天井"。三条甬道均有深约半米的窖井,应该用于接收渗水。墓壁有壁龛及假窗。大部分陪葬品仍为普通的容器,此外还有唾壶、鸡首壶、砚台,多数置于

---

① 廖晋雄:《广东始兴县老虎岭古墓清理简报》,《考古》1990 年第 12 期,第 1081-1086 页,图 2。

② 深圳博物馆:《广东深圳宝安南朝墓发掘简报》,《文物》1990 年第 11 期,第 39-43 页。

③ 广东省博物馆、汕头地区文化局、揭阳县博物馆:《广东揭阳东晋、南朝、唐墓发掘简报》,《考古》1984 年第 10 期,第 895-903 页,图 8。

前室与墓室之间。唯独右室存有金指环、银手镯、骨发簪、银发钗和铜钱①各一件。

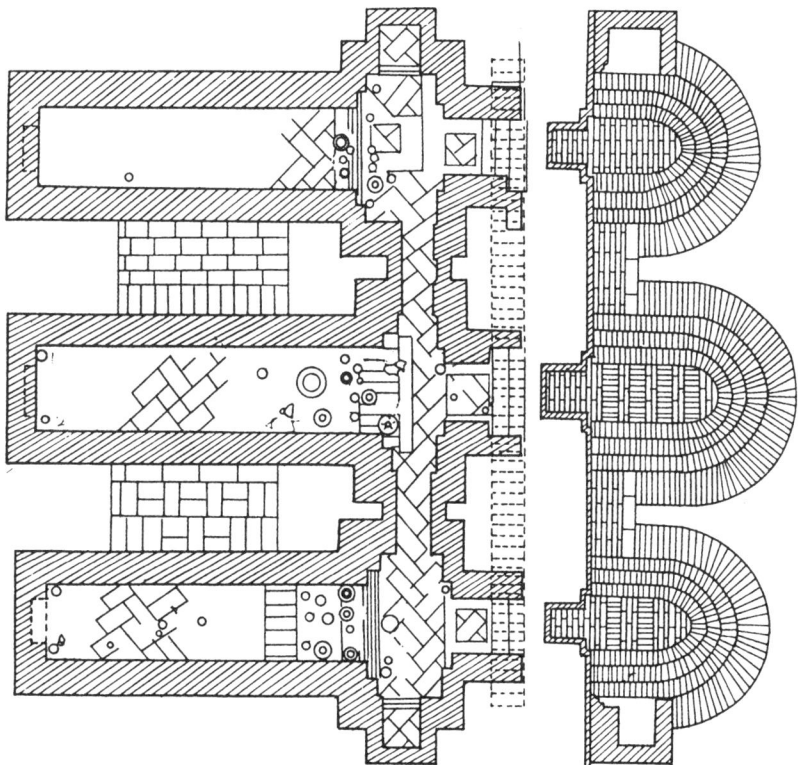

图 3－4　Ⅰ型三室墓

出土于揭阳揭仙赤地区，南朝。引自广东省博物馆、汕头地区文化局、揭阳县博物馆：《广东揭阳东晋、南朝、唐墓发掘简报》，《考古》1984 年第 10 期，第 900 页，图八。

　　跟Ⅰ型一样，Ⅱ型墓（即以一道砖券分隔前后两室）在南朝较为普遍，墓内假窗、壁龛、灯台砖、祭台、排水井、排水沟比前代更多。②

---

　　①　（作者注）发掘报告未加详述。

　　②　广东省博物馆、汕头地区文化局、揭阳县博物馆：《广东揭阳东晋、南朝、唐墓发掘简报》，第 898 页。

Ⅲ型双室墓出现于南朝后期，和前代相比，形制上基本没有变化，仅仅在隔断墙上开小窗①或在墙底开拱券作为联通。一些Ⅲ型墓有假窗，祭台则比较少见。南朝末期的始兴赤董 M7 号墓有三室并立。② 尽管许多墓葬都遭到盗掘，不过总体上看，Ⅲ型墓的陪葬品略简于Ⅰ、Ⅱ型墓。

我们可以对六朝时期的墓葬做如下总结。东晋初期，单室墓为最常见的墓葬形式，其次主要有Ⅱ型的双室、多室墓。随着时间的推移，人们愈加注重墓葬细部的装饰。陪葬品以陶质为主，素面青瓷器在后期有所增加。东晋时期的单室墓普遍仅有少量容器、铁器陪葬，而在南朝，一些小墓和大墓的陪葬品数量相近。③ 除了简单的容器，陪葬品还有鸡首壶、果盒、唾壶，个别有虎子和砚台。引人注意的是，其他地区墓葬中普遍留存的陶俑以及日用物品、粮仓之类的仿制模型，在广东地区基本缺失。④ 钱币、铜铁镜也比较少见。一些墓葬中还有铜盆、铜碗或者铜簪——这种材料用得比铁要少得多，另有铁容器、铁刀、铁剑、铁剪刀等。东晋时期，越来越多的墓葬中，有滑石猪置于原有墓主身边。装饰品主要发现于南朝大墓，有金银指环、手镯、发钗、发簪，个别还有金银珠。水晶、玻璃或玛瑙珠可能产自海外。舶来的陪葬品有上文提到的萨珊王朝玻璃器皿、铜碗；⑤在一座南齐墓中还发现了一只银碗⑥和

---

① 广东省博物馆：《广东梅县古墓葬和古窑址调查、发掘简报》，《考古》1987 年第 3 期，第 207 - 215 页。

② 广东省博物馆：《广东始兴晋—唐墓发掘报告》，《考古学集刊》1982 年第 2 期，第 113 - 133 页。

③ （作者注）不过相比小墓，大墓更容易招致盗掘，很难弄清它们陪葬的原始状况。

④ 见拙著《乡豪、流民、新贵——公元 3 至 6 世纪中国南方的家族墓地》(*Landadel-Emigranten-Emporkömmlinge. Familienfriedehöfe des 3. - 6. Jh. n. Chr. in Südchina*), 31 - 43.

⑤ 见广州市文物管理委员会：《广州市下塘狮带岗晋墓发掘简报》，第 43 页。

⑥ 广东省文物考古研究所、和平县博物馆：《广东和平县晋至五代墓葬的清理》，《考古》2000 年第 6 期，第 62 - 72 页，图一○。

萨珊王朝卑路斯(Peroz)一世统治时期(459—484)的穿孔银币。[①]

(四) 分布

　　六朝时期广东地区的墓葬,不仅其数量与时俱增,分布也愈渐广泛(图 3-5)。[②] 可以基本确定的西晋墓葬,全部发现于广州城区和北端的韶关。东晋时期的墓葬,北部同样分布在韶关以及邻近的始兴;西部和西南部在高要、四会、鹤山;东部则在沿海的和平和揭阳。南朝时期的墓葬主要分布在西南:广州之外,有肇庆、新兴、罗镜、鹤山;广州东南有宝安。东部梅江一带和平和揭阳;北部武江有韶关、始兴和乳源,还有北江的英德。

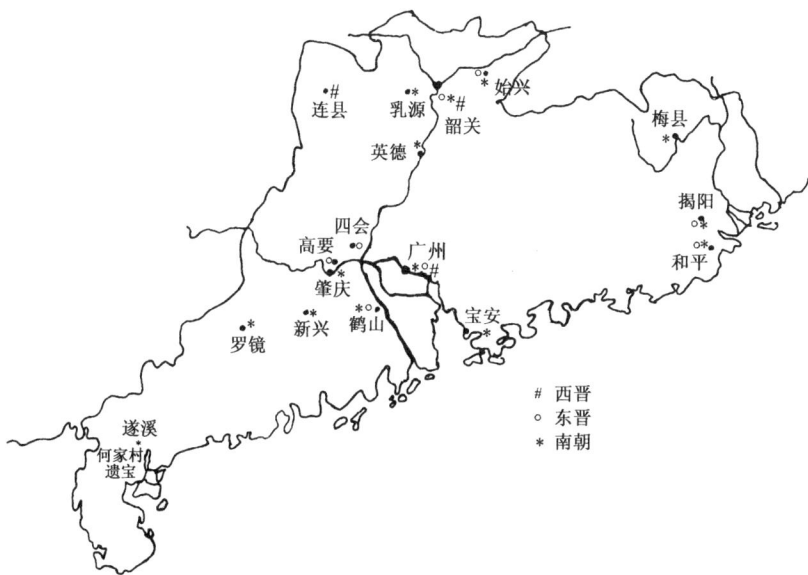

图 3-5　广东墓葬分布

①　广东省文物管理委员会、华南师范学院历史系:《广东英德、连阳南齐和隋唐古墓的发掘》,《考古》1961 年第 3 期,第 139-141 页。

②　见李公明:《广东美术史》,第 216-217 页。墓葬的分布应当置于现代城市发展的背景下观察:广州、深圳一带特区由于建筑施工繁密,自然比今天农村的地区更容易发现墓葬。

三、墓葬溯源

六朝时期广东地区的墓葬会受到哪些地区的影响？可能在墓葬形制和陪葬品中找到答案——通过它们的大体构造或者局部特征。事实上广东地区的三种墓葬类型都可以在中国其他地区找到源头。不过陪葬品在其中没有起到多大的作用，因为在广东几乎不曾发现关键的器物。

据文献资料记载，西晋灭亡后，广东地区的移民主要来自中原，我们先从那里的墓葬入手。不过中原和广东的墓葬有所差别[①]：中原地区的大墓大多不用砖砌，而是在裸土中作窑穴——这在江流纵横，土壤湿软的广东行不通。唯一相似的是广东沙河西晋墓中的陶俑[②]，在北方大墓中，牛车、马和侍俑并不少见。不过北方墓中往往只有一车或一马，而且与广东样式不同，还伴有镇墓俑或镇墓兽。[③]

从洛阳南渡的移民，许多都在新都建康附近安顿下来。是否有人继续向更南的广东迁徙？可惜在今天江苏地区的墓葬中，没有找到与广东的相似之处，也都没有发现那三种墓葬的形制。[④] 两地陪葬品也有明显的差异：东吴和西晋时期江苏地区的青瓷器有滚轮印纹或贴花纹饰——这些贵重的装饰，广东地区的陪葬瓷器从未出现过。

事实上只在两个省份发现过与广东地区相似形制的墓葬：一是湖

---

① 魏晋墓葬发掘情况参见：河南省文化局文物工作队第二队：《洛阳晋墓的发掘》，《考古学报》1957 年第 1 期，第 169－185 页；洛阳市第二文物工作队：《洛阳谷水晋墓》，《文物》1996 年第 8 期，第 37－45 页。

② 见广州文物管理委员会考古组：《广州沙河顶西晋墓》，图版叁、肆。

③ 见前文第 47 页注释②或洛阳市第二文物工作队：《洛阳谷水晋墓（FM5）发掘简报》，《文物》1997 年第 9 期，第 41－48 页。

④ 见拙著《乡豪、流民、新贵——公元 3 至 6 世纪中国南方的家族墓地》（*Landadel-Emigranten-Emporkömmlinge. Familienfriedehöfe des 3.－6. Jh. n. Chr. in Südchina*）。

北武汉附近,有一些东吴时期的Ⅰ型墓(图3-6下),①而东吴之后再无发现。还有一座东吴时期的三人墓,发掘于江西南昌,②而这座南昌墓葬并无双室或三室并列,与后世广东地区(一人一室的构造,译者注)不同。

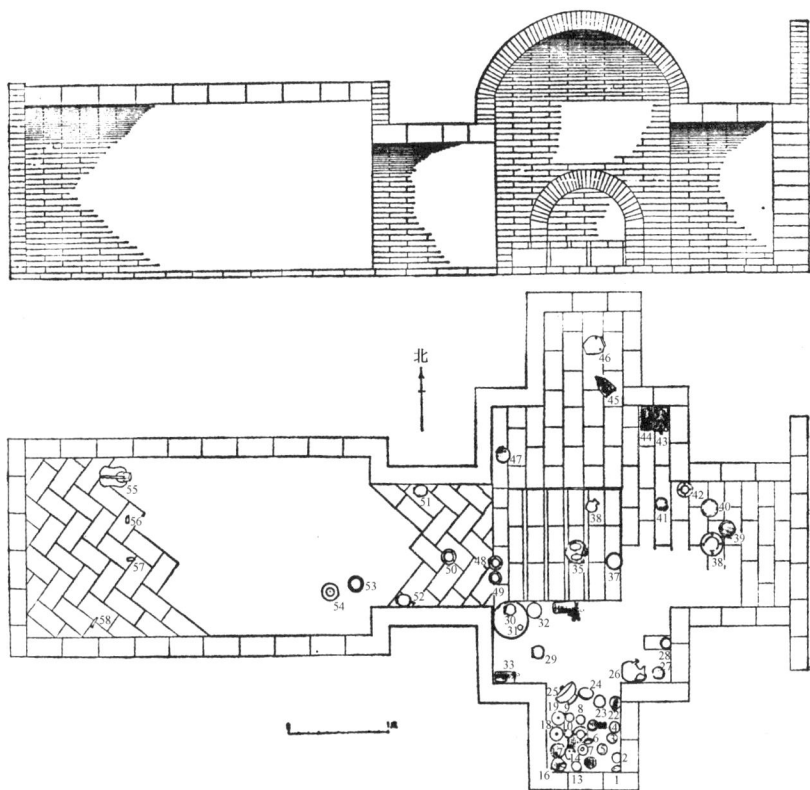

① 例子可见武汉市文物管理委员会:《武昌任家湾六朝初期墓葬清理简报》,《文物参考资料》1955年第12期,第65-73页,插图一;鄂城县博物馆:《鄂城东吴孙将军墓》,《考古》1978年第3期,第164-167页,图二;程欣人:《武汉出土的两块东吴铅券释文》,《考古》1965年第10期,第529-530页,图二。

② 江西省历史博物馆:《江西南昌市东吴高荣墓的发掘》,《考古》1980年第3期,第219-228页,图二。

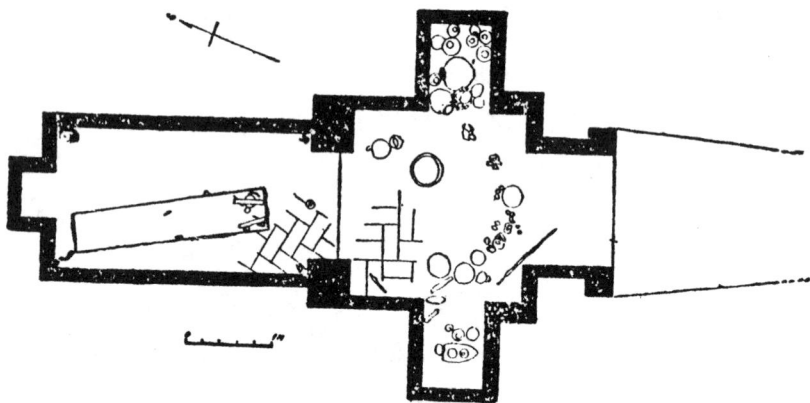

图 3‐6 Ⅰ型墓

上:出土于广州沙河,西晋,290 年。引自广州市文物管理委员会考古组:《广州沙河顶西晋墓》,第 799 页,图一。下:出土于湖北武昌,东吴。引自武汉市文物管理委员会:《武昌任家湾六朝初期墓葬清理简报》,《文物参考资料》1955 年第 12 期,第 66 页,插图一。

这种类型的墓葬在广东直到西晋才出现,而且只在广州城区发现(图3‐7)。在今天广东省的东部发掘出了一些南朝时期该类型的墓葬。

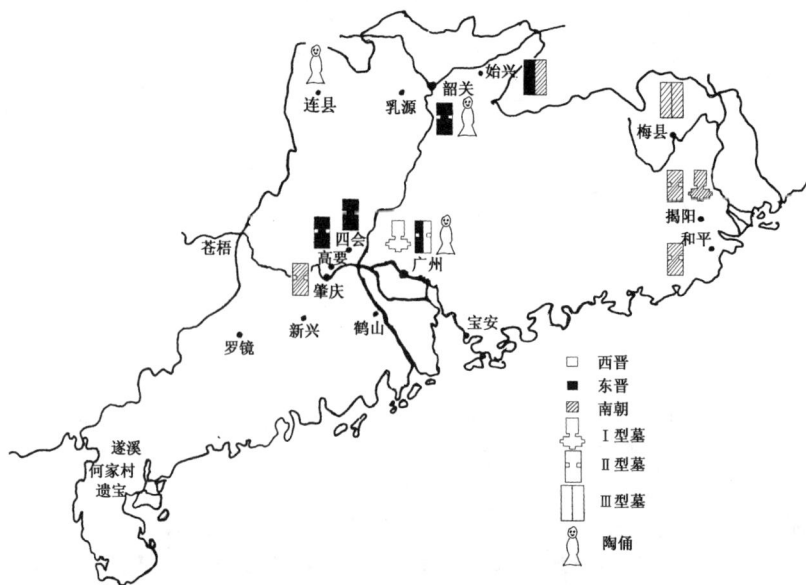

图 3‐7 广东Ⅰ、Ⅱ、Ⅲ型墓分布

广东北部也有两处墓葬,可能为这些墓葬形制的迁徙线路提供一些线索(图3-5、3-7)。在韶关以及其西的连州市发掘了两座西晋时期的双室墓(可惜没有详细描述),韶关墓中的骑马俑,与广州沙河Ⅰ型墓发现的相似(图3-1)。两处墓葬中均有带陶俑的釉陶住宅和田地模型(图3-8左)。而两座墓葬是否都为Ⅰ型,根据发掘报告无法判断。

图3-8　房屋模型

左上出土于广东韶关,西晋。引自广东省博物馆:《广东出土晋至唐文物》,香港:香港明爱印刷训练中心(Caritas Printing Training Center),第111页。右上及下:房屋模型、门楼院落。引自鄂城县博物馆:《鄂城东吴孙将军墓》,《考古》1978年第3期,第165页,图版六,图1、4。

　　至少广东的陶俑和模型可以溯源到东吴时期的武昌（今鄂城）。鄂城墓中的陶俑，造型与广东基本相同，除了Ⅰ型墓外只在多室墓葬中发现。一些鄂城大墓中还发现院落模型，有高墙围绕、四角碉楼及正、厢房八间（图3-8下）。① 不过指明迁徙线路的并非院落整体，而是里面的小屋子。由于骑俑发掘很少，无从立论。一些极其类似的陶俑发现于湖南长沙的西晋墓葬中。②

　　广东地区Ⅱ型墓（最简单的双室墓）——可以溯源到今天的江西省。这类墓葬从东吴至南朝时期都有发现，集中在南昌及其以南的赣江一带。江西墓葬的保存状况比广东好得多，所以可以证实在广东的猜测：Ⅱ型确实是双人合葬墓（图3-7下）。③ 而壁龛、假窗、排水井和排水沟，这些存于广东地区一些较晚的Ⅱ型墓葬中的特殊装饰，在江西并没有发现。这种墓葬形制不仅由江西传往广东，也在东晋时期沿着长江溯流而上。

　　Ⅱ型墓在广东地区最早出现于广州（图3-7），东晋时期扩展到西部的高要和四会以及北部的韶关。东部海滨的揭阳、和平则有南朝时期的墓葬。

　　双室Ⅲ型墓（室间过道或有或无）同样自西晋开始，最早出现在鄂城（图3-8下）。④ 其后的东晋，特别是南朝，扩展到相邻的江西和湖南地区，其中包括三室联通的特别墓葬形制。⑤

---

　　① 鄂城县博物馆：《鄂城东吴孙将军墓》。

　　② 湖南省博物馆：《长沙两晋南朝隋墓发掘报告》，《考古学报》1959年第3期，第75-105页。虽然广东汉墓也发现了陶俑和模型，它们的造型和后代有很大差异。

　　③ 江西省博物馆：《江西南昌晋墓》，《考古》1974年第6期，第373-378页，图一。

　　④ 南京大学蒋赞初教授口授，他曾多年在鄂城主持发掘工作。笔者未曾读过相关发表成果。

　　⑤ 双室墓见武汉大学历史系考古专业、鄂州市博物馆：《鄂州市泽林南朝墓》，《江汉考古》1991年第3期，第37-46页，图二；三室墓见该文第43页，图四。

东晋时,该种墓葬出现在广东北部的始兴(图3-7)。总体而言,Ⅲ型墓为数不多,局限于广东北部。此外在东北的梅县,也有几座该型的南朝墓葬。

在广东广泛分布的容器品种(罐、碗、盘),也发现于其他省份,不过两者的造型、装饰和釉彩有所差别。深圳城区发掘过四座晋代瓷窑址,其制品器身光素,而覆有厚实并且开裂的绿色釉彩,这一点与长江流域的瓷器不同。早期瓷器的坯身在烧制中收缩严重,常常导致釉彩脱落,说明当时广东地区对这种材料的运用尚不成熟。① 窑址中发现的瓷器与墓葬中的类似,说明陪葬瓷器是当地生产的。

这些产自当地的瓷器或为家用,或为陪葬,工艺简单,造型常见,而墓葬中也有一些工艺成熟的器物。这些精良兽形的插器、虎子和鸡首壶,与长江下游的制品十分相似。② 由此可以推断,它们很有可能来自最好的瓷器产区,即闻名至今的浙江越窑。长江中下游的墓葬也普遍有此情况。研究表明,至迟在南朝时期,这样的瓷器已经能够在广东地区自行生产,并在后来发展出当地特有的样式。③

四、总　结

笔者的观点立足于此:既然移民有一定的墓葬形式,他们南下的线路也可以由此推断。我们分析墓葬形制以及陪葬品的情况,就有可能

---

① 李公明:《广东美术史》,第221-222页。

② 如广州沙河出土的器物,见广州市文物管理委员会考古组:《广州沙河顶西晋墓》。

③ 由于发掘报告中相关描述和图片太少,瓷器质量无法论断。本文观点从李公明:《广东美术史》,第221-230页。

找到这些移民或者他们先人的来源地。①

　　同种墓型的主人也应同属于一个群体。虽然弄不清他们的个体特征,但有些Ⅰ型墓透露了一点讯息:广州沙河的Ⅰ型墓至少成双出现,②符合家族墓地的特征。③ 因此形制复杂而少见的墓葬,很可能是某个东吴末年由鄂城迁来的家族标志。④

　　墓葬形制的分析表明,广东地区的移民可能来自今天的湖北、江西。湖北墓葬中存有与广东相似的陶俑。而在广东发现的后代墓葬也与湖北(主要在鄂城)东吴时期的一些墓葬形制相同。这可能跟229年东吴迁都建业有关。221到229年,武昌(今鄂城)为东吴都城,在它不复重要之后,当地一小部分生活优渥的家族(由其墓葬规模判断)有可能到别的地方碰碰运气。可他们的目的地不是新的政治中心(今天的南京没有这种类型的墓葬),而是宁可往南方去。

　　江西的情况有所不同:那里特有的墓葬类型后来非但没有在当地消失,且整个六朝时期还在不断建造,并向西面和南面扩张。说明有一

---

　　① 移民与他们故乡的墓葬形式相伴南下之外,也必须考虑到其他可能:这些墓葬有些也许是当地人仿造的,在中原人而言,是维护了固有的墓葬形式。毕竟墓葬类型可以口耳相传。在此感谢 Francis Allard 博士的启发。这些与江西、湖北有关,又在广东仿制的墓葬形式,是通过移民或是由其他路径南传到广东,无关紧要:当时必有一批人自江西、湖北来到广东,将他们的文化知识传播开来。

　　② 有三篇报告记录1957年至1959年间发掘的墓葬,可惜没有说明墓葬的相互位置:《广州沙河镇狮子岗晋墓》《广州沙河顶西晋墓》《广州市下塘狮带岗晋墓发掘简报》。

　　③ 另一个标志,广东地区大型墓地中家族墓葬有统一朝向。例见《广东和平县晋至五代墓葬的清理》中 M1 至 M4,及 M13 号墓。关于六朝时期家庭、家族以及家族墓地的情况,可见拙著《乡豪、流民、新贵——公元3至6世纪中国南方的家族墓地》(Landadel-Emigranten-Emporkömmlinge. Familienfriedehöfe des 3.-6. Jh. n. Chr. in Südchina), 18-19, 54-158.

　　④ 墓葬形制为家族标志,山东即有一例:临淄附近发掘十九座北朝崔氏墓葬,均为圆形——是该家族独有的墓型。见山东省文物考古研究所:《临淄北朝崔氏墓》,《考古学报》1984年第2期,第221-244页;淄博市博物馆、临淄区文管所:《临淄北朝崔氏墓地第二次清理简报》,《考古》1985年第3期,第216-221页。

批人往湖北、湖南以及广东迁徙。

根据考古资料，长江中游只有一处可能的来源。因为这些墓葬和广东一样，没有铭文留存，我们无从知道墓主的身份和他们的先祖由来。他们背井离乡的原因，也只能止于猜测，可能也和229年的迁都有关。还有一种可能，是西晋末年大量移民由北方南下，在当地造成倾轧和竞争，又把一部分土著逼往了南方。据文献记载，这种土著和移民的对抗在晋代的新都建康十分激烈。① 所以那里的土著南徙也不无可能，只是还没有考古资料加以证明。

薛爱华（Schafer）在其著作《朱雀：唐代南海图》（*The Vermilion Bird. Tang Images of the South*）中叙述的移民路线，从长江中游南下广东地区，恰恰也是墓葬形制的传播路线。② 因此广东墓葬形制受到湖北和江西的影响，一点也不奇怪。两省发掘的墓葬大多靠近湘江、赣江，而两江是向南到达广东的主要通道。从南昌出发，沿赣江而上，过庾关，经始兴（今韶关），沿东江而至广州。从武昌出发，则乘湘江南下至湘东或其东南，过骑田岭，同样在始兴登陆。也可以走西路，经始安（今桂林一带），沿鬱水而至广州。386年北魏立国以前，北方烽火连天，五胡十六国更迭为乱，因此当时长江中游的移民南下而非北上，也是理所当然。他们没有选择山路，东经福建或西经四川，而是从便利的水道南下，最终抵达广州。③

广东境内的墓葬分布与这些水路吻合（图3-3），说明这些河道正是当时的迁移路线。毕汉思（Bielenstein）研究福建地区，也有类似的

———————

　　① 见詹森（Jansen）：《魏晋南北朝时期朝廷的开放化》（*Höfische Öffentlichkeit im frühmittelalterlichen China*），39-49.

　　② 薛爱华（Edward H. Schafer）：《朱雀：唐代南海图》（*The Vermilion Bird. Tang Images of the South*），Berkeley, Los Angeles：University of California Press, 1967，20-25. 详见第23页地图。

　　③ 薛爱华（Schafer）根据李翱的行记，描述沿河旅行的情况，见《朱雀：唐代南海图》（*The Vermilion Bird. Tang Images of the South*），22-24.

结论。① 广州是广东地区的中心和贸易都会,无疑吸引聚集了南下的移民。而韶关为其北门,那里和广州一样,存有广东地区最早的移民墓葬。后代的墓葬也散布在水道附近。而广东东部在南朝时期迁入的移民,如《晋书》记载,是由浙江地区渡海而来的。②

尽管墓中没有任何文字表明墓主身份,我们仍可以推测猜想。单室墓比双室墓在早期更加普遍,如果认为葬于大墓的人生前显贵而富有,那说明,在早期(可能相对贫穷)的移民落脚定居后,他们才迁移而来(并且在此安葬)的。不过也有一个问题尚待解答:那些小型墓葬究竟属于土著还是移民?

这些墓葬的主人未必是从首都委派而来的高官。如果高官们客死他乡,也应该有家人料理,回乡安葬。但史书记载,有一些官员家属,在其任职期间随同经商,生活优渥,③这使其卸任之后足以在当地安居。有意思的是,番禺作为港口贸易城市,当地墓葬中却只发现过少量舶来物品——如玻璃、银器、外国钱币。

贸易之外,漆器(汉代以来产于番禺)和盐之类的土特产也是广东富庶的原因。广州和高要设有盐官,而两地都有墓葬发掘。不过奇怪的是,在乳源的三座墓中发现了极其罕见的铁矿,重达 4 公斤。发掘报告认为,可能跟晋代广东地区冶铁繁荣有关。④

六朝时期的广东是不是真的"平康",暂且不论。至少它足以吸引

---

① 毕汉思(Hans Bielenstein):《迄至唐末的福建中原移民》(*The Chinese Colonization of Fukien until the End of Tang*). 另有顾迩素(Else Glahn)、易家乐(Soren Egerod)编:《致敬高本汉文集》(*Studia Serica Bernhard Karlgren Dedicata*), Copenhagen: Ejnar Munksgard, 1959, 98 - 122.

② [唐]房玄龄等撰:《晋书》卷七十三,第 1932 页。

③ 见《刁逵传》,[唐]房玄龄等撰:《晋书》卷六十九,第 1845 - 1846 页。

④ 韶关市文物管理办公室、乳源县博物馆:《广东乳源县虎头岭南朝墓清理简报》,《考古》1988 年第 6 期,第 513 - 517 页:"虎头岭三座墓室的拱、壁、底砖缝都楔以铁矿物……其中有些似为炼过的铁渣。"另一例存有铁矿的墓葬发掘于曲江,纪年 342,见广东省文物管理委员会:《广东曲江东晋、南朝墓简报》,《考古》1959 年第 9 期,第 469 - 471 页。

长江畔的一部分人群,因为相对其他地区而言,长江流域离广东更近。这不仅是地理上的距离——文化上的认同同样是因素之一。生活在长江商路沿线人们,对南方的情况风闻言传,要比其他地区熟悉得多。那个时代,政治中心遍野浪迹——为什么不去南方看看,碰碰运气呢?

陆岸(德国明斯特大学)译

"长眠于他挚爱的山中"?
寻找王羲之墓[①]

一、引　言

　　嵊州(浙江省)有一处重要的景点,位于金庭镇华堂村。村中一座小坟茔前,立有一座石亭和一块墓碑,碑上刻有"晋王右军墓"之文。这一坟茔历来被认为是晋代(265—420)著名的书法家王羲之(303—361)之墓。[②]

　　王羲之,众所周知中国最著名的书法家,来自声势显赫的琅邪(今山东省临沂)王氏家族。早在公元316年西晋灭亡前数年,琅邪王氏已成为辅佐司马睿(后来的晋元帝,东晋第一任皇帝)渡江的重要北方家族之一。长安陷落后,那些北方家族的成员在公元317年,于建康(今南京)帮助重建了晋室,是为东晋。与皇室紧密的联系、联姻及其自身的血缘关系,使得王氏家族在朝中的地位始终举足轻重,并由此成为了东晋初年的名门望族。统治阶层中最杰出的代表,即王羲之父亲的堂兄——权臣王导(卒于公元339年)。

　　关于王羲之的生平、历仕及书法,前人研究已透露出许多宝贵的信息。我们知其于南方初年在会稽(今浙江绍兴)任仕,后称退任并在金庭度过余生。但王羲之是如何故世的?其又被埋于何处?上述坟茔前

<hr>

　　① 原刊于《中国中古研究》(*Early Medieval China*),17(2011),74-94.

　　② 关于王羲之生卒年的讨论,参见雷德侯(Ledderose):《六朝书法中的某些道教成分》("Some Taoist Elements in the Calligraphy of the Six Dynasties"),载《通报》(*T'oung Pao*),LXX(1984),246-278,详见第246页。

的墓碑乃立于 1502 年(如碑后所记)，距其离世已有千年之久。① 是否还有更早的证据可以证明，此地确是王羲之最后的安息之所？

　　以下文中，笔者将检视文献及有关浙江东晋墓葬的考古材料，通过它们来揭示，究竟哪些人被葬于彼处。文章将试图论证，历来有关王羲之墓址的认定值得怀疑。浙江与建康地区的墓葬对比将显示，王羲之及其同时代的其他名士，不太可能会葬于今日称为"浙江"的边鄙之地。

二、文献记载

　　将华堂村的坟茔判定为王羲之墓，主要的文献依据乃来自《金庭王氏族谱》，这是一本王羲之后裔的族谱，据称他们仍生活于华堂村。② 这本族谱的史料可靠性相当有限，因其乃后世者为彰显王氏家族的重要性而编纂。那么，关于王羲之墓的具体地点，是否还有其他的资料呢？

　　后世地方志常被用来引证这个问题。最早记载这一有疑问区域的地方志，来自宋代高似孙(1160—1220)的《剡录》，其称"王右军墓在县东孝嘉乡五十里"(即金庭)。③ 再往后的地方志，如编纂于 1869 年的清代《嵊县志》同样引录了这一地点。其中特别提到，嵊县金庭瀑布山为王羲之墓所在。④ 据《嵊县志》载，隋时一位名叫尚杲的僧人曾留下一篇关于王羲之墓的记载。这篇文字本身，即《瀑布山展墓记》，未见引

---

　　① 张忠进：《王羲之墓地简介》，《临沂师范学院学报》1991 年第 4 期，第 89-93 页，详见第 92 页。

　　② 郭廉夫：《王羲之评传》，南京：南京大学出版社，1996 年，第 36 页。《金庭王氏族谱》重编于 1698 年，其最初版本可追溯至宋代。参见梁少膺：《关于南朝沈约〈金庭馆碑〉与唐裴通〈金庭观晋右军书楼墨池〉两种资料的论考、检讨》，《书法赏评》2009 年第 5 期，第 62-67 页，详见第 67 页。此族谱 2007 年在嵊州重修，仅出版印刷 100 套，装于漆木箱中。见 http://blog.sina.com.cn/s/blog_5684f2bb01000a1d.html(检索于 2010 年 3 月 10 日)。

　　③ [宋]高似孙编纂：《剡录》，《四库全书》第 485 册，卷四，第 10 页。

　　④ [清]严思忠修，蔡以瑺纂：《嵊县志》卷八，《中国方志丛书》华中地方·第 188 号(1869 年；再版，台北：成文出版社，1966 年)，第 835 页。

用及出现于其他的文献中,但却全文收录在前述的《金庭王氏族谱》里。文中称,尚杲来自吴兴永欣寺,受教于其师智永。后者乃是王羲之第七世孙,一直想拜谒金庭和王羲之墓,奈何老弱而不能成行。公元 611年,尚杲前来完成其师心愿,却发现墓已不见坟茔,甚至轮廓难辨。据称,尚杲担心茔墓(或他所认定的茔墓)将完全陷于荒芜而无法辨识,遂征请王羲之的第八代孙乾复照管墓地,并立石识之。① 该记载以尚杲的感慨作结:"呜呼! 升平(357—363)②去(今)大业(605—617)才二百五十年,而荒湮若此,则千载之后,将何如哉!"③

　　另一本清代地方志,即修纂于 1792 年的《绍兴府志》,亦记载王羲之墓在金庭。不过,它给出了另外两个可能的地点:诸暨苧萝山与会稽云门山,两地皆距金庭约五十公里。④ 显然,有关王羲之墓确切地点的传闻不止一处,但迄今所引文献至少都认同一个事实,即王羲之被葬于今天浙江省北部的绍兴。

　　为扩大我们对地方志记载的认识,让我们来看看地方志是如何记述王羲之同时代人墓葬的。除王羲之外,上述地方志也提到了葬于同一区域的其他南迁而来的北方士族成员(图 4 - 1)。这些人或在浙江任职,或是置有别业,或则隐居于此。他们中有高阳(今河北保定)许询、陈留(近开封)阮裕,二者皆葬于嵊县;⑤河内(今河南武陟西南)山遐——山涛(竹林七贤之一)之孙,据说长眠于萧山县(今杭州萧山

---

　　① 上下文并未指明尚杲的文字是否被刻于石上。参见梁少膺:《关于南朝沈约》,第 67 页;张秀铫:《王羲之墓地考略》,《绍兴文理学院学报》1981 年第 2 期,第 80 - 83 页,详见第 81 页。

　　② (作者注)即王羲之故世之年。

　　③ 《瀑布山展墓记》由《金庭王氏族谱》传载。梁少膺《关于南朝沈约》中有所转引,参见该文第 67 页。

　　④ [清]李亨特修,[清]平恕纂:《绍兴府志》卷七十四,《中国方志丛书》华中地方·第 221 号(1792 年;重刊,台北:成文出版社,1966),第 1821 页。

　　⑤ [清]李亨特修,[清]平恕纂:《绍兴府志》卷七十四,第 1827 页。

区）；①高僧支遁（支道林），来自北方关氏家族，则据称被葬于新昌县；②甚至谢安，据宋《嘉泰会稽志》（1201—1204）载，其被葬于上虞。谢安在公元385年去世之前，一直掌握并稳定着东晋政权。③ 他的曾侄孙谢灵运，刘宋著名诗人，据说埋骨于山阴县。④ 傅乐山（J. D. Frodsham）在其《潺潺的流水》(*The murmuring stream*)一书中，也引宋、清时代的地方志说，谢灵运在广州被处以极刑后，"归葬会稽，长眠于他挚爱的山中"。⑤

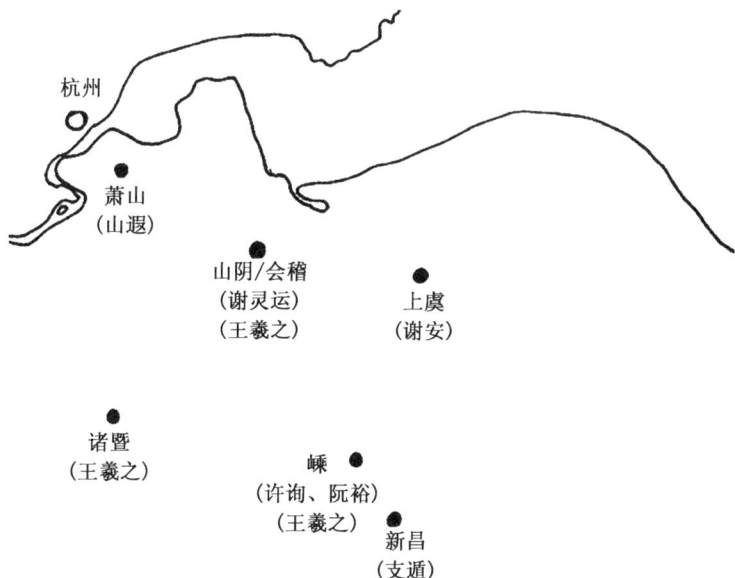

图 4-1　清代地方志所载葬于浙江绍兴地区的名士

---

① ［清］李享特修，［清］平恕纂：《绍兴府志》卷七十四，第1817页。

② ［清］李享特修，［清］平恕纂：《绍兴府志》卷七十四，第1828页。

③ 《嘉泰会稽志》，详见［清］李享特修，［清］平恕纂：《绍兴府志》卷七十四所录，第1826页。

④ ［清］李享特修，［清］平恕纂：《绍兴府志》卷七十三，第1799页。

⑤ 傅乐山（J. D. Frodsham）：《潺潺的流水：中国自然诗人康乐公谢灵运（385—433）的生平与作品》[*The murmuring stream*：*the life and works of the Chinese nature poet Hsieh Ling-yün*（385 - 433），*Duke of K'ang-Lo*]．Kuala Lumpur：University of Malaya Press，1967，79.

上引文献皆本自宋或宋代以后,唯《瀑布山展墓记》为隋代所作。然其在同时代的文献里均不见踪影,只在年代甚晚且可靠性本就堪忧的《金庭王氏族谱》里有所登载。再往前推,汇编有更早史料,成书于唐代的《晋书》并未提及上述这些人的葬地,即使是在他们的本传里。一般情况下,官修史籍会提供任职或退休地的信息,或像在记述谢灵运及其家族的例子中,提到他们的别业所在。有时也会提及某人的年寿及卒地,但很少提到葬地。我们只在《宋书》谢灵运的本传里,发现他的父祖并葬于始宁(嵊与上虞之间),即谢家故宅所在地。① 在其他唐代的文献中,可以找到更多的信息。《元和郡县图志》(806—814)提供了晋朝帝陵的详细方位,②还提供了当时最具权势的两位人物——王导和谢安的墓葬信息。③ 不过该书关于谢安墓的记载与后世地方志大相径庭,它指出谢安墓位于石子岗,上元(唐时的建康)东南十里,并非如后来地方志所说的在上虞。丞相王导,王羲之的叔父,据称也被葬于建康附近、幕府山的北郊。关于支遁,则有一条相当早的材料大致与后世的地方志相符:《世说新语》,编纂于公元430年,其中辑录了王导之孙王珣所作的《法师墓下诗序》。王珣曾于公元374年拜谒支遁墓,距其故世八年。王珣写道:"余以宁康二年命驾之剡石城山,即法师之丘也……"校笺中引录《支遁传》,所述与之相同。④ 但与王羲之的情况一

---

① [梁]沈约撰:《宋书》卷六十七,北京:中华书局,1974年,第1754页。

② [唐]李吉甫撰:《元和郡县图志》卷二十五,北京:中华书局,1983年,第597页。所记载的地点(蒋山和鸡笼山,分别坐落于建康的北部和东北部)与考古发现较为一致。另参安然(Annette Kieser):《墓葬及墓志所见东晋流徙家族》("Emigrantenfamilien der Östlichen Jin-Zeit im Spiegel ihrer Gräber und Grabinschrifttafeln"),《远东》(*Oriens Extremus*),43(2002),161‑174,详见第161页。

③ [唐]李吉甫撰:《元和郡县图》卷二十五,第598页。

④ 徐震堮著:《世说新语校笺》,北京:中华书局,1984年,第352页。引自许理和(Eric Zürcher):《佛教征服中国》(*The Buddhist Conquest of China. The Spread and Adaptation of Buddhism in Early Medieval China*). Leiden: E. J. Brill, 1959, Vol. 2, 360. 晋时的剡大致相当于清代地方志中所说的新昌县。

样,关于墓址,另有一种说法:撰于公元 530 年的《高僧传》载,支遁墓在会稽坞山。①

总之,大部分登载有北方流徙士族墓位置的文献仅可追溯至 10 或 11 世纪,甚至更晚。再早些的文献除帝陵外,几乎没有提及墓葬。仅有一处极少见的例子提供了与后世地方志不同的记载:早期文献记谢安墓在建康附近,后者则称在上虞。

如果早期文献未能提供有关墓址的足够信息,则我们不禁要问,后世地方志的作者是如何获知百年前就已故世人物的葬地的? 或许,他们是从一些有所偏失的私史中获得了信息,如前述的《金庭王氏族谱》,但其资料的原始来源很可能早已遗失。②

然我们仍要追问,地方志所提供的信息是否正确? 前述流徙士族如王羲之或谢安,是否真的葬于今天的浙江或其他什么地方? 文献资料无法提供确切的答案。除墓址信息矛盾外,在谢安的例子中,地方志的说法更值得怀疑。今天,考古发现了不少北方流徙家族的墓群,前述琅邪王氏和陈国谢氏家族的墓葬也包括在内。所有这些墓葬群中,却没有一个发现于浙江。它们均出土于今天的南京,即曾经的六朝都城建康郊外。朝廷贵族选择此地作为自己最终的安息之所,亦是合乎情理的。

三、南京墓葬

近年来,由于大量的考古工作在今天南京的市中心及其近郊展开,

---

① [梁]释慧皎撰:《高僧传》卷四,北京:中华书局,1992 年,第 163 页。
② 疑议地区的早期中古地方史志已不存。笔者所能检视到的残本均未提及王羲之墓,只在鲁迅所辑的早期古籍中有一些线索,即引自《嘉泰会稽志》的前述内容。而《嘉泰会稽志》亦转录自《太平御览》,最远只可上溯至宋代。参见鲁迅辑:《鲁迅辑录古籍丛编》,北京:人民文学出版社,1999 年,第 315 页。另参[清]王谟辑:《汉唐地理书钞》,北京:中华书局,1961 年;陈桥驿:《绍兴地方文献考录》,杭州:浙江人民出版社,1983 年。

许多六朝的墓葬因此被发掘。① 其中包括上述的家族墓地,最多时有24座墓葬有序排列。幸运的是,在许多的墓葬中,尤其是东晋及南朝的墓中,都有发现可以确定墓主人身份的墓志。由此可以更为清楚地了解,在东晋及南朝初年,北方的流徙士族是如何被安葬的。另一方面,在浙江却没有出土墓志,仅仅在砖墙上发现了少数带有墓主人名字的铭文。因此很多埋葬于彼的墓主人身份无法被确定。假设北方流徙士族墓,尤其是特定时代或朝代中同一家族成员的墓葬,具有某些基本的相似性,则对比建康的流徙士族墓与浙江出土的墓葬,或可帮助我们揭示墓主人的身份。如果,如地方志所示,一些北方流徙士族确实被葬于浙江,则我们或可认为,在浙江已发掘(及公布)的墓葬中,应有部分是属于祖籍北方者的,且这些墓葬的建制及随葬品,应与南京的流徙士族墓具有相似性。

让我们来仔细看一下南京的墓葬。家族墓群中的墓葬是什么样子? 以琅邪王氏家族墓为例来做分析(图4-2)。南京北郊迄今出土了此家族中某一分支的12座墓葬。王彬(丞相王导之堂兄弟、王羲之叔父)家族共三代人葬于象山的南麓(表4-1,图4-3)。所有墓葬,除M7外均大致朝南。根据墓志,其中8座墓葬的时间在公元341年至392年之间。②

---

① 关于南京地区发掘的200多座墓葬数据及分析,详见安然(Annette Kieser):《乡豪、流民、新贵——公元3至6世纪中国南方的家族墓地》(*Landadel-Emigranten-Emporkömmlinge. Familienfriedhöfe des 3.-6. Jh. n. Chr. in Südchina*),*Asiatische Forschungen Band* 144. Wiesbaden: Harrassowitz,2002.

② 南京市文物保管委员会:《南京人台山东晋兴之夫妇墓发掘报告》,《文物》1965年第6期,第26-33页;南京文物保管委员会:《南京象山东晋王丹虎墓和二、四号墓发掘简报》,《文物》1965年第10期,第29-45页;南京市博物馆:《南京象山5号、6号、7号墓清理简报》,《文物》1972年第11期,第23-41页;南京市博物馆:《南京象山8号、9号、10墓发掘简报》,《文物》2000年第7期,第4-20页;南京市博物馆:《南京象山11号墓清理简报》,《文物》2002年第7期,第34-40页。

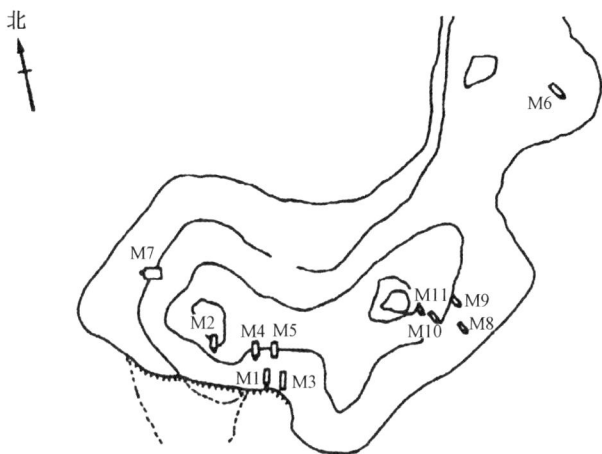

图 4 - 2　南京象山 11 座琅邪王氏家族墓

摘自南京市博物馆：《南京象山 8 号、9 号、10 号墓发掘简报》，

《文物》2000 年第 7 期，第 34 页，图一。

王氏墓葬均为小型长方形券顶砖室墓，墓室最长不过 5 米。有些墓连着一条短甬道，并设有排水沟及放置灯盏的小壁龛。

　　幸运的是，12 座王氏墓葬中有 6 座均未遭受盗扰或严重的自然侵蚀，除大部分有机质外，随葬物品的摆设和位置都保持着原样。最近一例发掘是 M9 墓，为王建之（王羲之堂兄弟之子，见表 4 - 1）及其妻刘媚子的合葬墓，其于公元 372 年下葬（图 4 - 4）。墓室内长 4.42 米，宽 2 米，高 2.2 米。甬道近门处设有一道排水沟。壁龛中置有青瓷灯盏用于照明。近墓室入口处、沿墙及前部转角还发现有其他的青瓷器，如盘口壶、香薰。墓志则被置于棺木的前端。墓室平面图中所示的其他物件原在棺内，棺木随时间推移已腐朽。在女性墓主人的头部，墓室的东壁，葬有一枚铁镜、一件铜弩机、一小块石黛板及金簪、金钗和指环。另外，尚有金饰和铜饰附于其衣物上，墓主人的手中还各持有一只滑石猪。墓室西侧王建之的棺内，亦在其头部位置，放置着同样组合的陪葬品：镜子（铜制）、弩机、石黛板，连同一个木碗和一只三足炉。滑石猪被置于其手中，墓主人的衣物上还佩戴有一只玉带钩。墓室中器物的贫乏与死者身边个人随葬品的丰富、贵重,形成了鲜明的反差。这种反差在王建之的叔父王兴之的墓(M1)里,表现得更加明显。在其棺中,发现有一些罕见的器物,如一只鹦鹉螺杯和一个铅人。而这种反差的极致则属 M3 墓,即王建之的姑母王丹虎之墓。她的棺外仅放置了一把青瓷盘口壶,而在棺内,墓主人的身上则饰以金环、金钗、舶来的玻璃珠、琥珀珠、绿松石珠和其他更为珍贵的物品。[①]

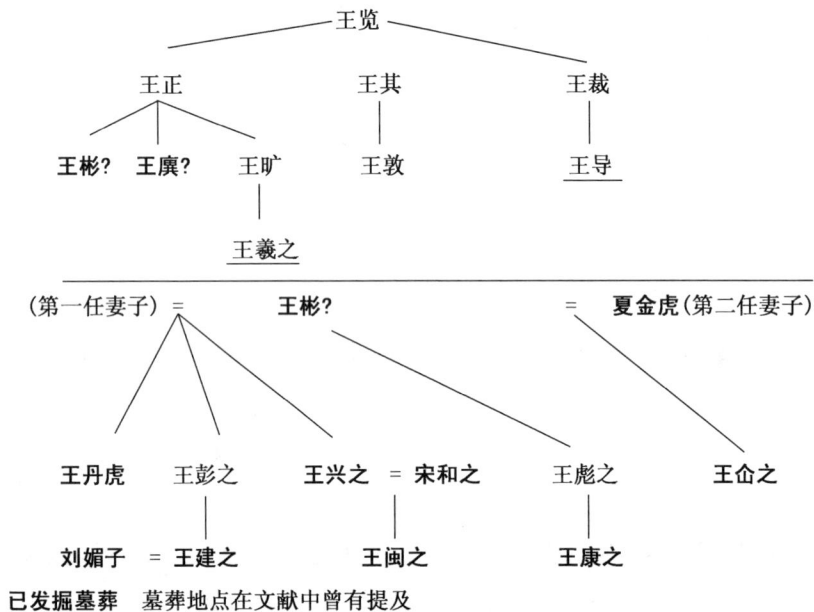

图 4-3　琅邪王氏族谱

表 4-1　南京象山王氏家族成员墓

墓葬	墓主人	墓志	时间
M1	王兴之与宋和之	1	341/348
M2	未知	—	刘宋早期
M3	王丹虎	1	359

---

① 关于此类随葬品所示墓主人身份地位,及宗教信仰的讨论,参见安然(Kieser):《乡豪、流民、新贵》(*Landadel-Emigranten-Emporkömmlinge*),100-117.

（续表）

墓葬	墓主人	墓志	时间
M4	未知	—	东晋
M5	王闽之	1	358
M6	夏金虎	1	392
M7	王廙(?)	—	322
M8	王仚之	1	367
M9	王建之与刘媚子	3	372/371
M10	未知	1	东晋
M11	王康之与何法登	2	356/389
M12	未知	—	报告未刊布

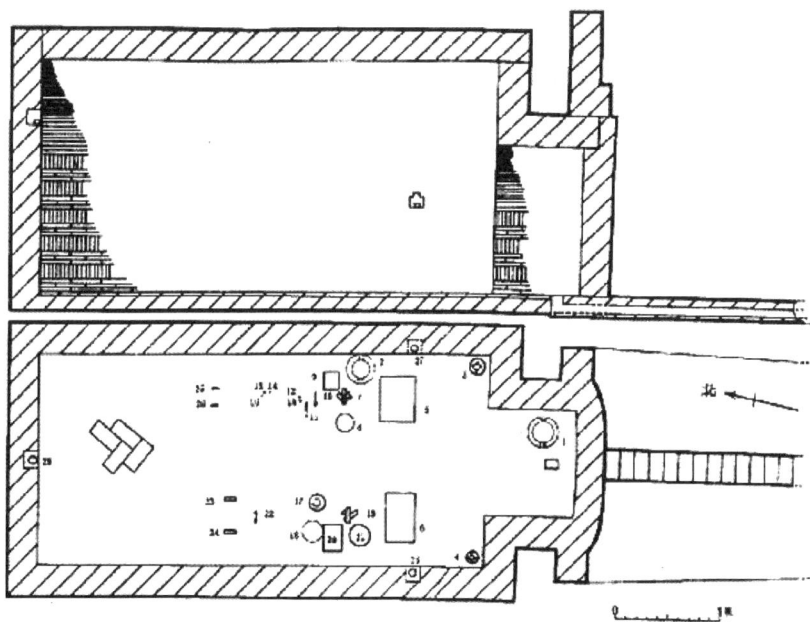

图4-4　M9墓葬平、剖面图,棺内(7-26)及棺外(1-6,27-29)随葬品
摘自南京市博物馆：《南京象山8号、9号、10号墓发掘简报》,第9页,图一二。

让我们来看看谢氏家族墓地:迄今为止,已发掘并公布的墓葬有8座

（图 4-5，表 4-2）。①

图 4-5 南京司家山七座陈国谢氏家族墓

摘自南京市博物馆、雨花台区文化局：《南京司家山东晋、南朝
谢氏家族墓》，《文物》2000 年第 7 期，第 37 页，图二。

表 4-2 南京司家山谢氏家族成员墓

墓葬	墓主人	墓志	时间
—	谢鲲	1	324
M1	未知	1	南朝早期
M2	未知	—	南朝早期

---

① 南京市博物馆、雨花台区文化局：《南京南郊六朝谢琰墓》，《文物》1998 年
第 5 期，第 4-14 页；南京市博物馆、雨花台区文化局：《南京南郊六朝谢温墓》，《文
物》1998 年第 5 期，第 15-18 页；南京市博物馆、雨花台区文化局：《南京司家山东
晋、南朝谢氏家族墓》，《文物》2000 年第 7 期，第 36-49 页；南京市文物保管委员
会：《南京戚家山东晋谢鲲墓简报》，《文物》1965 年第 6 期，第 34-35 页。

（续表）

墓葬	墓主人	墓志	时间
M3	未知	—	南朝早期
M4	谢球与王氏	2	407/416
M5	谢温	1	402
M6	谢琰	1	421
M7	未知	—	南朝

谢安的叔父谢鲲，卒于公元324年，其墓地发现于南京南部的戚家山，旧称石子岗（有意思的是，根据《元和郡县图志》，谢安本人也葬于此），其他的谢氏墓葬则集中于司家山，亦在南京的南郊，时代在刘宋年间。葬于彼的是谢安的侄孙们，即前述谢鲲的曾侄孙们（图4-6）。

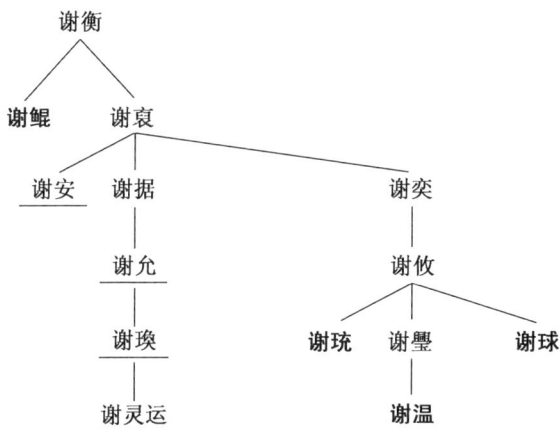

已发掘墓葬
墓葬地点在文献中曾有提及

图4-6　陈国谢氏家族谱系

遗憾的是，所有这些墓葬均遭盗扰。因此，虽然我们可以知晓墓葬的结构，然下葬当天死者的随葬品是如何摆放的，却只能拼凑其概貌。相比东晋初期的王氏家族墓，后期刘宋谢氏的墓葬中似安放了更多的随葬品，部分为陶器，多数为青瓷器（图4-7）。灯盏、三足盆、凭几及各种器物(碗、罐、鸡首壶、唾壶)被置于其中,包括一些石人俑。由于盗掘,贵重的物品,如金银珠宝,均已遗失。但毫无疑问,此类物件也会被给予这样一位世家大族的去世者,正如王氏家族的逝者一样。谢氏家族墓的结构与王氏家族略有不同,它们也是砖室墓,但规模更大一些,长度可达 6 米,高度可过 3 米。一座木门封闭了通向墓室的短甬道。砖墙上也有发现放置灯盏的壁龛,但谢氏墓在侧壁和后壁还设置了砖制的直棂假窗。棺木被放在墓室后半部砖砌的棺床上,有些墓的前半部还设有小型砖砌祭台。排水沟在多数谢氏家族的墓中都有发现。

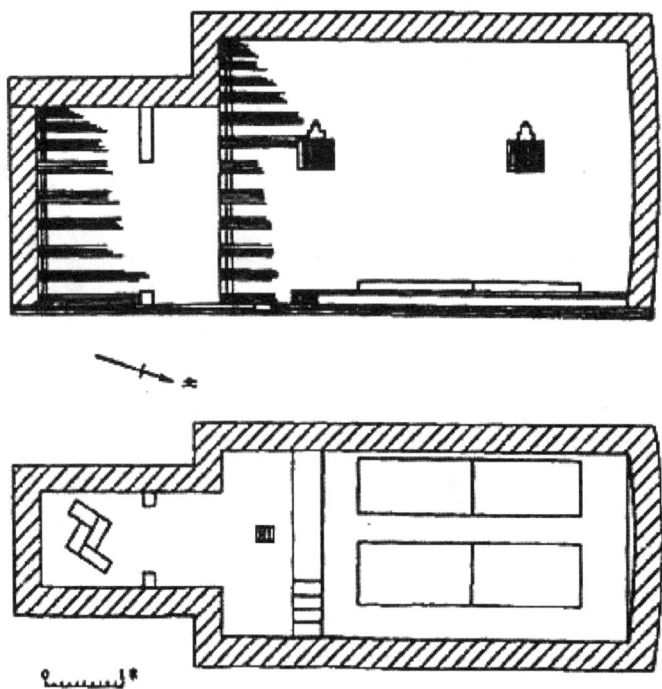

图 4-7 谢氏家族墓 M1 假窗、壁龛、棺床及部分门框

摘自南京市博物馆、雨花台区文化局:《南京司家山东晋、南朝谢氏家族墓》,第 37 页,图三。

如前所述，在南京发现了其他北方流徙士族的家族墓群。除王氏和谢氏外，琅邪颜氏、广平李氏、太原温峤及其亲属，甚至皇室司马家族的部分墓葬都有出土。① 因此，我们可以清晰地获知，在迁至南方的早年（即东晋和南朝初年），北方流徙士族是如何被安葬的。

总结来说，这些墓葬都是单室砖砌墓，通常为券顶，个别为圆顶（即穹隆顶）。部分有甬道，并以砖墙封闭。排水沟十分常见。砖面通常无铭刻，若有，则多饰为几何图形，如菱形图案等。东晋墓的形制较小，墓顶大多十分低矮（有时低于 1 米），而南朝墓的墓室则趋于更大一些，但长度通常不超过 6 米。棺床及小型祭台在后期的墓葬中出现得更加频繁。至于随葬品，在东晋墓中一些祭祀用的素面青瓷器或陶制饮食器，被集中放置于入口处附近或砖砌的祭台上。壁龛中的灯或灯盏托为下葬时墓室照明之用。偶尔也有熏炉，但其他的物件较少。南朝墓中则配有类型丰富的祭祀器，并有其他的随葬品，如唾壶、凭几、砚台及偶尔出现的墓俑。总之，这些后期的墓葬在随葬品的种类和数量上略有增多，但在墓室的陈设上仍显简陋。

这是一个相当惊人的事实。因我们必须提醒自己，这里埋葬的可是南方政权中最显赫的人物。当然，汉代地下宫殿的时代已不再，但它们如此局促的形制和部分时候随葬品的极度匮乏，都令这些流徙士族的墓葬与洛阳附近的西晋早期墓，甚或北方同时期的墓葬，形成鲜明的对比。北方这一时期的墓葬不仅有大量的墓俑，还有类型丰富的器皿及其他物件。尤其是家常物品和建筑结构的模型，都成为墓葬陈设的一个部分。所有这些在南方却都未见。

另一方面，在南方，随葬品多为祭祀用的十分常见且朴素的容器，但棺内的发现却令人惊异。舶来的珍品如前述的鹦鹉螺杯、玻璃杯、各种珠子（以琥珀、绿松石、玛瑙等外域材料所制）、珍珠、金刚石指环、金

---

① 参见安然（Kieser）：《墓葬及墓志所见东晋流徙家族》("Emigrantenfamilien der Östlichen Jin-Zeit")，161.

银饰品及发簪、发钗和指环,都有出土。① 除珠宝等私人物品外,滑石猪、单件小型容器及钱币,都可能出现于棺中。镜子常与弩机或刀具一起,被置于逝者的身边。而稍后,我们再回来探讨这种鲜明的对比。

最后,在南京的墓葬中,墓室壁旁出土的墓志是确考墓葬时间及墓主人身份的最可靠依据。有趣的是,所有在南京发现的六朝墓志都属于东晋或南朝时期,且几乎都是北方人的。

四、浙江墓葬与南京墓葬之比较

在检视完南京的墓葬,特别是王羲之及谢安亲族的墓葬后,让我们再来仔细看一看浙江的材料:在这些墓葬中,是否有部分是属于北方移民的呢?

乍看之下,浙江的东晋、南朝墓与南京的几乎一模一样。所有墓葬都为中等大小的砖室墓,时有壁龛及排水沟,后者对潮湿的地区十分重要,可以防止地面渗水而淹没墓室。

1979 年在嵊县发现的一座未经扰动的东晋墓,可以作为这一地区晋与南朝墓葬的典型(图 4 - 8)。② 这座小型券顶墓(M14)全长为 5.35 米,内高仅 1.13 米。封门墙共两层,被砌于短甬道内,且面朝东向。同南京的墓葬,其内设有排水沟,后墙一个小壁龛内置有灯碟一盏。棺木被放在高出墓室地面的矮棺床上。仅 件小青瓷碟被作为个人随葬品,置于逝者的身边。另外,在棺床的前部放有一些献祭器:五件青瓷盘,中间三件上各置一只耳杯。后面则是灯盏、唾壶、香熏及小碟各一件。这与南京的墓葬非常相似。

---

① 关于舶来品的来源,详见安然(Kieser):《乡豪、流民、新贵》(*Landadel-Emigranten-Emporkömmlinge*),105,111 - 115.

② 嵊县文管会:《浙江嵊县六朝墓》,《考古》1988 年第 9 期,第 800 - 813 页,详见第 808 页。

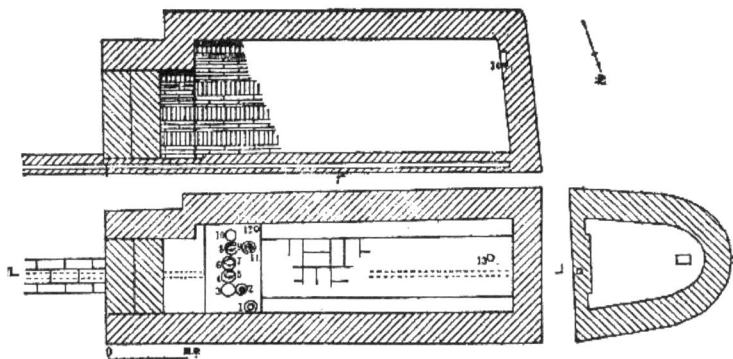

图4-8　浙江嵊州东晋墓棺内青瓷器(13)及棺外献祭器(1-12)

摘自嵊县文馆会：《浙江嵊县六朝墓》，《考古》1988年第9期，第808页，图一一。

但若仔细观察浙江的墓葬，就会发现它们与南京的流徙士族墓差别明显。在这里，多数情况下甬道是与侧壁相连的，如同上述的嵊县墓。这种L形的墓室和没有任何甬道的墓室在浙江墓中十分常见，它们比甬道建于中间的南京T形墓(图4-9)在结构上要略为简单。当然，这两种类型在南京也有出现过，但不是主流，更不会出现于流徙士族的墓中。在南京，这种较为简单的墓葬类型似局限于社会下层的人中。

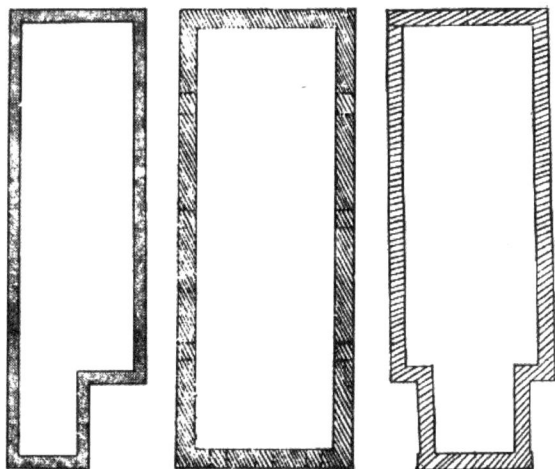

图4-9　墓室形状：L形(左)，矩形(中)，T形(右)

一般来说,浙江墓在结构上比南京墓更趋于简化,它们往往没有祭台。棺床(若有的话),也显示为一种非常简单的结构,墓室的后半部乃用一层平砖来加高。另外,墓顶的构造也有显著的区别:浙江墓中未建有单个穹隆顶,在这里,我们无一例外发现的都是更为简单的券顶结构。

关于墓室中放置的随葬品(但处于棺木外部),和南京的墓葬一样,在浙江墓中有以青瓷制成的盘、壶、灯盏及香熏等素面容器。无论葬于其中的是士族成员还是不甚富裕的人,一定数量的这些器物对于一个基本的献祭仪式而言似是必要的。浙江墓中所缺乏的是墓俑及家常用具的模型,这些在少数南京的南朝墓中曾有发现。

在浙江,棺内的个人随葬品包括铜镜、钱币、小型容器、铁或铜制刀具,以及逝者手中的滑石猪。这些在南京的墓葬中都有发现。贵重物品,如金银饰品则非常罕见。迄今已发掘(或公布)的所有浙江墓中,仅一座(时间为南朝)发现了玻璃珠。① 奢侈品及舶来品在浙江墓的随葬品中未曾出现。

浙江墓与南京墓的另一显著不同为墓砖的纹饰(图4-10)。在浙江,除常见的几何图形外,尚有花纹、动物纹及经常出现的符合当地审美的鱼纹和钱纹组合。② 这些墓砖的部分装饰纹案中或有一些文字,最常见的是吉祥语或墓葬建造的时间。一些工匠的名字也会由此得知,或如某一例中,我们知道一位名叫任彬的人,在公元390年为他死去的母亲建造了一座墓葬。③ 在极其罕见的情况下,砖上也会刻有墓

---

① 这座墓葬在东阳被发现,通过砖铭推断,其年份为公元427年。除18颗玻璃珠外,还出土有一件玉石器、铜镜、铁器及几件青瓷容器。赵宁:《浙江东阳县李宅镇南朝墓》,《考古》1991年第8期,第759-760页。

② (作者注)这种图案寓意吉祥,"鱼"(二声)应读为"裕"(四声),富裕之意。

③ 牟永抗:《浙江金华县竹马馆发现晋墓》,《考古通讯》1957年第1期,第61-62页,详见第62页。

主人的名字,如在新昌发现的分别为董夏和梁孜所建的墓葬。① 遗憾的是,没有一位提到名字的人,可以被认定为是北方流徙士族的成员或当时其他大族的成员,并且不见于史载。

　　这就引出了与南京墓葬相比最重要的一个区别:在浙江,尚未发现过一块单独的墓志。若墓主人的名字被知晓,也完全是因为砖铭。但除了名字和职官(极少数情况下得知)外,不再有关于墓主人的其他信息,没有死者的郡望、祖辈或后裔子孙之说明。这一传统似局限于南京的流徙士族墓中。

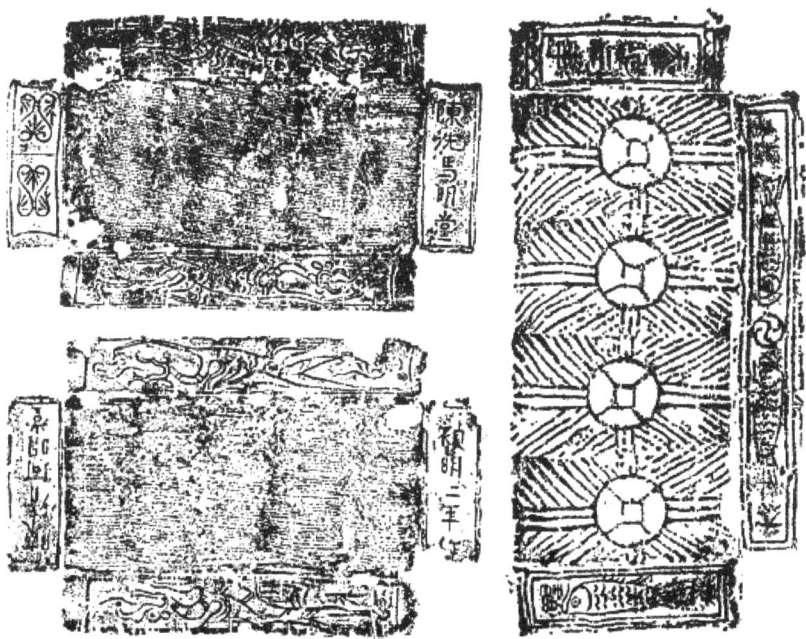

图 4-10　浙江墓砖纹饰及铭文

摘自嵊县文馆会:《浙江嵊县六朝墓》,第 800 页,图一;第 811 页,图一五。

---

① 新昌县文管会:《浙江新昌县七座两晋墓清理概况》,《文物资料丛刊》1983 年第 8 期,第 54-59 页,详见第 54、57 页。

五、结　论

通过对比南京的北方流徙家族墓与浙江出土的六朝墓葬,我们发现后者并未显示有任何北方士族成员墓的典型特征。考古资料无法支持文献的记载。没有一座浙江墓可被认定为是属于北方流徙士族的,更不必说更为著名的家族。

有三个流徙士族墓的主要特征是浙江墓所不具备的(表 4 - 3)。首先,至今没有发现外来的贵重物品。这些物品,罕见且不易获得,可以被认为是接近王位拥有者的象征。它们可能来自皇室对重要贵族的赏赐(甚或唁劳之赠),①但无论如何,它们的拥有需要一定的社会地位(或财富)。第二,也是最重要的,浙江墓中没有发现墓志。记载有死者郡望、职官、祖辈和后裔子孙的墓志是北方的传统惯例,西晋灭亡后大量的北方贵族离开了家园,并将此惯例带到了南方。显然,世家大族的成员,特别如琅邪王氏或陈国谢氏,希望表明自己与那一特定家族群体的联系,甚至是在死后。他们也确实是这样做的,如南京墓葬中他们的墓志所示。虽然他们被葬在了都城,但笔者以为,即使他们真的葬于今天的浙江,葬于其故宅附近,他们也一定会如此做的。第三个浙江墓所缺乏的特征是聚族而葬的家族墓地。与南京相反,可以被认为是家族墓地的墓葬群在浙江并不多见。② 笔者因此以为,不管后世地方志的

---

①　王廙,很可能葬于王氏家族墓的 M7 号墓,据《晋书》记载,在公元 322 年他的葬礼上,司马绍(后来的晋明帝,公元 323—325 年在位)亲临拜柩,如家人之礼。他或许亦会赐予王廙唁劳之赠。参见[唐]房玄龄等撰:《晋书》卷七十六,北京:中华书局,1974 年,第 2004 页。关于唁劳之赠的典籍记载,参考伯恩特·汉克尔(Bernt Hankel):《通向灵柩之路:儒家经典所知的最初葬仪》(*Der Weg in den Sarg. Die ersten Tage des Bestattungsrituals in den konfuzianischen Klassikern*),Bad Honnef: Bock und Herchen,1995,169 - 173.

②　一个家族墓地可能的例子,是在苍南县发现的有序排列的六座墓葬。温州市文物处:《浙江苍南县藻溪南朝墓》,《考古》1986 年第 7 期,第 665 - 667 页。

记载如何，流徙士族并未葬在他们的故宅别业附近，而是在京城，以传统的方式集中埋葬于其家族的墓地里。

表 4-3　南京墓葬与浙江墓葬之对比

	南京墓葬	浙江墓葬
墓葬结构	砖砌单室墓： L 形，矩形，但更多是 T 形 壁龛 排水沟 祭台	砖砌单室墓： L 形和矩形为主 壁龛 排水沟 纹饰砖 砖铭
随葬品	素面容器： 壶、碗、盘、灯盏 香熏 一些有墓俑	素面容器： 壶、碗、盘、灯盏 香熏
个人物品（棺内）	铜镜 钱币 小型容器 铁或铜制刀具 滑石猪 弩机 金银饰物 一些外来物品 墓志	铜镜 钱币 小型容器 铁或铜制刀具 滑石猪

有更进一步的证据支持这一观点。如我们所见，南京的流徙士族墓陈设简陋。为何它们看上去像没有完成一样？笔者曾在早期的一篇文章中认为，东晋初期的流徙士族墓应被视为临时的葬地，而非逝者长久的居室。[①] 我们有充分的理由相信，第一代北方的流徙者希望能在不久的将来光复中原并返回故土，无论生或死。事实上，谢鲲的墓志即表明了这一点。志文中记载，他只是"假葬"于建康，而家族的"旧墓"在

---

① 安然：《东晋时期北方移民对南方墓葬影响的重新评估》，巫鸿编：《汉唐之间文化艺术的互动与交融》，北京：文物出版社，2001 年，第 231-272 页。另参安然（Kieser）：《墓葬及墓志所见东晋流徙家族》（"Emigrantenfamilien"）。

北方,今郑州的附近。① 由于这些南方的墓葬不被视为永久的居所,因此没有必要模仿逝者地上的住宅,来布置这些临时的安息之所:没有家常物品的模型、建筑模型或墓俑,而这些在几年前北方故土的墓中尚十分常见。② 棺外仅摆放了一些必要的祭祀器,及在葬礼上用于墓室照明的灯盏。如王丹虎被安葬在一个十分低矮的墓室中,低到下葬祭拜时,人们都无法在墓中直立起来。用于献祭的器物亦非常之少,少到仅有一把壶。一个完整且更盛大的祭祀仪式希在不久的将来,能于重返北方后,在最终修筑的归宿里举行。人们计划返回故土的当日,打开临时的墓葬,带上去世家族成员的棺木,并将其重新埋葬在北方的土地里。那里的墓葬一定会建得更大,放入更多的模型及其他死后世界所需的一切。由于棺木本身不会被再次打开,其内因此装满了逝者个人的珍贵物品及唁劳之赠。他们佩戴珠宝,并于身旁放置所有认为必要的东西。墓志,作为一个整体,也在述说同样的故事。如华人德指出,南京墓志只登载了死者基本的信息,如名字、社会地位、郡望、卒日及其葬地,间或有血亲的名字。③ 它们在此只是一个临时的标识,而非似更早的西晋及更晚时期的墓葬那样,被当作永久的纪念对象。它们仅有的功能是一旦重新打开墓葬,可以用来鉴定埋葬者的身份。我们发现,南京的墓葬被集中成家族墓地,这不仅仅是对传统的遵照,更是为了方

---

① 铭文全文:晋故豫章内史陈(国)阳夏谢鲲幼兴以泰宁元年十一月廿(八亡)假葬建康县石子罡在阳大家墓东北(四)丈妻中山刘氏息尚仁祖女真石弟褒幼儒弟广幼临旧墓在荥阳。另参安然(Kieser):《北方的影响》("Northern Influence"),260;及华人德(Hua Rende):《东晋墓志石:附议〈兰亭序〉之论争》("Eastern Jin Epitaphic Stones:With Some Notes on the 'Lanting Xu' Debate"),《中国中古研究》(*Early Medieval China*),3(1997),30-88,详见第40-41页。

② 洛阳附近的西晋墓就随葬有这些提到的物品。参见中国社会科学院考古研究所河南第二工作队:《河南偃师杏园村的两座魏晋墓》,《考古》1985年第8期,第721-35页,详见第727页,图10;或洛阳市第二文物工作队:《洛阳谷水晋墓(FM6)发现简报》,《文物》1997年第9期,第49-54页,详见第42页,图2。

③ 华人德(Hua Rende):《东晋墓志石》("Eastern Jin Epitaphic Stones"),39-41.

便照管家族成员的墓葬。此外，为了简化重新开启的过程，只有将临时的葬地集中在一起才是合理的。被葬于遥远的浙江（至少在东晋初期），将会使整个迁葬的过程变得更加复杂，且意味着，在笔者看来，即使收复了北方，墓主人也并未打算重新葬在故乡的土地里。

六、浙江的墓葬是如何？

浙江墓中埋葬的是什么人，这个问题并不易作答。没有一个刻于砖墙上的名字可在史籍中被查找到。埋葬在那里的人似没有一位是统治阶层的精英，或至少没有一个人足够重要到官方史籍为之作传。已发掘墓中安葬的是祖籍北方的低等级官员，还是本土人士，抑或二者兼有，尚待进一步的研究。①

如果我们认同这样一个事实，即没有证据表明流徙士族被葬于浙江，他们实际葬在了任职地京都的附近，而非拥有别业的东南部，那么这里尚存在一个问题：为什么地方志非要声称他们的墓在浙江呢？

让我们来简短而仔细地回顾一下地方志提到的埋葬在那里的人。关于山遐，我们知其死于东阳太守任上（今浙江金华）；阮裕，用马瑞志（Mather）的话说，"在王敦流产的叛乱（322—324）中，醉酒其时而捡回一命"②，公元326年其退隐会稽，并屡辞朝廷的征聘；许询亦拒绝为官，作为隐逸诗人居于浙江山中，且受"士大夫僧人"③支遁的影响颇深。后者"在京都及会稽的寺院里度过了大部分时间"④，并于会稽终

---

① （作者注）对比移民潮时代来临前的浙江墓葬，或有助于解决这个问题。

② 马瑞志（Richard B. Mather）：《世说新语：世界故事的新叙述》（*Shih-shuo Hsin-yü. A New Account of Tales of the World*），Minneapolis：University of Minnesota Press，1976，540.

③ 许理和（Zürcher）：《佛教征服中国》（*The Buddhist Conquest*），Vol. 1，116.

④ 马瑞志（Mather）：《世说新语》（*Shih-shuo Hsin-yü*），509.

享晚年。许询、支遁都是王羲之和谢安的好友，王、谢二人分别在退休后及出仕前，于会稽和金庭居住数年。

所有这些人的共通点是，他们或在今天的浙江为官，或在退任或归隐后居于彼处的故宅。名士如王羲之及其好友们有着自己的生活方式，不循世俗规矩，宴集于美景之中，享受自然、美食、美酒，并赋诗书法。会稽山，他们所"挚爱"的山，是我们仍可想象王羲之及其好友们漫步其间的风景。这一想象，连同自然美景，或将塑造出一种理想化的景致。山水景色与特定生活方式下名士的紧密联系，在文献记载中有了一席之地，特别是在那些记录地方人文的地方志中。至少自宋代以来（特别自南宋迁都至杭州附近），关于这些人的传说被广为接受，人们不仅相信这些名士曾经生活在这里，而且认为他们葬于这一地区，并曾留下种种古迹。

以王羲之为例，另有一个方面是，七世纪之后他被冠以"书圣"的称号。[1] 他日益增长的重要性无疑加深了人们的愿望，即加强与这位曾在该地区生活过的最著名人物的联系。不仅他的坟茔，还有其他的传说及纪念之地，如王羲之洗毛笔的"墨池"。唐代据称仍在金庭，但很有可能是在那个时候被"重建"的。[2]

这一传统于今天仍然存在，有趣的是，就在几年前还曾利用过。为纪念王羲之诞辰 1700 年，嵊州市政府决定以其墓为中心建一座"书圣

---

[1] 汪悦进（Eugene Y. Wang）:《〈驯悍记〉:公元七世纪的王羲之（303—361）和书法士绅化》（"The Taming of the Shrew: Wang His-chih（303 - 361）and Calligraphic Gentrification in the Seventh Century"），载刘怡玮（Cary Y. Liu）等编:《中国书法中的字与文》（*Character and Context in Chinese Calligraphy*），Princeton: University Press，1999，132 - 173. 详见第 133 页。

[2] 梁少膺:《关于南朝沈约〈金庭馆碑〉与唐裴通〈金庭观晋右军书楼墨池〉两种资料的论考、检讨》，第 65 页;另一个"墨池"仍存在于今天山东省临沂，晋时的琅邪，王羲之早年在那里生活过。

公园"。① 今天,王羲之在整个中国家喻户晓,他的名声被用来吸引游客至嵊州的公园,虽然他是否埋在那里甚至都不能确定。

地方志常常利用某一重要人物及其与某一特殊景观的联系,来作为提升声誉的资源。其他名人或也包括在内,而于所有情况中最好的,是据称他们埋葬在那里。但考古资料却表明,地方志上有关坟墓位置的陈述,须被批判性地分析,且应谨慎引用。

流徙士族墓的位置所在,是就他们在南方流寓时如何安顿自己这一整体问题的一个部分回答。无论家族财产和俸禄来源在哪里,被葬于建康附近的家族墓地,都显示出了这些流徙士族重返北方的意愿。而这也是他们与皇室关系密切的一种表现,这种关系是一定社会地位的保证。

南京象山琅邪王氏家族墓的区域内,还有 12 座墓葬在等待发掘。或许考古工作者会在某天挖掘出另一座小型砖室墓,里面有着不起眼的随葬品,丰富的个人饰物,及一小方墓志,上面刻着"王右军王羲之假葬墓"。② 因为浙江的丘陵或许可以是一个人工作、生活甚至死去的地方,但在死后,适宜的葬地应是接近家族的,在京都的附近。当然,最理想的,并不是南方流寓的京都建康,而是北方正统的都城——洛阳。

鸣　谢

这篇文章的前期版本"六朝时期的文化习俗和社会生活"(巴黎,2004 年 6 月 25 日)曾在法国国立东方语言文化研究学院·中国研究中心举办的工作坊,以及亚洲研究协会 2009 年芝加哥年会的"王羲之

---

　　① 参见浙江在线,2003 年 4 月 8 日,链接 http://www. china. org. cn/english/travel/61310. htm(检索于 2010 年 3 月 20 日)。

　　② (作者注)最终的证实或许只能通过 DNA 检测,就像争论不休的曹操墓一样。

新解"小组会(2009 年 3 月 29 日)上宣读。非常感谢这些会议的参会
人员,尤其是王羲之讨论会上的与会者(Antje Richter,Thomas
Jansen,Uta Lauer,以及王平),感谢他们提供了富有建设性的意见。

周胤(重庆大学)译

从考古角度看东晋社会——初探①

六朝(220—589)无疑是中国历史上最复杂且最有趣的时期之一。在此之前,很少有如此多不同的族群穿越中国,在北方和南方留下他们的印记。随着北方游牧民族开始在中原地区占据愈来愈重要的地位,他们持续的压力引发了难民潮,无数难民涌向当时仍被视为蛮荒之地的南方。早在公元前221年秦朝统一以来,汉人就开始了大规模的南迁。但是,最大规模的移民潮爆发于公元4世纪初,内侵的游牧民族不仅摧毁了西晋(265—316)的政治、文化中心——长安和洛阳,导致了西晋的灭亡,也使得华北大部分地区沦为荒土。

建康(今南京)是长江以南的移民中心之一,其成为流徙政权东晋(317—420)的都城。其他移民定居于长江中游的中心地带(即今天的荆州和鄂城)。尚有他者,则更远徙至番禺(今天的广州)。②

因此,东晋时期南方社会的组成极为不均。三大主要群体参与了南方文化的形成。第一,北方汉人流徙者,即新近入迁者,他们于公元316年西晋灭亡后掌握了南方的政权。第二,早期的汉人居留者,他们

---

① 原刊于宋馨(Müller, Shing)编:《五六世纪中国北方文化的多样性》(*Cultural Diversity in Northern China during the Fifth and the Sixth Centuries*). Wiesbaden, Harrassowitz, 2019.

② 相关历史背景参见张学锋、傅江:《东晋文化》,南京:南京出版社,2005年,第39-90页;格拉夫(Graff):《中古中国的战争300—900》(*Medieval Chinese Warfare. 300 - 900*), New York:Routledge, 2002, 76 - 96;张磊夫(De Crespigny):《南方诸将》(*Generals of the South*), Faculty of Asian Studies Monographs. New Series 16. Canberra:Australian National University, 1990, 408-532.

拥有大量土地,早在秦朝已开始向南迁徙。这两类群体在历史文献中均有迹可循,相较之下,第三类群体则显得难以捉摸,文献仅统称为"山越""山蛮""山民"或"山贼"。① 由于无法准确地界定文献中所指究竟是哪一族群,因此本文将之称为"地方土著"。一般认为他们在北方难民涌入后,由于生存压力大增而被迫转入南方的山中。②

这三类群体不但可从历史文献中获知,不少人的身份也可通过他们墓葬中的铭文加以识别。以下文中将对三个典型地区的考古资料进行分析,并展示这些资料可为我们了解东晋社会的构成提供哪些帮助。③这些被考察的地区包括三处。其一,长江下游广大的都城地区。这里是政治精英及多数北方移民的主要聚居地。其二,长江中游的次级中心。不少位于迁移路线上,当地的豪族在此拥有自己的据点。这些地点常与都城地区抗衡,不少叛乱即发源于此。其三,华南的偏远区域。此区虽不及前二者重要,但沿着迁移路线和较偏远的地区,其人口组成更为复杂。

一、长江下游:都城地区

都城地区是最重要且考古成果最丰富的区域,政治精英及最显赫

---

① 参见孙权平山越之战,[晋]陈寿撰,[宋]裴松之注:《三国志》卷四十七,北京:中华书局,1959 年,第 1140 页、第 1316 页;卷六十,第 1745 页。关于山越叛乱,参见张磊夫(De Crespigny):《南方诸将》(*Generals of the South*),324;毕汉思(Bielenstein):《六朝(第二卷)》("The Six Dynasties, Volume Ⅱ"),《远东文物博物馆简报》(*Bulletin of the Museum of Far Eastern Antiquities*),69 (1997),66;格拉夫(Graff):《中古中国的战争 300—900》(*Medieval Chinese Warfare. 300 - 900*),76 - 78.

② 毕汉思(Bielenstein):《六朝(第二卷)》("The Six Dynasties, Volume Ⅱ"),65 - 69.

③ 有关南方墓葬的介绍,可参见丁爱博(Dien):《六朝文明》(*Six Dynasties Civilization*). New Haven: Yale University Press, 2007,114 - 154.

的北方流徙家族聚居于此。今天的南京地区发掘出了许多他们的墓葬。[①] 墓主人的身份很容易辨识，因为他们的墓志上登载有逝者的姓名、出身及郡望。由于流徙士族建立了东晋王朝并多居朝廷要职，因此不足为怪，他们的墓葬环绕着都城建康，且在多数情况下聚集排列。墓葬与帝陵紧密相依，折射出了墓主人生前的显赫。[②] 典型的流徙士族墓为小型券顶砖室墓，有的（如图 5-1 所示）面积甚至不超过 4 米×1 米，高度则低于 1.3 米。最小的墓葬中仅陈设了极少量的随葬品——本例中只有一把献祭用的盘口壶和壁龛中的几只灯碗，以及位于侧壁底部的一方墓志。相反，在棺内，逝者却被配以完备的礼器（如唅或弩机）及个人饰物（如发簪、珠饰和头饰等）。[③] 有些物件因其独特而成为政治精英的象征。出现于流徙家族（如琅邪王氏和陈国谢氏——两个家族中都有成员身居东晋历朝丞相之位，另如皇室司马家族）墓中的一系列随葬品都十分特殊，在东晋几为独有。它们中有极其难得的奇珍异宝，一般作为贡物或罕见的商品来到都城，如以舶来的绿松石珠、水晶珠、琥珀珠和玛瑙珠等制成的镯子，许多来自罗马或萨珊王朝的玻璃

---

① 关于南京流徙者墓葬的综述，参见韦正：《六朝墓葬的考古学研究》，北京：北京大学出版社，2011 年，第 279-288 页；张学锋、傅江：《东晋文化》，第 208-214 页；安然（Kieser）：《乡豪、流民、新贵——公元 3 至 6 世纪中国南方的家族墓地》（*Landadel-Emigranten-Emporkömmlinge. Familienfriedhöfe des 3.-6. Jh. n. Chr. in Südchina*），*Asiatische Forschungen* 144. Wiesbaden：Harrassowitz，2002，83-119 及安然（Kieser）：《建康东晋流徙士族墓葬新解》（"New Insight on Émigré Tombs of the Eastern Jin in Jiankang"），《转型之作：早期中古中国的文学、艺术和哲学》（*The Yields of Transition：Literature，Art and Philosophy in Early Medieval China*），eds. Jana S. Rosker, Natasa Vampelj Suhadolnik. Cambridge：Scholars Publishers，2011.

② 关于东晋帝陵，参见安然（Kieser）：《乡豪、流民、新贵——公元 3 至 6 世纪中国南方的家族墓地》（*Landadel-Emigranten-Emporkömmlinge. Familienfriedhöfe des 3.-6. Jh. n. Chr. in Südchina*）.

③ 关于上述随葬品的阐释，参见安然（Kieser）：《乡豪、流民、新贵——公元 3 至 6 世纪中国南方的家族墓地》（*Landadel-Emigranten-Emporkömmlinge. Familienfriedhöfe des 3.-6. Jh. n. Chr. in Südchina*），101-117.

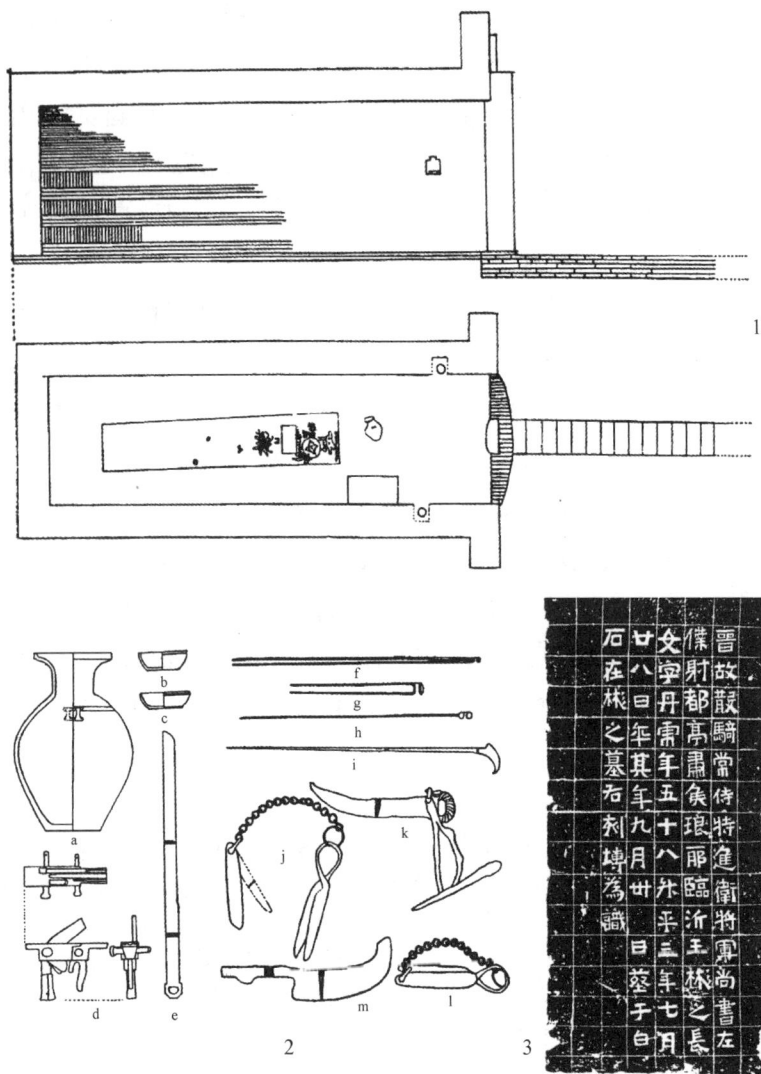

图 5-1　北方流徙士族墓

1. M3 王丹虎墓(公元 359 年),南京象山王氏家族墓地;2. 随葬品;3. 墓志。
棺外出土物品:2. a. 青瓷盘口壶,b—c. 青瓷碗,及墓志[3];棺内出土物品:
2. d. 铜弩机,e. 铜刀,f—i. 金钗和金簪;j—m. 铁剪、铁刀。

引自南京市文物保管委员会:《南京象山东晋王丹虎墓和二、四号墓发掘
简报》,《文物》1965 年第 10 期,第 30 页,图一;第 43 页,图二一、图二二;第 45
页,图三一。

容器,一个用鹦鹉螺贝制成的杯子,以及一枚金刚石指环(图 5 - 2)。流徙家族墓中这类物品的出现,是他们侧立皇权的另一表现。这种棺内奢华、棺外简朴的鲜明对比可由一些墓志来诠释。志文中提到,这些墓葬仅被作为临时的安息之所,因其后人计划一旦光复中原便将逝者迁葬于北方的故土。但如我们所知,这一景象从未发生。有些流徙者似更务实,以更多的随葬品布置其墓室,但考虑到一个事实即这里埋葬的是当时最为显赫的家族,则其墓葬的陈设相对而言,仍显简陋。①

　　第二类重要族群的墓葬分布于更大范围的都城区域,他们是坐拥土地的汉人居留者。这些家族早在东晋之前便已迁居南方。② 仔细检视发现,大部分他们的墓葬都可追溯至西晋时期(通过砖铭上提到的墓主人名字及墓葬建造或下葬的年代来判断)。居留者的墓葬不同于流徙者,它们的砖室墓似更大,且建有穹窿顶。有时还有两个或更多的墓室,并由过道相连。部分墓室砖有模塑或雕刻的形象以及装饰图案。有时装饰是由两到三块砖组合而成(图 5 - 3)。随葬品的种类也更丰富,如家常物品的模型、墓俑,及各种动物形状的典型南方青瓷器(图

――――――――――

　　①　华人德(Hua Rende):《东晋墓志石:附议〈兰亭序〉之论争》("Eastern Jin Epitaphic Stones. With Some Notes on the 'Lanting Xu' Debate"),《中国中古研究》(*Early Medieval China*),3 (1997), 40 - 41;安然(Kieser):《东晋时期北方移民对南方墓葬影响的重新评估》("Northern Influence in Tombs in Southern China After 317 CE? A Reevaluation"),巫鸿主编:《汉唐之间文化艺术的互动与交融》,北京:文物出版社,2001 年,第 231 - 272 页;安然(Kieser):《魂返故土还是寄托异乡? 从墓葬和墓志看东晋的流徙士族》,《东南文化》2002 年第 9 期,第 45 - 49 页;安然(Kieser):《墓葬及墓志所见东晋流徙家族》("Emigrantenfamilien der Östlichen Jin-Zeit im Spiegel ihrer Gräber und Grabinschrifttafeln"),《远东》(*Oriens Extremus*),43(2002),161 - 174.

　　②　关于他们墓葬的综述,参见韦正:《六朝墓葬的考古学研究》,第 268 - 278 页;安然(Kieser):《乡豪、流民、新贵——公元 3 至 6 世纪中国南方的家族墓地》(*Landadel-Emigranten - Emporkömmlinge. Familienfriedhöfe des 3. - 6. Jh. n. Chr. in Südchina*).

图 5-2　北方流徙家族墓中的舶来品

1. 玻璃罐；2. 鹦鹉螺杯；3. 进口绿松石珠、水晶珠、玛瑙珠串成的手镯；4. 嵌金刚
石指环。

参见南京市博物馆：《六朝风采》，北京：文物出版社，2004 年，第 43、97、189、
208 页。

5-4)。这类随葬品主要出现于居留者的墓中（从未出现于流徙者墓
中），直到西晋灭亡前，似都是有一定身份地位者的标志。

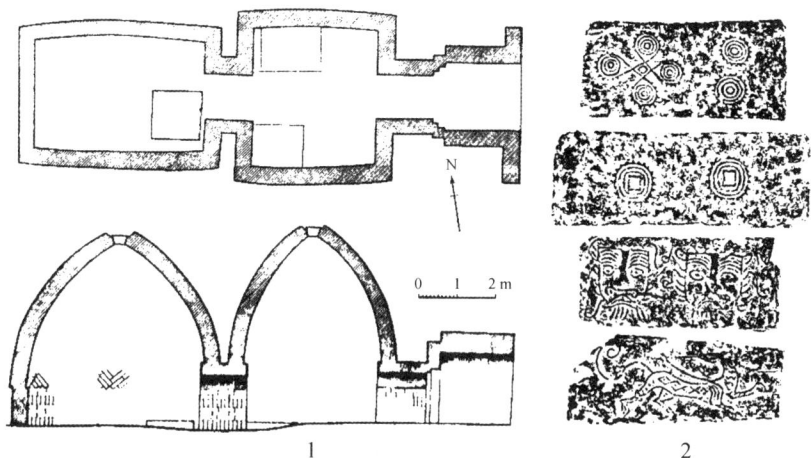

图5-3　宜兴周处墓(公元297年),汉人居留者墓葬示例

1. 墓葬平面图;2. 砖块浮雕。

摘自罗宗真:《江苏宜兴晋墓发掘报告》,《考古学报》1957年第4期,第85页,图2;第87页,图4。

但自东晋开始,考古资料变得难以捉摸。正如前示,墓葬规模变得更小且转为单室墓;大型墓葬和丰富的随葬品(如青瓷动物及家常物品模型、动物形青瓷容器)消失。多种因素的相互影响或导致了大型墓葬及其典型陪葬品的消失:一个主要原因很可能是北方移民在掌握政权后,当地族群的影响力降低,物质资源日渐匮乏。同时,正如丁爱博(Albert Dien)所言,大型墓葬可能被视为对皇权和统治家族的挑衅,这种说法具有一定的合理性。[①] 但对东晋社会的研究而言,这些晚期的、小型的墓葬显然不太具有启发性,因为他们既无砖铭,也无特定的随葬品,因此自东晋初年以降,居留者族群的墓葬开始变得不易辨识。

---

① 丁爱博(Dien):《从堆塑罐论六朝墓葬仪式的发展》("Developments in Funerary Practices in the Six Dynasties Period:The *Duisuguan* 堆塑罐 or 'Figured Jar' as a Case in Point"),巫鸿主编:《汉唐之间文化艺术的互动与交融》,第533页。

图 5-4　居留者墓葬的特征:家常物品模型、熏炉、各种动物形青瓷器

摘自南京市博物馆:《六朝风采》,第 328 页、第 338 页(1—2);罗宗真主编:《魏晋南北朝文化》,上海:学林出版社,2000 年,第 187-188 页、第 216 页(3—6)。

　　第三类族群,地方土著,在都城地区尚未发现任何的考古资料。但我们目前面临一个问题,即如何辨识地方土著的墓葬。据笔者所知,至今未有铭文发现——无论墓志或砖铭,能够确定某位墓主人为该族群之成员。则稍后,我们将以其他的方式来鉴定当地族群的墓葬。

二、长江中游地区:次级中心

　　笔者所言的次级中心指的是在长江中游地区较大的定居点和驻屯地,其中多数沿南迁路线(如汉江和赣江)分布,当地豪族或流徙群体领袖在此拥有据点。① 较大的中心往往是州郡治所,皇室成员曾不止一次利用他们的地方势力集结军队,以抗衡都城建康。这种企图有时也有成功者,如梁武帝萧衍(502—549 在位)便曾以雍州(河南西南部及湖北西北部)刺史之位,渐以自立。②

　　在这里,我们所面临的情况十分复杂,最突出的问题是在长江中游地区所发掘的墓葬中,未有出土过任何墓志。唯一发现的文字材料是一些东吴时期(222—280)的木牍名刺和罕见的墓砖铭文。③ 有些铭文

---

　　① 关于南迁路线,参见薛爱华(Schafer):《朱雀:唐代南海图》(*The Vermilion Bird. T'ang Images of the South*),Berkeley, Los Angeles: University of California Press, 1967, 20 - 25.

　　② 格拉夫(Graff):《中古中国的战争 300—900》(*Medieval Chinese Warfare. 300 - 900*), 76 - 78. 关于雍州治所襄阳的驻防,当地豪族以及地方和朝廷势力的互动,参见戚安道(Chittick):《中古中国的荫护与社群:公元 400—600 年的襄阳城》(*Patronage and Community in Medieval China. The Xiangyang Garrison*, 400—600 CE), New York: State University of New York Press, 2009.

　　③ 关于鄂城吴墓出土的木牍名片,参见鄂城县博物馆:《湖北鄂城四座吴墓发掘报告》,《考古》1982 年第 3 期, 第 266 - 267 页。鄂城第 2087 号墓为西晋末年墓,其中有一砖铭,刻为"洪"字。此或为墓主人名字,然也可能是建造者之名。南京大学历史系考古专业、湖北省文物考古研究所、鄂州市博物馆编著:《鄂城六朝墓》,北京:科学出版社,2007 年,第 18 页、第 424 页。南朝以降,铭文变得愈加普遍,参见武昌的三座刘宋墓。湖北省博物馆:《武汉地区四座南朝纪年墓》,《考古》1965 年第 4 期, 第 176 - 184 页。

提到了墓主人的名字、墓葬建造或下葬的年代,但都不属于东晋时期,而属于六朝的早期或晚期。到目前为止,东晋的墓葬中尚未发现任何有助于区分东晋社会构成的铭文,而都城地区的墓志却明载了逝者的名字及其北方的祖籍。因此,为了找到可能指向上述族群的结构或标记,我们必须对墓葬的建筑及随葬品进行更为仔细的检视。

观察不同的墓葬类型,其大概情况与都城地区相同,双墓室由甬道相连,部分带有耳室,或一个或多个壁龛——两者在长江中下游地区都可见到——但在东晋初年皆消失了。所不同的是,长江中游地区出现了一种虽然罕见但一直延续到东晋和南朝的地方墓葬类型。其中一类是相连的并列墓室,有时在墓室间还设有通道(图 5-5)。① 虽然这种类型在东吴便已出现,但在东晋时期却更常见。② 基于随葬品的样式,一例非常罕见的三室并列墓也可被定为东晋时期。③ 另有一种地方类型为双前室附两个并列的后室。此类型于西晋末消失,仅有一个附带三座后室的孤例,据考古学者分析乃建于东晋时期(图 5-6)。④ 不过,除去这些非常特殊的地方类型,长江中游地区和南方的其他地区一样,附或不附带入口甬道的单室墓为最常见的墓葬类型(图 5-7)。⑤

---

① 南京大学历史系考古专业、湖北省文物考古研究所、鄂州市博物馆编著:《鄂城六朝墓》,第 46 页。

② 我们所说的仍是小数目:这种类型有 7 个例子被认为是鄂城地区东晋时期的。南京大学历史系考古专业、湖北省文物考古研究所、鄂州市博物馆编著:《鄂城六朝墓》,第 43-53 页,表 12。

③ 南京大学历史系考古专业、湖北省文物考古研究所、鄂州市博物馆编著:《鄂城六朝墓》,第 53 页。

④ 南京大学历史系考古专业、湖北省文物考古研究所、鄂州市博物馆编著:《鄂城六朝墓》,第 14 页。

⑤ 示例请见南京大学历史系考古专业、湖北省文物考古研究所、鄂州市博物馆编著:《鄂城六朝墓》,第 53-114 页。

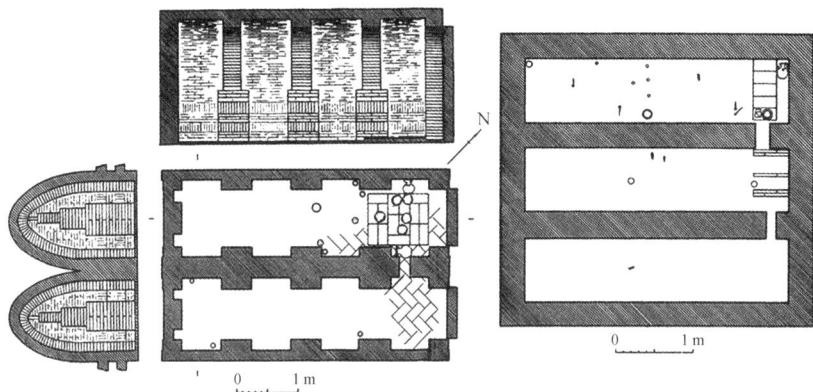

图 5‑5 长江中游地区地方墓葬类型：并行相连墓室，M2205；

三室并列墓结构，M2179。皆自鄂城，东晋

摘自南京大学历史系考古专业、湖北省文物考古研究所、鄂州市博物馆编著：《鄂城六朝墓》，北京：科学出版社，2007 年，第 52 页，图 37；第 53 页，图 38。

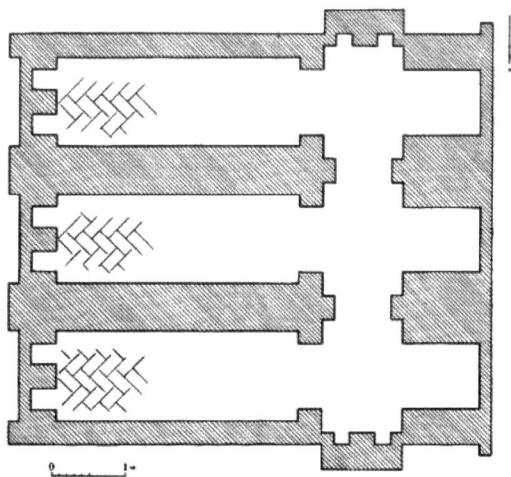

图 5‑6 长江中游地区的地方墓葬类型：前室附带并列后室。

M2263，鄂城，东晋

摘自南京大学历史系考古专业、湖北省文物考古研究所、鄂州市博物馆编著：《鄂城六朝墓》，第 33 页。

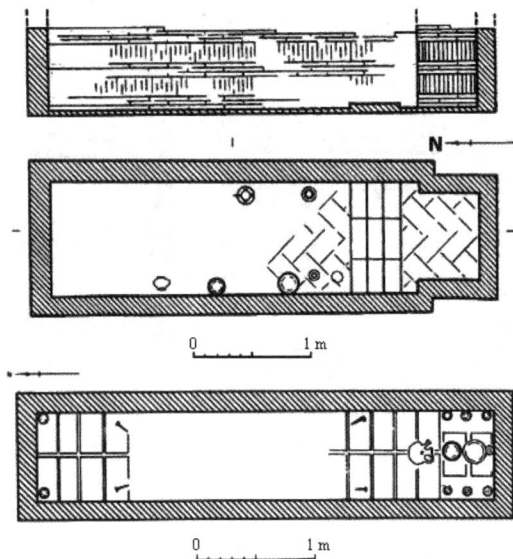

图 5-7 东晋时期长江中游地区最常见墓葬类型:单室带入口甬道(或不带入口甬道)。M2071、M2244,鄂城

摘自南京大学历史系考古专业、湖北省文物考古研究所、鄂州市博物馆编著:《鄂城六朝墓》,第 68 页、第 102 页。

至于随葬品方面,南方简化的趋势也得到了体现。各种模型及动物形青瓷器消失,取而代之的是形状简单的献祭器。尽管青瓷仍占主流,但一些器物偶尔会以陶制或(极少量)以青铜制。除去这类组合,简单的个人饰物也会施予死者,如银饰、罕见的金饰、发簪、发钗和戒指,以及稀有的青铜镜或铁镜。剩余的银或青铜花饰则可能用于漆器的装饰。

总之,次级中心典型的东晋墓是单墓室配以简单的随葬品,且无铭文。在信息量如此少的情况下,我们当如何确定长江中游地区的墓主人身份呢? 墓葬中未有放置墓志——在都城地区仅流徙家族为他们的逝者刻写了墓志——是否意味着没有流徙者埋葬于此呢? 还有其他的线索可以帮助我们鉴定流徙家族的墓吗? 如上所述,在都城地区,来自异域的舶来品只在流徙士族的墓中才能找到,因此可被视为这一区域的识别标志。令人诧异的是,在长江中游,像玻璃容器或以琥珀、玛瑙、绿松石制成的珠子主要出土于吴至西晋时期的墓中，其后便极少出现，因而无法标识这一地区流徙家族成员的墓葬。[①] 在这里，它们更多的可能是地方豪族势力的一种表现。[②] 同样的道理也适用于前述的一些特殊墓葬类型，如三室并列墓。其可能延续到东晋，毕竟皇陵远在建康，当地的大型墓葬不会对皇权构成任何直接的威胁。它们建造于此，应是一种地方权势的象征。

　　至于当地的非汉土著，他们的墓葬和都城地区一样无法识别。这更令人匪夷所思，因正史记录了抵御蛮人的战争，他们住在次级中心附近的山中。[③] 由于考古活动主要在沿河谷地带的城市中展开，很少进至地方土著所退守的山中，因此他们的墓葬也许尚未发现。那么，为了追寻地方土著的踪影，我们或需看看更为遥远的南方。

三、华南：地方土著的退守之地？

　　截至目前，笔者仅能大致介绍更远南方出土的文物。尝试追踪第三类族群，即这一区域地方土著的墓葬，我们脱离了坚实的考古依据。因为地方土著并未承袭汉人风俗，未能留下可以确定墓主人身份的铭文。然有人或会质疑，在已介绍的汉式墓葬（一座置有棺材的砖室墓和

---

　　① 鄂城地区舶来的珠饰在第 1002、1004、2063、2075、2137、3006、3037、4034 号墓中有被发现，这些都为吴和西晋时期的墓葬。只有少数是在南朝时期的墓葬中被发现，且仅一例玛瑙制成的珠子出土于东晋时期的第 2186 号墓。第 4021 号西晋墓中曾发现一例舶来的玻璃碗。参见南京大学历史系考古专业、湖北省文物考古研究所、鄂州市博物馆编著：《鄂城六朝墓》，第 417 - 439 页。

　　② 关于襄阳地区当地的豪族，参考戚安道(Chittick)：《中古中国的荫护与社群：公元 400—600 年的襄阳城》(*Patronage and Community in Medieval China. The Xiangyang Garrison*，*400 - 600 CE*)，35 - 37.

　　③ 戚安道(Chittick)：《中古中国的荫护与社群：公元 400—600 年的襄阳城》(*Patronage and Community in Medieval China. The Xiangyang Garrison*，400 - 600 *CE*)，12 - 18；毕汉思(Bielenstein)：《六朝(第二卷)》("The Six Dynasties，Volume II")，67 - 69.

一套以青瓷等材料制成的特定陪葬品)中,迄今未知的那些葬俗也可能是非汉族的。或者那些与普通汉墓相比,呈现出十分明显差别的墓葬,也许是非汉族的。但有趣的是,到目前为止,大部分南方省份出土的材料都表现出了典型的汉族特征。只有在遥远的西南,即今天的贵州、云南和四川,不同的埋葬方式才可辨认出来,如在岩石中开凿的或以石块砌成的墓葬(图5-8.1)。① 两种类型,要判定年代都很困难。在部分例子中,陪葬品的组合与汉式墓葬不同,其中包括了在汉墓中不常见的器物类型,如大手柄的三足铁鼎或带壶嘴的三足铜鐎壶(图5-8.5,5-8.6)。但汉式的青瓷器在这里也被用于丧葬目的,尽管在造型上略有不同且更为简单(图5-8.2)。这种瓷器远在南方,即今天的福建地区生产,在当时乃备受追捧之物。② 尽管这些墓葬使用的建造方法和材料与汉墓不同,在陪葬品的组合上也略有不同,但他们仍然实行土葬,即将尸体放入棺中并安置于地下的墓室内。然在地方土著者中,则可能使用了完全不同的墓葬形式:既无棺木亦无墓室的土葬、火葬,或将尸体暴露于自然环境中留给动物或鸟类。

对遥远南方东晋墓葬的分析,可使我们发现六朝社会的另一侧面。追踪汉人南迁者的迁移路线亦成为可能。典型长江中游的墓葬类型——如前述的并列相连墓室及两个甚或三个后室的墓葬——在东晋和南朝时期,突然出现于南迁的路线上(即赣江和湘江流域)。最后,他

---

① 岩墓很好地保存了一种早期的传统至南朝时期,参见贵州省赤水市出土的21座东汉到南朝墓葬,贵州省文物考古研究所、赤水市文物管理所:《贵州赤水市复兴马鞍山崖墓》,《考古》2005年第9期,第20-33页;由不规则石块建成的墓葬出土于贵州省平坝县,贵州省博物馆考古组:《贵州平垻马塘东晋南朝墓发掘简报》,《考古》1973年第3期,第345-355页。

② 更远南方至今尚未发现瓷窑遗址。鉴于当地存在类型丰富的青瓷器物,相信在遥远南边的广东,也有生产青瓷器。邓宏文:《广东六朝墓葬出土瓷器研究》,《华夏考古》2000年第3期,第77-87页;冯先铭等编:《中国陶瓷史》,北京:文物出版社,1997年,第148-149页。

们从今天的福建省下到广州,到达了更为遥远的地区(图 5 - 9)。①

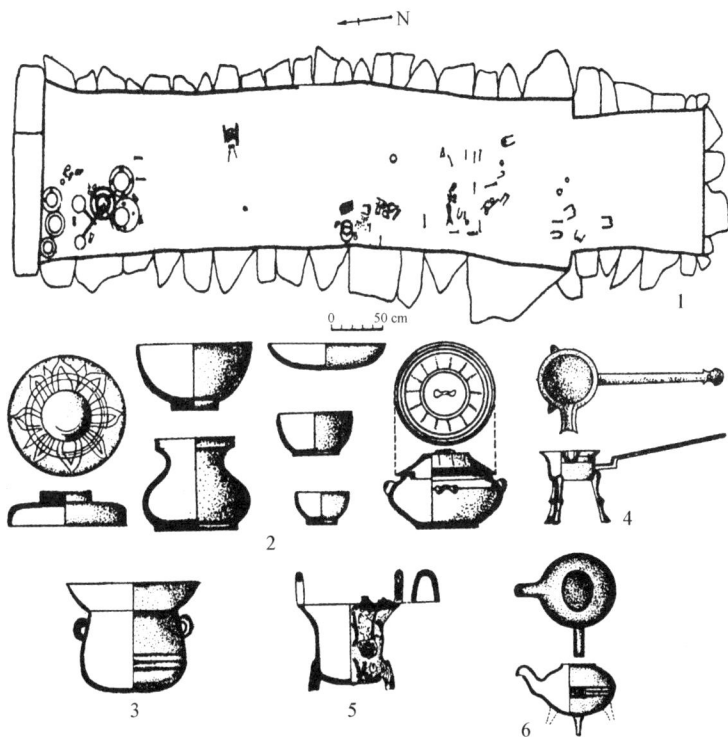

图 5 - 8　M42,石墓,出土汉式青瓷器和青铜随葬品(1—4)位于平坝,贵州。平坝 M49、M38 发现有当地的器物类型:带手柄的三足铁鼎(5),带壶嘴的三足铜镶壶(6)。皆六朝时期

摘自贵州省博物馆考古组:《贵州平垻马塘东晋南朝墓发掘简报》,第 346 页,图 42;第 349 页,图 10。

---

① 关于六朝广州墓葬及其墓主人祖籍的详细研究,参见安然(Kieser):《"广州皆平康":南朝广东的墓葬与移民》,宋馨(Shing Müller)、贺东劢(Thomas O. Höllman)、Putao Gui 编:《广东:考古与早期文献(周—唐)》[*Guangdong: Archaeology and Early Texts / Archäologie und frühe Texte（Zhou-Tang）*],《华南与亚洲沿海》(*South China and Maritime Asia*), vol. 13, Wiesbaden: Harrassowitz, 2004, 101 - 124.

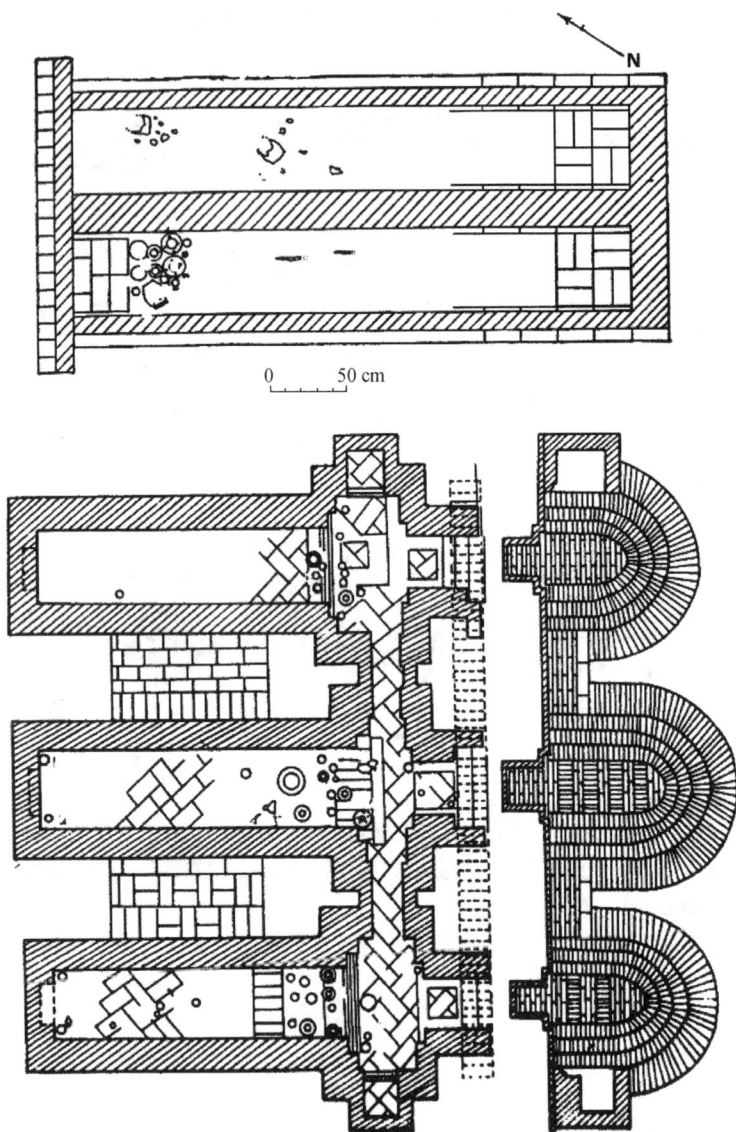

图5‑9　遥远南方发现的典型长江中游地区的墓葬类型:并列相连墓室。

广东始兴 **M4**,东晋;广东揭阳 **M3**,三座后室,南朝

摘自廖晋雄:《广东始兴县缫丝厂东晋南朝墓的发掘》,《考古》1996 年第 6 期,第 31 页;广东省博物馆、汕头地区文化局、揭阳县博物馆:《广东揭阳东晋南朝墓发掘简报》,《考古》1984 年第 10 期,第 900 页。

四、结 论

这篇有关东晋墓葬考古资料的简短研究,证明了两个重要的事实。第一,东晋初年,在整个南中国,双室墓结构让位于单室墓。第二,随葬品在数量和种类上都有所减少。考古资料作为一面镜子,可以映照出东晋社会的不平衡。东晋的统治阶层,即新近从北方迁徙而来的世家大族成员,似只葬在都城建康。他们可能在地方上身居高位,然而死后都被带回并埋葬在都城。[①] 如前所示,精英阶层无意留在南方,其欲收复中原并返回家园。这解释了为什么他们的墓葬被建成临时的葬地,这也是为什么我们只在他们的墓中找到了墓志。这些墓志乃作为辨认埋葬者的标记,因时人打算未来重启墓葬,并将逝者带回北方的故土。我们唯独在都城地区找到了这些墓志,这是东晋墓葬最大的谜题之一。为什么除都城地区外,南中国其他区域的人在死后并无强烈的欲望想要标识自己呢? 社会上层的人生活并埋葬于都城,但显然有更多的移民来自北方,定居于南方的不同地区,尤其是在沿长江中游的次级中心。这些移民更愿意接受南方为他们的新家园吗? 他们不曾怀有愿想,希望在不久的将来回到北方吗? 还是他们对于这一计划,缺乏经济上的实力?

无论我们考察的是都城地区还是次级中心的墓葬,对于东晋初年以后南方的汉人长期居留者,我们仍没能给出一个很好的考古学综述。一方面,这表明了此群体的影响力和重要性之减弱。但另一方面,也可能是不同族群间同化的标志,不仅在新近入迁者和长期居留者间,也在其与地方土著之间。张磊夫(De Crespigny)在其《南方诸将》(*Generals*

---

① 安然(Kieser):《"长眠于他挚爱的山中"? 寻找王羲之墓》(" 'Laid to Rest There Among the Mountains He Loved So Well'? In Search of Wang Xizhi's Tomb"),《中国中古研究》(*Early Medieval China*),17 (2011),74 - 94.

of the South)中即指出了此点:

> 新移民和受其驱逐者间的肢体冲突因为通婚和习俗的交流在某种程度上有所缓解。不像沿帝国北疆农、牧民间的反差,南方的汉人和非汉人间并无经济模式上的差异,可以用来区别他们的身份。一旦汉人殖民者确立了地位……他们基于稻田耕作的生活方式……与非汉人的生活方式是可共通的,这些后者也能从新迁入者那里学习并适应新的技术。①

值得追问的是,这种相互同化的作用是通过什么方式不仅影响了生者,也影响了死者?是否某种丧葬仪式的文化适应是我们在墓葬中很少发现地方土著踪迹的一个原因?

为了更好地理解上述三大群体东晋墓葬的独特性,我们有必要分析更为早期的墓葬,不仅是东吴和西晋时期的,还有那些自汉人开始大规模南迁以前的。当地传说和地方志可能揭示东晋时期当地豪族的祖源及其政治立场。这一研究将是笔者有关长江中游六朝墓葬研究项目中的一个部分,期望有助于能在不久的将来描绘一幅更为清晰的中国南方社会图像。②

周胤(重庆大学)译

---

① 张磊夫(De Crespigny):《南方诸将》(*Generals of the South*),324 - 325.
② "长江中游六朝(220—589)墓葬研究"项目["An analysis of Six Dynasties (220 - 589) tombs from the middle Yangzi region"],由德国研究基金会(German research foundation DFG)资助,目前正在明斯特大学汉学暨东亚研究所展开。

参考文献

原始文献

［晋］陈寿撰，［宋］裴松之注:《三国志》,北京:中华书局,1959 年。

中文文献

邓宏文:《广东六朝墓葬出土瓷器研究》,《华夏考古》2000(3),第 77 - 87 页。

冯先铭、安志敏、安金槐编:《中国陶瓷史》,北京:文物出版社,1997 年。

贵州省博物馆考古组:《贵州平坝马塘东晋南朝墓发掘简报》,《考古》1973(3),第 345 - 355 页。

南京大学历史系考古专业、湖北省文物考古研究所、鄂州市博物馆编著:《鄂城六朝墓》,北京:科学出版社,2007 年。

罗宗真:《江苏宜兴晋墓发掘报告》,《考古学报》1957(4),第 83 - 106 页。

罗宗真主编:《魏晋南北朝文化》,上海:学林出版社,2000 年。

安然(Annette Kieser):《魂返故土还是寄托异乡:从墓葬和墓志看东晋的流徙士族》,《东南文化》2002(9),第 45 - 49 页。

廖晋雄:《广东始兴县缫丝厂东晋南朝墓的发掘》,《考古》1996(6),第 30 - 36 页。

南京市文物保管委员会:《南京象山东晋王丹虎墓和二、四号墓发掘简报》,《文物》1965(10),第 29 - 45 页。

南京市博物馆:《六朝风采》,北京:文物出版社,2004 年。

湖北省博物馆:《武汉地区四座南朝纪年墓》,《考古》1965(4),第 176 - 184 页。

韦正:《六朝墓葬的考古学研究》,北京:北京大学出版社,2011 年。

鄂城县博物馆:《湖北鄂城四座吴墓发掘报告》,《考古》1982(3),
　　第 257-269 页。

广东省博物馆、汕头地区文化局、揭阳县博物馆:《广东揭阳东晋南朝唐
　　墓发掘简报》,《考古》1984(10),第 895-903 页。

贵州省文物考古研究所、赤水市文物管理所:《贵州赤水市复兴马鞍山
　　崖墓》,《考古》2005(9),第 20-33 页。

张学锋、傅江:《东晋文化》,南京:南京出版社,2005 年。

外文文献

Bielenstein 1997: Hans Bielenstein, "The Six Dynasties, Volume II,"
　　Bulletin of the Museum of Far Eastern Antiquities 69 (1997),
　　5-246.

Chittick 2009: Andrew Chittick, *Patronage and Community in
　　Medieval China. The Xiangyang Garrison, 400-600 CE* (New
　　York: State University of New York Press, 2009).

De Crespigny 1990: Rafe de Crespigny, *Generals of the South.*
　　Faculty of Asian Studies Monographs. New Series 16
　　(Canberra: Australian National University, 1990).

Dien 2001: Albert E. Dien, "Developments in Funerary Practices in
　　the Six Dynasties Period: The *Duisuguan* 堆塑罐 or 'Figured
　　Jar' as a Case in Point," 巫鸿主编:《汉唐之间文化艺术的互动与
　　交融》,北京:文物出版社,2001 年,第 509-546 页。

——2007: Albert E. Dien, *Six Dynasties Civilization* (New Haven:
　　Yale University Press, 2007).

Graff 2002: David Graff, *Medieval Chinese Warfare. 300-900*
　　(New York: Routledge, 2002).

Hua 1997: Hua Rende, "Eastern Jin Epitaphic Stones. With Some
　　Notes on the 'Lanting Xu' Debate," *Early Medieval China* 3

(1997)，30－88.

Kieser 2001：Annette Kieser，"Northern Influence in Tombs in Southern China After 317 CE? A Reevaluation"，巫鸿主编：《汉唐之间文化艺术的互动与交融》，第 231－272 页。

——2002：Annette Kieser，*Landadel-Emigranten-Emporkömmlinge. Familienfriedhöfe des 3.－6. Jh. n. Chr. in Südchina Asiatische Forschungen* 144（Wiesbaden：Harrassowitz，2002）.

——2002c：Annette Kieser，"Emigrantenfamilien der Östlichen Jin-Zeit im Spiegel ihrer Gräber und Grabinschrifttafeln，" *Oriens Extremus* 43（2002），161－174.

——2004：Annette Kieser，" '… nur Guangzhou ist ruhig und friedlich'—Grabkult und Migration während der Sechs Dynastien im heutigen Guangdong，" in *Guangdong：Archaeology and Early Texts / Archäologie und frühe Texte（Zhou-Tang）*，eds.，Shing Müller，Thomas O. Höllman，Putao Gui. South China and Maritime Asia，vol. 13（Wiesbaden：Harrassowitz，2004），101－124.

——2011a：Annette Kieser，"New Insight on Émigré Tombs of the Eastern Jin in Jiankang，" in *The Yields of Transition：Literature，Art and Philosophy in Early Medieval China*，eds. Jana S. Rosker，Natasa Vampelj Suhadolnik（Cambridge：Scholars Publishers，2011），53－73.

——2011b：Annette Kieser，" 'Laid to Rest There Among the Mountains He Loved So Well'？ In Search of Wang Xizhi's Tomb，" *Early Medieval China* 17（2011），74－94.

Schafer 1967：Edward H. Schafer，*The Vermilion Bird. T'ang Images of the South*（Berkeley，Los Angeles：University of California Press，1967）.

葬礼对犯罪与道德的态度^①

一

本文发表于"东亚犯罪与道德"之会议上。笔者希望将犯罪和考古学这两个复杂的学科联系起来，后者为本人研究之专业领域。

如果我们将考古的范围缩小到古墓考古上，立刻会想起的是埋葬在墓中的人可能是谋杀或犯罪的牺牲品。然而，资料不很充分，证据亦不总像第一眼看那么明显。我想提醒大家的是，有关埃及第 18 王朝的统治者之一图坦卡蒙（死于公元前 1323 年左右）是否被谋杀的讨论已旷日持久——而引发这场讨论的原因，也可能是在纯学术的兴趣之外。

从中国的资料来看，我们面临的主要问题是，在出土的绝大多数墓葬中，几乎没有留下墓主人的任何遗骨——因此我们无法推断他或她的死因。这方面的例外是极少的。最著名的是 20 世纪 70 年代发现的西汉时期所谓的木乃伊：一位是湖南长沙马王堆的轪侯夫人^②，另一位（不太知名）是湖北江陵凤凰山的遂先生^③。两具尸体保存得非常完

① 原刊于富谷至（Itaru Tomiya）、艾默立（Reinhard Emmerich）编：《东亚的犯罪和道德》Crime and Morality in East Asia），东京（Kyoto）2014，53 - 60.

② 湖南省博物馆编：《长沙马王堆一号汉墓》，北京：文物出版社，1973 年。

③ 纪南城凤凰山一六八号汉墓发掘整理组：《湖北江陵凤凰山一六八号汉墓发掘简报》，《文物》1975 年第 9 期，第 1 - 9 页。

好,以至于病理学家不仅可以确定死者最后的一餐,死亡的年龄或疾病,甚至还可以判定出他们各自的死因。但两者没有一位是被谋杀的!同样的道理也适用于我们所知的少数保存完好的宋、明时期的遗体。①

二

我们似乎需要另一种方法。无论如何,这种方法将与我们会议的主题“犯罪和道德”更加一致。笔者提出一个问题,即道德行为与一个人的被埋葬方式间,是否存在某种关联。一位生平曾与法律发生过冲突的人,其葬礼是怎样的？或者换言之,犯罪和道德是如何反映在墓葬中的?

为了回答这一问题,笔者想邀请您随我一同进入中国南方的中古早期,即六朝时期。这是一个(墓葬考古)相对丰产的时期,因墓志铭开始逐渐流行。在许多墓葬中,我们或发现墓志,或发现砖铭,其上刻有墓主人的名字、等级及其死亡或埋葬的日期。在六朝墓葬中,有关墓主人信息的其他来源尚有买地券或遣册。而在最好的情况下,是这些人在其时代中被认为足够重要,以至于官方史籍能够为之作传,我们也因此可以交互核查,获得更多的信息。

关键的一年是公元 316 年,西晋当时的首都长安为入侵的游牧部落所攻陷。在前所未见的移民潮中,人们逃离北方,越过长江,在建康(今南京)建立了今天我们已知的东晋流亡首都。在以下文中,笔者将试图介绍三类墓主人的例子,他们生活于六朝时期华南政权不断变化的紧张局势中。其中一类是南方当地精英阶层的成员,在公元 316 年后大量北方人涌入前,就已在南方建立了良好的基础。另一些人正是

---

①　死于 1261 年,40 岁左右的周瑀尸体保存得极其完好,见《金坛宋周瑀墓》,《考古学报》1977 年第 1 期,第 105-131 页;明太祖的第十个儿子朱檀的尸体也是如此,他在 1368 年 20 岁时因过量服用延年益寿的药物而去世;山东省博物馆:《发掘明朱檀墓纪实》,《文物》1972 年第 5 期,第 25-36 页。

这些北方移民的成员,他们不得不逃离家园,但在来到建康后却掌握了政治控制权。还有一些人来自那些南方的家族,多年后,他们成了新政权中的一部分,并在其中谋得了较好的位置。

上述三类人中的某些人,在某些方面与朝廷发生过冲突。他们的"犯罪"行为(或许我们应更好地形容为"朝廷不能容忍的行为"或"针对朝廷的行为")是如何反映在墓葬中的? 又或者是完全没有反映?

三

笔者的第一个例子是著名的周氏家族成员,其家族在三国吴时,于今天江苏的宜兴附近,太湖以西之地,拥有自己的势力范围。[①] 他们像其他的南方家族一样拥有私人的武装,支持孙权在公元 222 年建立了吴国,并在之后的战争中对抗了北方的魏国。因此,他们获得了朝廷的封赐。张磊夫(De Crespigny, Rafe)将孙权的统治描绘为"基于强大地方氏族联盟的盟主政权"[②],而周氏家族正是这类地方上的氏族。即使在公元 280 年西晋再次完成统一后,这些氏族也仍对洛阳的皇室保持着忠诚。周氏家族中的一位著名成员周玘(256—313)[③],甚至与其他当地的豪族一起,动用了江南地区的私人武装,在公元 302 年至 310 年间帮助朝廷镇压了三次叛乱,其忠诚得到了嘉奖。然随着北方难民源源不断地涌入,他和其他南方的当权者被逐渐超越,北方难民越来越多

① 关于他们生活和墓葬的讨论,参见安然(Kieser, Annette):《乡豪、流民、新贵——公元 3 至 6 世纪中国南方的家族墓地》(*Landadel-Emigranten-Emporkömmlinge. Familienfriedhöfe des 3. - 6. Jh. n. Chr. in Südchina*), Wiesbaden: Harrassowitz, 2002, 54 - 82.

② 张磊夫(De Crespigny, Rafe):《三国与西晋:公元 3 世纪的中国历史》("The Three Kingdoms and Western Jin: A History of China in the 3rd Century AD"),《东亚史》(*East Asian History*), 1(1991), 16.

③ 其传记见于[唐]房玄龄等撰:《晋书》卷五十八,北京:中华书局,1974 年,第 1572 -1574 页。

地占据了重要的位置。战争撼动了北方,第一波移民已到达南方。正如前述,至公元 316 年,北方的大部分地区已被游牧部落所占领,(西晋)皇族越过长江,在建康建立了东晋。周琦深感幻灭,由此策划了一场反对北方移民权贵的军事政变。但他的计划泄露了,并被朝廷传讯。其终免于认罪,因在公元 313 年"又知其谋泄,遂忧愤发背而卒"①。他临终前曾满怀愤恨地嘱咐其子周勰,替他向"诸伧子"②报仇。

　　到 1976 年,今天宜兴的周墓墩,即"周墓冢",共发掘出土了 6 座墓葬。③ 由文献资料可知,周琦的父亲在公元 297 年获赐了一块家族墓地。④ 同年,他本人被葬在了 M1 中。根据墓志及位置,其中一座墓葬 M5 被认为是周琦的。遗憾的是,盗墓者从墓顶闯入,并盗走了主室中所有的随葬品。仅部分残片遗留在了两个侧室内,那里很可能埋葬的是周琦的两个儿子。我们因此可以认为,周琦的墓葬是周氏家族墓中最大的一座(东西宽 8.4 米,南北长 11.26 米,高度超过 3 米),且实际上是南方发现的最大西晋墓之一。另一特点是前室和后室都有穹窿顶的结构——通常放置棺木的后室会被建成一个简单的低券顶。为了了解他的随葬器物可能有哪些,我们需要看看其他家族成员的随葬品情况。这其中不仅有令人回想起乡村宅院式生活的物件(如鸡舍、扫帚、臼杵),还有一些极为精致的青瓷器(如动物形器皿或香炉)以及一些底座。这些底座可能是在下葬时,被作为支撑棺木及随葬器上方的华盖之用。另外还有一些私人的饰品,部分来自北方,如一套腰带的饰品。

---

　　①　[唐]房玄龄等撰:《晋书》卷五十八,第 1574 页。

　　②　[唐]房玄龄等撰:《晋书》卷五十八,第 1574 页;[唐]许嵩:《建康实录》卷五,北京:中华书局,1986 年,第 125 页。

　　③　罗宗真:《江苏宜兴晋墓发掘报告》,《考古学报》1957 年第 4 期,第 83-106 页;南京博物院:《江苏宜兴晋墓的第二次发掘》,《考古》1977 年第 2 期,第 115-122 页。

　　④　(作者注)墓葬铭文提到了 316、321 和 323 年。316 年可能是周琦下葬的年份,但只可能发生在他 313 年去世后的第三年。M5 为多室墓,其他铭文可能指出,侧室中为后来入葬者(可能是他的儿子们)。

　　第二个例子是东晋时期的王廙(276—322),著名的琅邪王氏成员,
其身处权力之核心圈内。[①] 琅邪王氏为北方的士族之一,他们选择了
背井离乡而非留守原地。与皇室家族紧密的联系、联姻保证了他们在
政治上的举足轻重,并由此成为了东晋初年显赫一时的家族。王廙是
王导和王敦在血缘关系上最为亲近的堂兄弟,二者是整个4世纪初,东
晋历史上最为重要的两位人物。王导作为大权在握的丞相,在建立和
巩固南方的东晋政权中发挥了至关重要的作用。王敦见到自己在声望
及影响力的竞争中落败,遂于公元322年发动叛乱,并最终在控制了南
方大部分地区的两年后被击败。王廙参与了堂兄的叛乱,并在其麾下
担任平南将军和荆州刺史,他在任上因自然原因死于公元322年。[②]
此外,《世说新语》载王廙曾参与了暗杀皇子司马承(谥愍王),后者拒绝
加入王敦的叛乱。[③]《历代名画记》中则记录了王廙的另一侧面,其中
提到,他是一位才华横溢的书画家,并且是其侄子——著名的书法家王
羲之的榜样。[④] 他亦曾教导过东晋的明帝(323—325在位),《晋书》载
王廙去世后,未来的明帝以家人之礼,亲自对他的葬仪表示了尊敬。[⑤]
　　早在20世纪60年代,著名王氏家族墓中的第一批墓葬,已在南京

---

　　① 参见安然(Kieser):《乡豪、流民、新贵——公元3至6世纪中国南方的家
族墓地》(*Landadel-Emigranten-Emporkömmlinge. Familienfriedhöfe des 3.- 6.
Jh. n. Chr. in Südchina*),83 - 119.
　　② 传记见《晋书》卷七十六,第2002 - 2005页;关于他在王敦叛乱中的角色,
参见《晋书》卷六,第156页。
　　③ [南朝宋]刘义庆:《世说新语》,载《四部备要》卷三十六,台北:中华书局,
1965年,第38A - 39B页。马瑞志(Mather, Richard B):《世说新语:世界故事的新
叙述》(*Shih-shuo Hsin-yu, A new Account of Tales of the World*),Minneapolis,
1976,91 - 92.
　　④ [唐]张彦远:《历代名画记》卷五,第55 - 57页,见载于威廉·埃克
(William Acker):《唐及唐前中国绘画的文本》(*Some T'ang and pre-T'ang texts
on Chinese painting*),Leiden,1974,vol. 2,66 - 67.
　　⑤ [唐]房玄龄等撰:《晋书》卷七十六,第2004页。

北郊的象山之麓被发现。到目前为止，已知有 12 座墓葬。[①] 虽然这些墓中多有墓志，但我们对 M7 墓（被认为是王廙之墓），仍没有十分确切的证据。不过，从一些方面——如它与其他墓葬（即其兄弟王彬之墓）的相对位置，规模大小和随葬器物来看，考古学家推断，这应是王廙之墓。盗墓者并未染指 M7 墓，在这个长 3.9 米，宽 3.22 米（高 3.42 米）的墓室中，埋葬了三个人——一位男性和两位女性。这座墓葬的规模不仅超过了东晋墓葬的平均水平，而且还建有一个穹窿顶（与简单许多的券顶形成了对比）。除一套常见的随葬器外（如陶制或青瓷制的献祭器、灯盏或香炉），还有其他在东晋墓中极为罕见的物品：如 14 件陶俑、一匹陶马、一头牛和一辆牛车、一件陶案、一个铜方炉、一件陶凭几及其他物品。这些使得墓葬成了一个非常舒适的死后居所。但最让人惊讶的，是那些迄今为止只在南方政权最高级成员的墓中才会发现的物品：两只来自西方的玻璃杯，一枚可能来自南亚或东南亚的金刚石戒指。其他的舶来品，如用玛瑙、琥珀、水晶或绿松石制成的珠子，亦在随葬品中。由于玻璃、金刚石和宝石珠料等外来物品在东晋时期的中国南方非常罕见，并不是每个人都能轻易拥有。因此，它们可以被理解为王廙与皇室接近的标志。鉴于我们知道后来的明帝亲自参加了王廙的葬礼，因此它们很可能是唁劳之赠。

　　第三个也是最后一个例子，让我们来进一步走近东晋。高崧是来自广陵（今江苏扬州）的一个南方家族的成员，他于公元 366 年去世。他并非南方最上层集团（如汉代广陵王后裔）中的一员，然而，高崧（作

---

① 　南京市文物保管委员会：《南京人台山东晋兴之夫妇墓发掘报告》，《文物》1965 年第 6 期，第 26－33 页；南京市文物保管委员会：《南京象山东晋王丹虎墓和二、四号墓发掘简报》，《文物》1965 年第 10 期，第 29－45 页；南京市博物馆：《南京象山 5 号、6 号、7 号墓清理简报》，《文物》1972 年第 11 期，第 23－41 页；南京市博物馆：《南京象山 8 号、9 号、10 号墓发掘简报》，《文物》2000 年第 7 期，第 4－20 页；南京市博物馆：《南京象山 11 号墓清理简报》，《文物》2002 年第 7 期，第 34－40 页。

为主簿)及其父亲高悝(作为丹阳尹),却晋升到了高官显位。在其父亲去世后,高崧就遗体的处置提起了申讼。他的父亲曾因渎职而被解职(似乎是他娶了一个妾)。直到五年后,朝廷表示了同情,他才得以埋葬其父——(葬仪)很盛大,正如我们即将看到的那样。高崧本人最终成了哀帝的亲信,但据《晋书》,他参与了一些未知的密谋,并在免职后卒于家中。[①]

幸运的是,高崧之墓及据信是他父亲高悝的墓葬,在南京的仙鹤观被发现,且未经盗扰。[②] 显然,在赢得了对父亲遗体处理的申讼后,高崧不惜一切代价为其父下葬。M6 墓室的规模为 4.9 米×2.8—2.95 米,同样建有 3.44 米高的穹窿顶。在他 200 多件的随葬品中,只有少量的陶瓷器——这是东晋墓中较为常见的物品。不同的是,他被施予了数量惊人的青铜器和漆器,其数量之多,在东晋的墓中并不常见。同样罕见的还有 18 件玉饰及 56 件金饰。再次,我们又发现了一只来自西方的玻璃碗,以及由琥珀和绿松石等进口材料制成的饰品。高崧本人的墓葬情况更令人惊讶。在被免职去世后,他和他的妻子(谢氏)仍然获赐了一块几乎不小于其父的墓地(4.72 米×2.2—2.36 米,券顶高2.9 米),且配备了丰富的随葬品。同样,陶瓷器很少,但我们发现了 8件漆器、15 件玉饰和 68 件金饰,以及一些由玻璃和琥珀制成的雕刻珠子。

四

让我们总结一下我们提到了哪些人,他们的行为怎样以及我们知道的结果如何。周琦策划了一场反对领导权的军事政变,他被朝廷传

---

①　传记见《晋书》卷七十一,第 1894–1896 页。

②　南京市博物馆:《江苏南京仙鹤观东晋墓》,《文物》2001 年第 3 期,第 4–40 页、第 91 页。

讯,但在认罪前就已离世。王廙在他去世的那年卷入了其堂兄的叛乱,并且还很可能参与了谋杀皇室的成员,但没有任何我们已知的后果。高崧也参与了一些阴谋,因而被免职。从仅有的文献资料来看,似乎没有针对这些违法者共同的处置程序,我们也没有发现任何迹象提示他们中有人曾被指控犯罪。

尽管如此,他们都获得了一个远远超出其时代平均水平的墓葬,无论是墓室规模,还是(据我们所能推断的)各种随葬品。尽管这三个人都曾以某种方式反对过皇室,但他们仍然风光下葬。

这种惊人事实的原因是什么?难道死亡就此消除了所有的罪责吗?

看上去,如果一个人一生中的大部分时间都是忠诚的,与朝廷关系密切或居于高位,则这些都可以为犯罪者说话。正如最令人惊讶的王廙之例所示,支持皇室成员是一个很大的优势。尽管王廙参与了谋杀了皇室的亲族,但皇位继承人仍然亲自悼唁并施予了名贵的唁劳之赠。

无论如何,我们可以推断,建造一座得体的墓葬曾经是(现在也是)一个家族所关注的重点。举办家族成员的葬礼是一种显示财富、地位甚至影响力的方式——换言之,这是一种炫耀的方式。只要家族仍然拥有能力和地位举办在他们眼中适合的葬礼,则一定会为之举行,无论逝者生前做了怎样的错事。

周氏家族是南方最有权势的氏族,王氏家族是东晋的实际统治者,高氏家族在官场的阶梯上攀至高位。这即是他们的墓葬所反映之内容,而不是他们对朝廷的违抗的惩罚。

吴驷(上海光华学院)译

孝子贤孙不见了？

—— 一个在时代变迁中消失的主题(东汉至南北朝)

一、引 言

由大量单一模印砖组成的"竹林七贤与荣启期"壁画，是六朝时期(220—589)中国南方优秀的艺术作品之一(图 7-1)。根据目前已知，这类图案的首次使用，(极有可能)是在首都的建康(今南京)，在为刘宋(420—479)时期一位帝王所建的皇陵墙上。[①] 类似的但在细节上略有变化的图案，亦可在之后的南齐时期(479—502)，在丹阳的三座皇陵中找到。[②] 在砖或石头上绘制画像这一墓葬传统，可以追溯到西汉时期(前206—公元9年)[③]，但以"竹林七贤"作为主题的绘制，最早则出现

---

① 南京市博物馆、南京市文物保管委员会：《南京西善桥南朝墓及其砖刻壁画》，《文物》1960 年第 8/9 期，第 37-42 页。

② 近期，这一主题在南京的另一个墓中发现，一些研究人员认为这是昭明太子萧统(501—531)之墓。南京市博物馆总馆、南京市考古研究所编著：《南朝真迹：南京新出土砖印壁画与砖文精选》，南京：江苏凤凰美术出版社，2016 年，第62-96 页。对早期墓葬中墓主人的探讨，参见安然(Kieser, Annette)：《史镜中的神道与墓葬：中国南北朝时期(420—589)的帝陵》[Grabanlagen der Herrscherhäuser der Südlichen Dynastien in China (420-589)]，《罗马—日耳曼中央博物馆专著》(Geisterwege und Gräber im Spiegel der Geschichte)，Vol. 60，Mainz，Verlag des Römisch-Germanischen Zentralmuseums，2004，54，69-92.

③ 倪克鲁(Nickel, Lukas)：《中国古代的砖与早期亚洲文化交流问题》("Bricks in Ancient China and the Question of Early Cross-Asian Interaction")，《亚洲艺术》(Arts Asiatiques)，70(2015)，51-52.

于南朝时期(420—589)。同样的,随着佛教被广泛接受,新的主题也随之产生。然而另一方面,特别是在南朝时期的首都地区,汉代墓葬艺术中的大部分主题却消失了,比如对仙界的描绘等。尤其引人注目的,是所有叙事历史场景的消失,其中包括汉代时期广泛流行的关于孝道的描述。

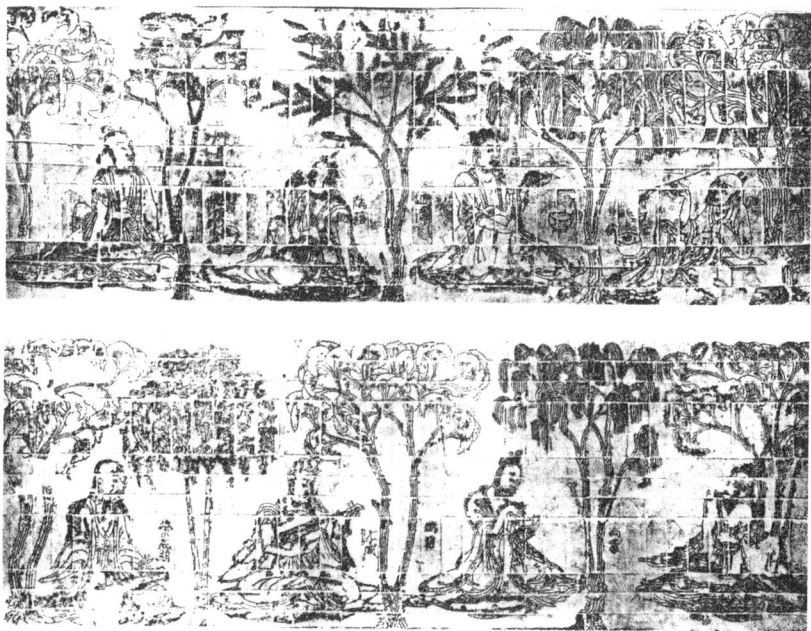

图 7‑1　竹林七贤,刘宋时期帝陵的模印砖壁画,拓印

罗宗真:《南京西善桥南朝墓及其砖刻壁画》,《文物》1960 年第 8/9 期,第 36 页,图 1、2。

但为什么是在南方呢？毕竟,在中国北方的核心地区为游牧民族陷落后,汉族的士族阶层南迁到了那里,并建立了东晋王朝(317—420)。于是人们开始期待,能够在那里看到墓葬艺术中的传统题材。

本文试图分析这一切形成的原因。作为研究南方地区相关主题的基础,本文将首先对东汉时期(24—220)的孝道主题进行简单的介绍,如其地理分布、图像学的研究、在墓葬中的排列分布,以及对上述问题的分析。此外,还有对同时代北方(墓葬艺术)主题的分布、变迁及其相应问题的解释。近年来,在南北朝边境地区发现的浮雕艺术,也将与首都地区出土的文物进行对比介绍。在此基础上,本文认为,在六朝的都城地区,作为经典的墓葬艺术主题,孝道这一传统主角消失了。其地位和作用被上文提到的"竹林七贤"所取代,而他们也成了孝道的新典范。

二、汉代的主题 —— 一个回顾

(一) 前提

大约在汉末,中国的绘画艺术开启了一个新纪元。除早年散见的绘画表现形式外(如宫殿壁画的残片;在墓葬中发现的绘制在丝绸以及漆制棺木或盒子上的图案),在这一时期,墓室的墙壁也用图画进行了装饰。① 这些都基于人们对墓葬形制观念的转变。此时的墓葬常常被认为是逝者的居所,所以会按照相应的形制来进行修建。另外,这一时期在逝者的配偶去世以后,进行二次安葬的情况也很常见。这就意味着,人们需要修建一个可以再次开启和再次进入的地下空间。从早期的木制双层棺椁(放置在夯实的,大小为数个立方米的土坑竖穴中),演变到地下住宅式的墓室。最开始,墓葬由大型的空心砖修建,到东汉时期则改用小砖,这样就可以修筑较高的穹顶。这类墓葬的墙壁和穹顶,为艺术的设计提供了全新的可能。同样在早期,木制的椁或许也被部分绘制过的纺织品所覆盖。此外,不仅仅是(墓葬中的)装饰性区域在扩大,这一时期的送葬者还可以进入墓室看到这些装饰,遂使得其在艺术上有了飞跃性的变化。这一时期,用石或砖砌筑的墓壁饰有彩绘或

---

① 巫鸿(Wu Hung):《中国绘画的起源》("The Origins of Chinese Painting"),载杨新等编:《中国绘画三千年》(*Three Thousand Years of Chinese Painting*),New Haven and London:Yale University Press,1997,15 - 86.

者画像。除了墓壁之外，石棺及自东汉以来常见的墓葬地表标记，也为艺术设计提供了空间。墓区入口有狮形兽雕塑，墓碑旁修建的石阙上装饰有浮雕，在祭奠逝者的石制祠堂上亦有类似的装饰。

汉朝时期（墓葬）的主题世界非常丰富，从日常到节庆，从仪式到神话，甚至是历史场景，均有涉及。① 但在历史场景方面，却整体缺失了对于孝道的描述。

孝道的概念在汉代被认为是国家的基石，不仅影响了国家的统治，也深刻影响了普通人的日常生活。人们不希望仅仅依靠道德准则来实现这一理想。所有被认为是孝子贤孙的人，都能够得到当地官员的推荐，这通常也标志着其为官生涯的开始。这些榜样的行为被竭力模仿，他们的故事被记录、复制以及传播。最晚到东汉时期，这些故事被汇编成了《孝子传》②。

根据目前的研究，在战国时期（前 481—前 221），孝子们首次与忠臣一起，被装饰在了宫殿及祠堂的墙壁上。从汉代开始，在官署及学校里，也能看到类似的装饰。而在墓葬中或墓葬之上发现他们的画像，则

---

① 汉代的主题亦可见：芬丝特布什·凯特（Finsterbusch, Käte）：《汉代作品目录与主题索引》（*Verzeichnis und Motivindex der Han Darstellungen*），Vol. 1-4，Wiesbaden：Harrassowitz，1966，1972，2000，2004.

② 该书最初也被称为《列士传》，原书已不可考，但散见于之后的类书中。刘向（前 77—前 6）被认为是第一个以传记形式记录善男信女故事的人，其后又出现了多个内容不同的版本。要讨论的是，刘向是否也是《孝子图》的作者，而这些图像是否能认为是墓葬及家祠中的参考范本。参见巫鸿（Wu Hung）：《武梁祠：中国古代画像艺术的思想性》（*The Wu Liang Shrine. The Ideology of Early Chinese Pictorial Art*），Stanford，Calif：Stanford University Press，1989，272. 以及南恺时（Knapp, Keith）：《无私的孩子：中国中古的孝子与社会秩序》（*Selfless Offspring. Filial Children and Social Order in Medieval China*），Honolulu：University of Hawai'i Press，2005，52-56. 将故事及汇编传承到六朝时期的相关内容，亦参见南恺时（Kanpp）的论述。

最早出现于此后 100 年的东汉时期。①

(二) 主题及其图像学研究

在石阙及祠堂表面雕刻的图像均暴露于空气之中,因此今天它们大都已经风化。而那些深藏在墓葬中的(图像),也未能在这两千年中幸免于难。渗入的雨水、洪水、盗墓者的破坏以及其他诸多因素的影响,使得这些凿刻的孝道画像在经历了数个世纪后,都变得模糊不清。画像主角的身份确认,不仅因为上述的原因而困难重重,单就铭文来说,也偶尔会产生误导。因为工匠(或许由于对描绘主题的不了解)会混淆铭文。② 没有铭文,使得特定故事的整理归类尤为困难。基于此,许多主题直至今日仍无法确认。所以从表面上来看,某一类具有特征鲜明主角的主题,会更频繁地出现,这一点也不令人惊讶,比如董永。③董永这一主题通常遵循着相同的模式:一位老人手持鸠杖,坐于树荫下的独轮车里;董永手持农具,在田间劳作。在一些画像石中,树上悬挂着盛器,上方有一位帮助董永劳作的天人形象(图 7 - 2)。同样容易辨识的,还有刑渠④的画像石。可以看到,两个对坐的人,一个人拿着筷子,正在喂另一个人吃东西。从图像学的角度,与之相类似的还有赵荀的故事,他也许从不愿在他的父亲之前吃饭。通过"车"这个元素,能够

---

① 南恺时(Knapp):《无私的孩子》(*Selfless Offspring*),56 - 57. 依照唐代的《历代名画记》,孝子的故事成为独立的绘画主题,最早始于公元 3 世纪。参见艾兴鲍姆·克雷斯基·帕特丽夏(Eichenbaum Karetzky, Patricia)、亚历山大·科伯恩·索珀(Alexander C. Soper):《一具北魏彩绘棺》("A Northern Wei Painted Coffin"),《亚洲艺术》(*Artibus Asiae*),Vol. 51, 1/2(1991),9.

② 例如,在山东泰安大汶口一处墓葬中,画像砖上绘制的是董永,铭文上写的却是丁兰。芬丝特布什(Finsterbusch):《汉代作品目录与主题索引》Ⅲ(*Verzeichnis* Ⅲ),524 - 525,866.

③ 董永母亲去世后,他必须一边做苦工偿还母亲丧礼的费用,一边照顾自己年迈的父亲。此处及后文提及的孝子故事文本,均来自巫鸿(Wu Hung)的《武梁祠》(*Wu Liang Shrine*),272 - 305.

④ (作者注)刑渠之父牙齿掉光了,其哺父直到父亲的牙齿重新长出来。

辨识出闵子骞的故事。① 而通过"担"这个元素,则可以辨识出孝孙原谷的故事。② 通过老莱子手里拿着的鼓,可以识别出老莱子"彩衣娱亲"的故事。然而韩伯瑜和老莱子的图像却很容易混淆,因为韩伯瑜母亲的手中拿着一根棍子。③ 在雕像前的人物往往能确定为丁兰。④ 类似的还有金日磾,但不同之处在于,他一般在一个屋檐下。⑤ 较为少见的是曾子母亲的形象,标志是她坐在织布机前⑥,还有颜乌的形象,其标志是图像中有一只乌鸦。⑦

图 7-2 董永,四川渠县墓石阙,拓印,东汉时期

徐文彬编:《四川汉代石阙》,北京:文物出版社,1992 年,第 136 页,图 190。

———————

① (作者注)闵子骞的继母在寒冬未能给他足以御寒的衣服,他因驾车时瑟瑟发抖而被父亲鞭笞。

② (作者注)原谷之父将年迈的、成为负担的祖父,用担抬着,弃于郊野。原谷将舆带回并解释,将来也会同样对待自己的父亲。其父幡然悔悟,并将祖父接回。

③ (作者注)其母杖责韩伯瑜时,韩伯瑜哭泣,不是因为痛,而是感伤于母亲已经年迈无力。

④ (作者注)丁兰在其父母去世后,雕刻了其父(或其母)的像,朝夕供养。每逢做决定,还向父母的像汇报,以征求其同意。

⑤ (作者注)金日磾总是在其已故母亲(或者父亲)的雕像前哭泣、鞠躬。

⑥ (作者注)曾子的母亲思念儿子,于是咬了自己的手指。曾子(在千里之外)感受到了,于是回去探望母亲。

⑦ (作者注)颜乌赤手挖坟葬父时,乌鸦衔泥相助。

表7-1 汉墓中的孝子①

主题	发现次数	地点	地表/地下/位置不明
刑渠	6	山东4/内蒙古/1/地点不明1	4-1-1
董永	6	四川2/山东2/江苏1/内蒙古1	3-3
丁兰	5	山东3/内蒙古1/地点不明1	3-1-1
韩伯瑜	5	山东2/四川1/内蒙古1/地点不明1	2-2-1
老莱子	4	山东2/内蒙古1/浙江1	2-2
闵子骞	3	山东1/内蒙古1/地点不明1	1-1-1
金日磾	3	山东1/内蒙古1/四川1	1-2
原谷	3	山东1/内蒙古1/地点不明1	1-1-1
赵荀	3	山东2/内蒙古1	1-2
颜乌	2	山东1/内蒙古1	1-1
曾子之母	2	山东1/内蒙古1	1-1
魏汤	2	山东1/内蒙古1	1-1
舜	1	内蒙古1	0-1
朱明	1	山东1	1
蒋章训(存疑)	1	山东1	1

表7-2 出土地以及主题

出土地	主题	安置于何处	出版物
内蒙古和林格尔(壁画)	舜、闵子骞、曾子、董永、老莱子、丁兰、刑渠、颜乌、韩伯瑜、魏汤、原谷、赵荀、金日磾(铭文)	墓室中间、西壁、北壁	芬丝特布什(Finsterbusch):《索引》III(*Verzeichnis* III),428,H 39,《和林格尔汉墓壁画》,140-141

---

① 以下表格也许并不详尽,仅基于黑田彰(Kuroda Akira)等的相关研究进行了整理:《武梁祠的画像石是伪造的吗? 考索汉代材料》("Are the Wu Liang Shrine Pictorial Stones Forgeries? Examining the Han-Era Evidence"),《亚洲艺术》(*Asia Major*),Vol. 23,No. 2(2010),129-151;芬丝特布什(Finsterbusch):《汉代作品目录与主题索引》(*Verzeichnis*);南恺时(Knapp):《无私的孩子》(*Filial Offspring*)及巫鸿(Wu Hung):《武梁祠》(*Wu Liang Shrine*)。

出土地	主题	安置于何处	出版物
山东泰安大汶口（画像石）	董永（铭文误写为丁兰）、赵荀（铭文）	西前室、通往侧室过道的门楣	芬丝特布什（Finsterbusch）:《索引》Ⅲ（Verzeichnis Ⅲ），524，O 207
山东嘉兴（画像石）	曾子、闵子骞、老莱子、丁兰、韩伯瑜、刑渠、董永、蒋章训（存疑）、朱明、金日磾、魏汤、颜乌、赵荀、原谷（铭文）	武梁祠	巫鸿（Wu Hung）:《武梁祠》（The Wu Liang Shrine），272－305
山东嘉兴（画像石）	刑渠 x3、老莱子、韩伯瑜、丁兰 x2（铭文）	武氏家族的其他三个祠堂	巫鸿（Wu Hung）:《武梁祠》（The Wu Liang Shrine），272－305
江苏茂村凤凰山（画像石）	董永（存疑）	第三墓室、南壁	芬丝特布什（Finsterbusch）:《索引》Ⅰ（Verzeichnis Ⅰ），101，539
浙江长按镇海宁（画像石）	老莱子（不清晰）	前墓室南壁	芬丝特布什（Finsterbusch）:《索引》Ⅲ（Verzeichnis Ⅲ），431，Ⅰ5
四川嘉定（岩墓壁画像石）	韩伯瑜（不清晰）	岩墓	芬丝特布什（Finsterbusch）:《索引》Ⅰ（Verzeichnis Ⅰ），18，66
四川嘉定（岩墓壁画像石）	金日磾（存疑）	岩墓	芬丝特布什（Finsterbusch）:《索引》Ⅰ（Verzeichnis Ⅰ），19，74
四川渠县（画像石）	董永	沈府君阙、左阙背面	芬丝特布什（Finsterbusch）:《索引》Ⅰ（Verzeichnis Ⅰ），22，98ab，徐文彬:《四川汉代石阙》，130－131
四川渠县蒲家湾（画像石）	董永	无铭文阙	芬丝特布什（Finsterbusch）:《索引》Ⅰ（Verzeichnis Ⅰ），22，98ab，徐文彬:《四川汉代石阙》，136
出处不明（画像石）	刑渠、闵子骞、韩伯瑜、丁兰、原谷	上部有五个场景、总共三排	芬丝特布什（Finsterbusch）:《索引》Ⅰ（Verzeichnis Ⅰ）140，785
朝鲜乐浪（漆器箱）	丁兰、刑渠、魏汤、原谷	容器外边缘	裵炯逸（Pai）:《构建"韩国"的起源》（Constructing），188

（三）分组及位置分布

画像的地理位置分布在表 7-1 中得到了详细的阐述，它们集中分布于今天的山东省、内蒙古自治区和四川省。在山东，主要可以归因于武氏四座家祠对于孝子故事的偏爱。根据今天的重建，这些家祠都用一对石狮子和石阙，来标示从前的四座墓葬。[①] 其上皆装饰有（历史的）场景，所附的铭文说明了场景主角的身份以及故事的梗概。在武梁祠里，孝子们的画像石被放在内侧第二排里，沿着后墙及侧墙安放（图 7-3）。其他排也描绘了历史的和有史料记载的场景，上一排是关于节

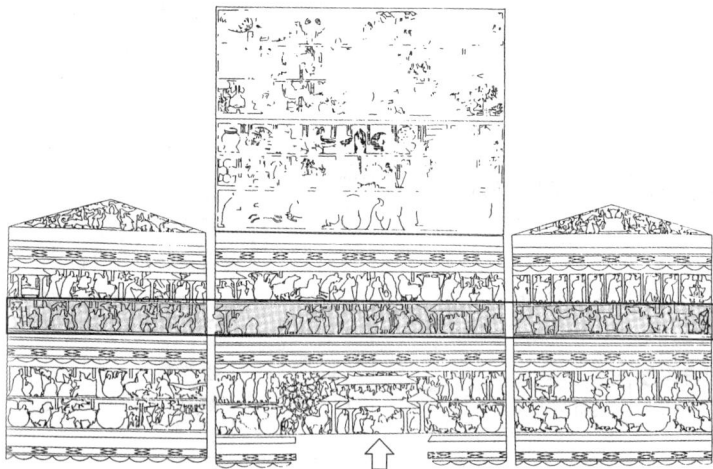

图 7-3 山东武梁祠中孝子图（环绕）以及墓主人图像的位置（箭头所指），重绘，东汉时期

参见巫鸿（Wu Hung）：《武梁祠：中国古代画像艺术的思想性》（*The Wu Liang Shrine. The Ideology of Early Chinese Pictorial Art*），Stanford，Calif：Stanford University Press，1989，181.

---

① 巫鸿（Wu Hung）：《武梁祠》（*The Wu Liang Shrine*），36；场景的归类及其与文献的对比，同样参见巫鸿（Wu Hung）：《武梁祠》（*The Wu Liang Shrine*），180-186. 对于场景、铭文及重建的相关论述，参见刘怡玮（Liu，Cary Y.）等编：《重温中国的过去："武家祠"的艺术考古与建筑》（*Recarving China's Past. Art Archaeology，and Architecture of the "Wu Familiy Shrines"*）. New Haven：Yale University press，2005 以及黑田彰（Kuroda Akira）：《武梁祠的画像石是伪造的吗？》（"Are the Wu Liang Shrine Pictorial Stones Forgeries?"），129-151.

妇烈女的，下一排里则是关于忠臣义士的。中间是坐在楼阁里的逝者（墓主人）。

　　同样作为地上建筑一部分的，还有两个在四川渠县发现的浮雕石阙。它们的背面各有一幅董永的画像。[①] 他是这两个石阙中，唯一可以考证的历史人物，其他的浮雕则都是神话人物。

　　位于内蒙古和林格尔汉墓中的孝子图壁画虽然受损严重，但在文献中仍然可以查阅。这些壁画描绘了13位孝子的图像，大多数铭文不仅载明了他们的身份，而且还附有"父"或"母"的字样。[②] 这些内容可在墓葬的六个墓室中间，在西壁和北壁的上排中看到（图7-4）。与武梁祠类似，在下方的数排里，也绘制了节妇烈女以及历史上著名人物的画像，最下排还绘有墓主人自己的像。其他的画像石则位于山东省、江苏省和浙江省。在山东大汶口汉墓的前室门楣上，刻画了董永与赵荀的像，而江苏茂村汉墓不甚清晰的董永画像以及浙江海宁汉墓中同样不清晰的老莱子画像，则都位于墓室的南壁上。韩伯瑜和金日磾的画像，在四川嘉定的岩墓中可以找到，这些画像可能是位于通往多个墓室的前厅里。在其他的案例中，孝子图的方位则没有记载，也许这些画像砖石仅仅是作为之后的墓葬中，被重复使用的建筑材料而存在。

---

　　① 芬丝特布什（Finsterbusch）：《汉代作品目录与主题索引》Ⅱ（*Verzeichnis* Ⅱ），98 a，b. 及徐文彬：《四川汉代石阙》，北京：文物出版社，1992年，第130-131页、第136页。

　　② 内蒙古自治区文物考古研究所主编：《和林格尔汉墓壁画》，北京：文物出版社，2007年，第34页、第140-141页。黑田彰（Kuroda Akira）辨认出了13个孝道的场景，南恺时（Kanpp）10个，而芬丝特布什（Finsterbusch）仅5个，参见黑田彰（Kuroda Akira）：《武梁祠的画像石是伪造的吗？》（"Are the Wu Liang Shrine Pictorial Stones Forgeries?"），132-133；南恺时（Knapp）：《无私的孩子》（*Filial Offspring*），53；和芬丝特布什（Finsterbusch）：《汉代作品目录与主题索引》（*Verzeichnis*），428-429。南恺时认为在武梁祠及和林格尔墓中排列的孝子人物顺序，与某个版本《孝子传》中的相同。南恺时（Knapp）：《无私的孩子》（*Filial Offspring*），65.

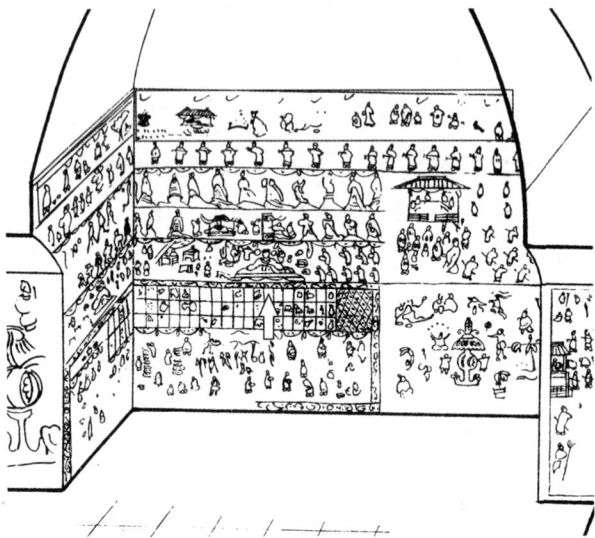

图 7 - 4　内蒙古和林格尔墓中的孝子图(上排环绕),以及墓主人(箭头所指)被绘制在中间墓室的西壁和北壁上,壁画,东汉时期

参见内蒙古自治区文物考古研究所编:《和林格尔汉墓壁画》,北京:文物出版社,2007 年,图版 1。

　　孝道这一主题,也被绘在日用品上。这些日用品或许是作为奖励馈赠给他人的,但只有少数留存到了今天。在乐浪(今朝鲜平壤附近),发现了一个年代为公元 1 世纪的编织漆器箱,通过其上的铭文,可以确定一系列的孝子画像。[①] 除了刑渠哺父、丁兰刻木事亲外,还有魏汤和原谷,他们与许多圣人贤者以及著名的隐士并列。令人感兴趣的是这些画像的位置:按照修复过的漆器盒,这些画像都位于容器的宽口边缘,一旦盖子合上,就看不见了。为什么这些画像会被安排在如此隐蔽的位置,各种原因只能推测——难道这个盒子是一个"开盖有喜"的礼物吗?

----

　　① 裵炯逸(Pai, Hyung Il):《构建"韩国"的起源》(*Constructing "Korean" Origins*),Harvard University Asia Center,2000,188,图 6.6.

(四)主题的分析

包华石(Martin J. Powers)已经总结了墓葬的意义和目的:他们为逝者的声望服务,也有可能是为了得到逝者的祝福,并视其为"孝"的一种表现。"孝"的程度(包括家庭的财产状况),在墓葬的规模和装饰上都可以看得出来。参加葬礼的人也会通过这些方面来对"孝"进行评价。这种做法具有一定的目的性,因为孝道这一德行是进入仕途的一个先决条件。① 虽然汉代大多数饰有画像的墓葬,并没有出现任何孝道的场景,然而在一些个案中,孝顺的程度不仅仅通过墓葬的规模来展示,还会额外通过对孝道场景的图文描述来表达。

逝者的后人或门生,不仅希望通过墓葬、铭文以及图像来夸赞自己的孝行,他们亦希望向参加安葬的人及之后的来访者,宣扬自己的行为。且在通常的情况下,逝者会于生前就开始规划有关丧葬的事宜。他们会通过将自己的画像置于孝子贤孙和其他代表品行高洁的人之中,从而把自己塑造成道德楷模的形象。根据巫鸿的研究,武梁祠中的画像也带有样板的特征,这是逝者意思的表达。他们用这些带有行为准则性质的画像,描绘了理想中的父母与子女之间、兄弟之间、朋友之间以及自己与上级之间的关系。②

对于地表出现的石阙和家祠中的图像,此种阐释显而易见。而那些在墓葬内部绘制的场景,却只能被少数参加安葬的人看到。当然,在多墓室的墓葬中,这些图像或许会因为二次安葬而被再次看到。不仅仅在祭奠用的前室里,在通常难以进入的狭窄棺室里,也同样绘制了这些图像。这就意味着,逝者自身也希望被自己的榜样所环绕。这些图像或也投射到了另一个世界,在那里,会对逝者的生前行为进行褒扬。

----

① 包华石(Powers, Martin J):《早期中国的艺术和政治表现》(*Art and Political Expression in Early China*), New Haven: Yale University Press, 1992, 40-43,83-87.

② 巫鸿(Wu Hung):《武梁祠》(*The Wu Liang Shrine*), 24-27.

而与此相似的,还有之后经常见到的那些在墓志中铭刻的颂词,但它们却不一定符合逝者生前的行为。

最后,就孝道主题的地区分布而言,它主要分布在郡县,根据目前的研究,并没有出现于都城。但在东汉时期,当中央(政权)失势于地方强权时,郡县富裕的墓主人和他们的亲属,则试图通过对孝道的描述,来强化他们对于儒家思想的忠诚。

三、分离的时间:北方的发展

汉末,随着帝国分裂成多个小国,用壁画或画像砖(石)装饰墓葬和以地表建筑标记墓地的习俗基本结束。① 持续了 250 多年的孝道主题似乎也从墓葬中消失了。它们可能在(今天已经不复存在的)随葬品中继续绘制,然而出土物却否定了这一推测。在分裂的中国北方,这个主题直到北魏(386—534)才再度出现。与东汉时期形成鲜明对比的,是北魏主要在都城的周边地区出现这一主题。特别由于其在公元 494 年从平城迁都到洛阳,因此在那里出土的石棺和石棺床上,能够发现这一主题。

表 7-3　分离的时间——北方的出土物

文物	出土/保存地	主题	墓主人	时期
漆棺	宁夏固原	舜(8 幅)、蔡顺、尹吉甫、郭巨(3 幅)、丁兰(仅铭文)	李顺	467?
漆屏风	山西大同	舜(2 幅)	司马金龙	484
石棺	洛阳/美国堪萨斯城尼尔森阿特金斯艺廊	舜、郭巨(3 幅)、原谷、蔡顺、董永(铭文)	?	约 525

① 时有禁止厚葬和禁止设置墓葬地表标记的律令,参见安然(Kieser):《史镜中的神道与墓葬》(*Grabanlagen*),11.

（续表）

文物	出土/保存地	主题	墓主人	时期
石棺	洛阳/美国明尼阿波利斯艺术学院	丁兰、韩伯瑜、郭巨、闵子骞（?）、老莱子（?）、（铭文）	元谧	524
石棺（祠堂）	洛阳/美国波士顿美术馆	丁兰、舜、董永	宁懋	529
石棺	洛阳蒙山	原谷	?	?
石棺床	日本和泉市久保惣博物馆	郭巨（3幅）	匡僧安	524
石棺床	深圳博物馆	郭巨（2幅）、老莱子、王寄、董黯（铭文）	?	?
石棺床	河南安阳固岸	郭巨（铭文）	谢氏冯僧晖	548

表 7-4　北方墓葬中这一主题的发现频率

主题	次数	地点
郭巨	6	洛阳、固原
舜	4	洛阳、固原、大同
董永	2	洛阳
蔡顺	2	洛阳、固原
原谷	2	洛阳
丁兰	3（其中之一仅铭文）	洛阳、（固原）
老莱子	2（其中之一不清晰）	洛阳
尹吉甫	1	固原
董黯	1	洛阳
韩伯瑜	1	洛阳
闵子骞	1（不清晰）	洛阳

（一）出土物及其主题

因材质易损而较罕见的出土物之一，是在宁夏固原发现的李顺漆绘木棺残片。^①在残片上,除了有装饰纹、神话故事、动物及狩猎场景外,还有逝者坐于楼阁中的画面。木棺两侧有孝道的场景,这些场景被填充了装饰纹的三角形所分割:丁兰的故事在此仅以铭文描述。此外还有八个关于舜的序列场景^②,它们描述了舜如何从其父母设置的三个陷阱中逃离,多年后又再度相遇的故事。在木棺的残片中,尚有图像描绘了孝子蔡顺如何从大火中保护其母还未下葬的棺木,以及尹吉甫之子伯奇因其继母而被放逐的故事——伯奇化为一只鸟,停在尹吉甫的肩上。最后是郭巨,这个在南北朝时期广为流传的故事,最早即被绘制在固原发现的棺上:贫穷的郭巨无力照料其母和儿子,于是最终决定将其子活埋;但在挖掘墓坑时,他发现了一个装有金子的釜。共有3幅场景来描述郭巨的故事,其中包括了他以手执锹,站立在挖好的墓坑旁的情景,墓坑中装有金子的釜清晰可见(图7-5)。

图7-5　郭巨,宁夏固原出土的漆棺,重绘,北魏时期

郑岩:《北朝葬具孝子图的形式与意义》,赵超、吴强华编:《永远的北朝:深圳博物馆北朝石刻艺术展》,北京:文物出版社,2016年,第50页,图1。

---

①　他于公元442年被处死,但到公元467年,当其子嗣位居高位时,被追赠盛名,迁与其妻合葬。艾兴鲍姆·克雷斯基·帕特丽夏(Eichenbaum Karetzky, Patricia)、亚历山大·科伯恩·索珀(Alexander C. Soper):《一具北魏彩绘棺》("A Northern Wei Painted Coffin"), 5.

②　舜父及继母之残暴,以及他如何用自己的美德使他们幡然醒悟,最终被尧选为继任者,并娶了尧的两个女儿。这些主题被详细地进行了描述。艾兴鲍姆·克雷斯基(Eichenbaum-Karetzky)、索珀(Soper):《一具北魏彩绘棺》("A Northern Wei Painted Coffin"), 8-13.

　　同样，在北魏都城平城（今山西大同）的司马金龙墓中发现的彩绘漆屏风上，亦发现了类似的主题。按照铭文，其葬于公元484年。① 从屏风的残片来看，其原先或绘有多个关于孝道的主题，但现存可以辨识的该主题残片仅两片，且都描述了舜的故事。比照前文所述的汉代画像石，他应与其他的历史榜样人物绘制在一起，譬如节妇烈女等。

　　其他北魏时期的孝子图，均在之后的都城河南洛阳发现。它们多以精细的线条雕刻在石棺或石棺床上。② 因其艺术品质而令人印象深刻的，是一个现藏于美国堪萨斯城尼尔森阿特金斯艺廊的豪华石棺，其年代为公元525年。其上所绘制的所有主角的身份，都可通过铭文来加以辨识。与在固原出土的棺木一样，其上同样绘制着多种场景。但不同的是，在此它们并没有被清晰地分为多幅线性排列的场景，而是被和谐地整合为立体图画中的元素。③ 树木被用来分割图像，山与云作为背景，人物则以合适的比例绘于其间。（人物的）姿态和衣饰营造了一种动态的效果，叠放的排列创造了立体的视角，多场景的序列则建立了故事的时间线。④ 如在第一个场景中，郭巨立于墓穴旁，他的妻子在一边跪抱着孩子；第二个场景中，两人用棍子挑着一锅金子；第三个场景中，（郭巨的）母亲抱着孙子，与二人相对坐于平台上（图7-6）。除郭巨外，图像上还绘有原谷、蔡顺以及董永的画像，他们均表达了孝道

---

　　①　司马金龙是东晋晚期，逃难到北方的一位官员和一位拓跋公主的儿子。山西省大同市博物馆：《山西大同石家寨北魏司马金龙墓》，《文物》1972年第3期，第20-33页、第64页。

　　②　今天在西方博物馆中，可以找到许多这种令人印象深刻的文物。以下概述并非详尽无疑，出处不明、可信度不高的文物也未列举。来源于艺术品贸易中的文物，参见艾兴鲍姆·克雷斯基(Eichenbaum-Karetzky)、索珀(Soper)：《一具北魏彩绘棺》("A Northern Wei Painted Coffin")，9.

　　③　巫鸿认为，这些可能是受到南方文化的影响，例如竹林七贤的画像砖。巫鸿(Wu Hung)：《中国古代艺术与建筑中的"纪念碑性"》(Monumentality in early Chinese Art and Architecture)，Stanford：Stanford University Press，1995，261-276.

　　④　（作者注）舜从井中探身而出，其他人拿着石头放在井口，试图阻止舜；树木和岩石将之与旁边的场景区分开来；尧周围环绕着侍者，并招来了他的两个女儿。

这一主题。唯一例外的是王琳，因其从匪徒手中救出自己的兄长，从而被作为兄弟之爱的榜样，描绘于石棺之上。

图 7‑6 郭巨，石棺，藏于美国堪萨斯城尼尔森阿特金斯艺廊，重绘，北魏时期

张鸿修主编：《北朝石刻艺术》，西安：陕西人民美术出版社，1993 年，第 104 页。

馆藏于明尼阿波利斯艺术学院的元谧石棺，年代为公元 524 年，其侧壁按照汉代的传统，主要绘以四象的形象。① 但在其间和其下，同样

---

① 郑岩探讨了这些主题。郑岩：《北朝葬具孝子图的形式与意义》，赵超、吴强华主编：《永远的北朝：深圳博物馆北朝石刻艺术展》，北京：文物出版社，2016 年，第 55 页。以及汪悦进（Wang, Eugene Y.）：《重塑：六世纪北魏"孝道"雕刻的视觉修辞》（"Refiguring: The Visual Rhetoric of the Sixth-Century Northern Wei 'Filial Piety' Engravings"），载马啸鸿（McCausland, Shane）编：《顾恺之和女史箴图》（*Gu Kaizhi and the Admonitions Scroll*），London：The British Museum Press，2003，111.

能够找到与孝道相关的主题：虽然铭文已极难辨认，但仍可辨识出丁兰、韩伯瑜和郭巨。另外，（通过图案）还能辨别出闵子骞和老莱子。其余则无法再辨认。

馆藏于波士顿美术馆的宫廷建筑师宁懋的石棺，年代为公元 529 年①，其两侧外壁的图案，分别刻画了丁兰、舜及董永的故事。此外还有一个无法辨识的场景。这一场景的主角，被绘制在由多人（其中有侍者）组成的画面中。石棺的外壁刻画了侍卫、官员和侍者的形象②，其内壁则极有可能描绘了一个丧宴的场景。

其他在洛阳发现的北魏石棺，则更多地表达了永生的主题，例如骑在有翼动物身上遨游于天际的天人形象。其中只有在 1977 年出土的石棺背面，能够发现原谷的祖父被担送走的场景。③

同样装饰了精美画像的还有石棺床。这是一种三面环围的床，其上一般放置棺木，偶尔只安放逝者。④ 在日本和泉市久保惣博物馆中，有一件藏品，其上有三个独立的场景描绘了郭巨的故事。馆藏于深圳博物馆的一个北魏石棺床上，则两次刻画了郭巨的故事（图 7-7），其

---

① 常常会把棺解释为一种祠堂，因为屋形棺类似于汉时的祠堂。但基于新的发现可以确定，这不是祠堂而是石棺。参见郑岩：《北朝葬具孝子图的形式与意义》，第 77 页。以及巫鸿（Wu Hung）：《中国古代艺术与建筑中的"纪念碑性"》（*Monumentality*），263。两个刻在前侧的铭文，代替孝子们在石棺中侍奉逝者。与其他的石棺相比，这些铭文显得非常粗糙，所以被认为是后期附加的"伪造品"。参见郑岩：《北朝葬具孝子图的形式与意义》，第 77 页。

② 黄明兰将其释为逝者生前不同的年龄阶段。巫鸿（Wu Hung）：《中国古代艺术与建筑中的"纪念碑性"》（*Monumentality*），262-264．

③ 参见黄明兰：《洛阳北魏画象石棺》，《考古》1980 年第 3 期，第 232 页；汪悦进（Wang, Eugene Y.）：《重塑：六世纪北魏"孝道"雕刻的视觉修辞》（"Refiguring"），110．

④ 粟特人的习俗，在其考古发现中常见。参见魏骏骁（Wertmann, Patrick）：《在中国的粟特人：以公元 3 至 10 世纪考古发掘和历史文献为基础的考古与艺术史研究》（*Sogdians in China. Archaeological and art historical analyses of tombs and texts from the 3rd to the 10 th century AD*），Darmstadt：Philipp von Zabern，2015．

上还能看到老莱子的画像。此外(根据已知),还首次发现了董黯的故事。董黯之母被杀害后,他忧伤过度,以至于百鸟同悲、积泪成潭。然而,被描绘的不是董黯,而是凶手王寄。在画像上,他手持棍棒,立于(董黯的)母亲面前。①

图 7-7 郭巨,石棺床,藏于深圳博物馆,拓印,北魏时期

郑岩:《北朝葬具孝子图的形式与意义》,赵超、吴强华编:《永远的北朝:深圳博物馆北朝石刻艺术展》,第 50 页,图 1。

(二) 主题的变迁

根据目前的研究,这一主题消失了很长一段时间。当其再次出现时,已发生了显著的变化。就画像所在的位置而言,相关的主题已不被刻画在墓室的壁侧,而是更多地刻画在随葬物品上,如屏风、石棺和石棺床上。并且,自汉代之后的墓室壁,鲜少进行装饰。在东魏(534—

———————————

① 深圳石棺床,参见黑田彰(Kuroda Akira)《关于深圳博物馆展陈北魏石床的孝子传图》,赵超、吴强华主编:《永远的北朝:深圳博物馆北朝石刻艺术展》,第 86-104 页。

550)、北齐(550—577)期间又一次兴盛起来的墓室大型壁画中,孝道也不再作为传统的主题而被一再描绘。另一方面,即使在部分的石棺和石棺床上能够发现孝道的主题,但也只是局限于石棺的外侧(虽其内侧亦绘制了图案)。可以设想的是,这些物品(石棺和石棺床)均会在安葬之前,于丧礼上供人观看。也许这样的描绘可以使得这些图案更加接近于逝者,从而与逝者建立起一种更为直接的联系。但无论如何,前来吊唁的人都可以看到这些物品。

在构图方面,(此时的图像)也与汉时有了明显的不同。及至固原漆棺,在通常的情况下,这些场景应会分栏描绘,没有背景,并逐一按序排列。而现在,则是用一种近乎三维的效果,以现代的方式及构图来呈现。人物通过建筑或景观元素来进行分割,从而表现在不同的场景层次上。关于同一个人物的故事,现在常常通过多场景来表达,而这些场景往往带有时间的层次感。这种在连续场景中讲述故事的方式,大约来源于佛教艺术的影响。① 汉朝时期由于缺少铭文而难以辨识的主题,现在可以通过多场景、集中体现的描绘方式轻易辨认。另外,其他的主角也显得更受欢迎。虽然刑渠、赵荀、金日磾、曾子、魏汤及朱明的故事从主题中渐渐消失了,但郭巨、蔡顺、尹吉甫及董黯——这些之前并不广为人知的孝子故事,却渐渐开始流传。尤其是郭巨,其与舜一同尤被喜爱(对比表7-4)。但相应的表现方式及人物特征的选择,却并不统一:在对郭巨进行描绘时,其旁的金釜或有或无,其妻也并不总是抱着孩子。

根据南恺时(Keith Knapp)的研究,其所概述的变化还基于与居丧相关的要求②:直到东汉早期,父母亡故的居丧期为三年。然而,这一要求鲜被重视,因此那些有文献记载的极少地严格遵守三年居丧的例子尤其值得关注。但在(之后的)东汉时期,居丧三年已俨然成为制度。

---

① 郑岩:《北朝葬具孝子图的形式与意义》,第50页。
② 南恺时(Knapp):《无私的孩子》(*Filial Offspring*),139,155.

公元 3 世纪末更被写入了律法，换而言之，官员会因居丧而被强制停职。此时，是否需要居丧以及是否需要秉持相应的礼法，已不是问题。问题在于，如何居丧，或如何秉持礼法。此时，与律法相符的孝行不再是卓越的特质，因此也不再能成为榜样而被推举成为官员。现在只有那些超越了礼法的孝行，才会被认为是卓越的孝行。如果说，汉朝时期对于孝道的描述（如刑渠或赵苟），尚且强调在父母生前对于他们的奉养，在这一时期则变得更加强调对于父母死后的敬奉，如像董黯一样哭泣无度或像蔡顺护棺一样将自己置身于危险之中。①

　　当然，几乎没有悲伤中的子嗣，会把自己置身于燃烧的棺木前。而经常阅读孝子的文章、复制这些文章，或是记录下那些同时代因为孝顺而受尊敬人的故事，同样会被认为是孝顺的。于是人们开始在自己的家族史中，编撰那些适合传世的孝行及事迹。② 同样的，在亡故父母的棺上绘制孝道故事时，即人们将自己置身于这一传统中了。如郑岩认为，所有前来吊唁的人都能看到这些孝子的图像，通过这种方式，孝子形象与扶棺哀泣的后人形象便融合了。③

　　虽然，书面的故事经常重复标准化的短语，但在图像表达时，则常常呈现出个性化的特质。郑岩猜测，也许是工匠使用了不同的传统文本作为范本，或者是他们混淆了需要表达的主题，从而导致了表现方式的多样性。④ 比如，在某些场景里，丁兰被描绘为在其父亲的木质雕像前；而在另一些场景里，则是在其母亲的雕像前。同样，郭巨的孩子也被工匠描绘成不同的年龄，这也许是定制者试图在场景里展现其个人

---

① 南恺时（Knapp）还列举了其他的例子：父母去世后子女多年绝食，或是死于悲伤；他们徒手为父母修建墓葬，或是在雷电交加的天气为父母守陵。南恺时（Knapp）：《无私的孩子》（*Filial Offspring*），145.

② 南恺时（Knapp）：《无私的孩子》（*Filial Offspring*），第 80、155、159 页中介绍了许多礼仪的内容以及恰当行为的使用模板。郑岩：《北朝葬具孝子图的形式与意义》，第 79 页、第 80 - 82 页中，常常有重复的段落。

③ 郑岩：《北朝葬具孝子图的形式与意义》，第 76 - 77 页、第 80 - 82 页。

④ 郑岩：《北朝葬具孝子图的形式与意义》，第 49 - 54 页。

的背景。另外，就主题范围而言，在棺上，除了描绘传统的儒家主题外，还有一些关于永生之旅的主题。其中会有一些神话生物，如青龙和白虎等。这些取决于逝者及其后代的信仰。汪悦进(Eugene Wang)分析了这类主题在多大程度上发生了变化。其指出，有超自然生物帮助孝子的主题常常会被人们所选取，如在董永的故事中，就有天人降临帮助其耕种的场景。汪认为，他们的出现，应该联系死亡之后过渡到天国这一背景来予以考虑，而不应单一地考察孝道故事的原始内容。孝子们丧失了其作为榜样或被嘉奖者的这一主要功能。现在他们更多的是作为(帮助逝者)通往永生之路的这一辅助者身份而存在。①

在画像中所夸大描述的人们对于家庭或家庭成员(甚至在他们逝去后)应当承担的责任，也许映射了在东汉末期，日益繁盛的大家族对日渐衰败的国家之对抗。而丧礼总被理解为一种社交活动，并且起着重要的作用。他们通过丧礼确认各自在家族中的身份，并且加强了大家庭间及当地社会中的私人关系。②

尤其是北魏从平城迁都到洛阳(494)后，发现的孝道主题画像主要集中在都城附近，皇族、高官都用这些主题装饰自己或其父母的墓葬。即使某些墓主人的姓名(身份)未被流传下来，但仍可推测的是，这些拥有豪华石棺或石制棺床的墓主人，应该属于士族阶层，比如身为皇家建筑工匠的宁懋以及作为皇室成员的元谧。这些装饰的创作时期，恰逢北魏鲜卑统治者越来越多地转向中原文化时，他们不仅将首都从北方迁到了中原，而且还承继了"元"这一姓氏。在这一时期和这一地区的

---

① 汪悦进(Wang，Eugene Y.)：《重塑：六世纪北魏"孝道"雕刻的视觉修辞》("Refiguring")，108－121；郑岩：《北朝葬具孝子图的形式与意义》，第63－67页。这种情况，也许基于士族阶层越来越多地关注佛、道教的理念。

② 南恺时(Knapp)：《无私的孩子》(Filial Offspring)，14，136. 亦见戚安道(Chittick，Andrew)：《中古中国的荫护与社群：公元400—600年的襄阳城》(Patronage and Community in Medieval China. The 'Xiangyang' Garrison, 400－600 CE)，Albany：State University of New York Press，2009，137－143.

墓葬艺术中,重新出现了这些非常保守的汉族主题,可能是鲜卑人日益接纳汉族文化(也有可能是为了统治合法化的目的)的诸多表现之一。[①]

四、分离时间:南方的发展

与北方不同,南方晋朝的统治者无须像北方的鲜卑族那样,强调自己在统治上的合法性。因为在面对陌生的游牧民族时,他们逃亡到了南方,于公元 317 年在建康(今南京)建立了(流亡的)首都。不过有趣的是,直到南朝时期(420—589)才再一次在墓葬艺术中发现了孝道这一主题——这与北魏洛阳时期的浮雕艺术大致同时。

(一) 发现与主题

表 7-5 分离时间——南方的出土物

文物	发现/公布地	主题	墓主人	时期
漆盘	安徽马鞍山	韩伯瑜	朱然	280(漆盘的制作时间可能更早)
墓砖	河南邓县	郭巨(铭文)、老莱子	?	约 500
墓砖	湖北襄樊麒麟村	郭巨、蔡顺(铭文)、(另一不清晰的可能是老莱子)	?	梁
墓砖	湖北襄阳贾家村	郭巨	?	梁
墓砖	湖北襄阳柿庄村	郭巨	?	梁

① 汪悦进(Wang, Eugene Y.):《重塑:六世纪北魏"孝道"雕刻的视觉修辞》("Refiguring"),第 118-120 页提到,频繁地对郭巨及蔡顺进行描绘,两者都有侍奉母亲的情形。这可以与北魏时期两位女性统治者的统治合法性相联系。亦可参见巫鸿(Wu Hung):《中国绘画的起源》("The origins"),52-55.

数年前，人们在日用品上发现了一个在南方较为罕见的孝道题材装饰。在位于今天安徽省马鞍山市的东吴将领朱然墓（葬于公元 280 年）的随葬品中，发现了一个漆盘，其上绘有韩伯瑜的形象。但这件物品很可能制于东汉时期，因此并不能用以填补公元 3—5 世纪时期（在墓葬中缺失）孝道主题这一空白。①

及至河南、湖北交界处发现的一组四座梁朝（502—557）墓中，才最终在南方地区又一次发现了孝道这一主题。然与北方不同的是，它仅在墓室的墙壁上，以模具化制造的主题砖石形式呈现。

早在 1957 年，位于河南省南部邓县（今河南邓州）的墓葬就已经发掘，并被认为是这一组墓葬中最早的一座。② 虽然该墓被盗，其壁上部也损毁严重，但画像砖仍然大多保留了下来。砌筑的墓室内部及甬道都以假柱装饰。假柱采用三顺一丁的砌法。竖砌的丁砖之间，有砖面朝外的彩绘画像砖，墓室后壁亦如此装饰。墓葬中（可能）原有 110 块画像砖，但目前仅有 31 块得到发表。在这些画像砖上，有花卉形的边框、出殡的情景、神话生物以及少量的故事场景。其中三幅绘有“商山四皓”及（两次出现）王子桥的形象。如此可以推测，其主题范围应为“隐士”。还有一块画像砖上绘有老莱子的形象，其父母坐在一座亭子中，老莱子则跪于亭前，周围环绕着花卉纹。在另一块画像砖上，可以看到郭巨墓坑旁的场景（图 7 - 8）：他的妻子抱着孩子，站在其对面；画

----

① 安徽省文物考古研究所、马鞍山市文化局：《安徽马鞍山东吴朱然墓发掘简报》，《文物》1986 年第 3 期，第 4 - 5 页；朱然墓中随葬漆盘的相关分析，亦可参见安然（Kieser，Annette）：《六朝（220—589 年）漆器之考察》（“Preliminary Research on Six Dynasties Lacquer Ware”），载潘甜（Frick，Patricia）、安然（Kieser，Annette）编：《生产、流传和鉴赏：东亚漆器新视角》（*Production，Distribution and Appreciation：New Aspects of East Asian Lacquer Wares*），东亚艺术和考古学的欧洲研究丛书 1（*European Studies in East Asian Art and Archaeology 1*），Leiden：Brill，2019，64 - 83.

② 朱安耐（Juliano，Annette）：《邓县六朝墓》（*Teng-Hsien：An important Six Dynasties tomb*），Ascona：Artibus Asiae Publishers，1980.

图7‑8 河南邓县墓中的彩色画像砖,南朝时期

河南省文化局:《邓县彩色画像砖墓》,北京:文物出版社,1958年,第2页。

面的中心已经可以看到金釜;画像砖上的五棵树延伸到了花卉形的边
框中。反文砖铭确认了这一场景的主题。这两块画像砖位于墓室的后
半部,在与棺侧相对的壁上(图7‑9)。通过将邓县墓与其他的墓葬做
对比,可以确定其年代为公元5世纪末到6世纪初。据此我们可以确
定,这是在南方发现的郭巨最早的画像。①

与之非常类似的,是在2007年,于湖北省北部襄樊的麒麟村(约在
邓县墓东南75公里处)发现的砖墓,其中同样有花卉形边框的主题。②
这座墓相比其他的墓葬较小,其顶部已毁。根据发掘简报,至少有35
块画像砖在正面描绘了一些人或神话人物,其中可以确定位置的有26
块。这里能够看到出行的场景,其他还涉及了道教的题材。在墓室和
甬道的东壁底部,郭巨的画像砖(共三块)与其他主题的画像砖交替出
现(图7‑10)。画像本身不是很清楚:郭巨在左侧挖掘墓坑,他的头延

---

①　李梅田、周华蓉:《试论南朝襄阳的区域文化:以画像砖墓为中心》,《江汉
考古》2017年第2期,第95‑107页、第98页表1。

②　襄阳市文物考古研究所:《湖北襄阳麒麟清水沟南朝画像砖墓发掘简
报》,《文物》2017年第11期,第21‑39页。此处及之后的文物亦见襄阳市博物馆
主编:《天国之享:襄阳南朝画像砖艺术》,北京:科学出版社,2016年,第21‑22
页、第140‑145页。

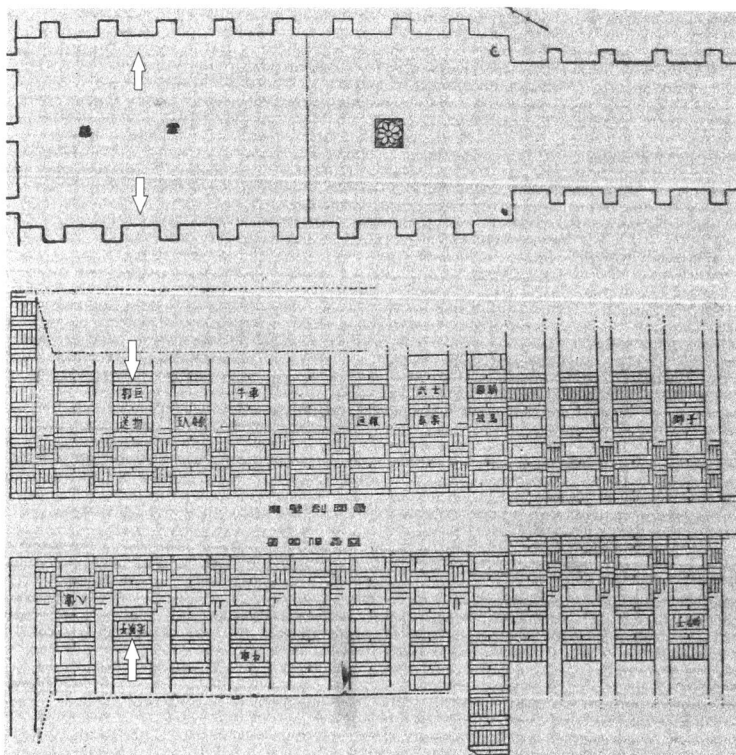

图 7-9　河南邓县墓中孝子图的位置，南朝时期

参见河南省文化局：《邓县彩色画像砖墓》，北京：文物出版社，1958 年，第 17
页，图 15。

伸到了花卉形的边框中，树木和岩石填充了整个空间。在西壁最下一
排，有一块画像砖，其上将蔡顺在雷雨天匆匆赶往其母陵墓的故事，绘
制在了一个迄今仍鲜为人知的场景中（图 7-11）：画面的中心位置被
坟茔所占据，蔡顺坐于右边的树下，在一只长尾动物旁。左侧，按照汉
代的传统，雷公被绘制成以鼓包围着的，长着尖刺的巨兽。只有在这块
画像砖上，可以找到"蔡顺"的反文砖铭。其他的四块画像砖非常模糊，
画面上有两人对坐，可能描绘了其中一人将托盘里的碗，递给另一个人
的场景。根据其放置的位置——位于西壁底部，在郭巨和蔡顺（的画像
砖）之间，其所描绘的故事也都指向了孝道这一主题。他们可能是刑渠

或赵荀,但这些主题迄今为止只在汉代有所发现。又或者,是再一次描绘了郭巨侍母的场景。其中亦有一块残砖,上面画着一个坐在亭子基座上的人。类似的场景,会令人联想起在邓县出土的老莱子画像砖,但是这里仅有一个人坐在平台上。在许多模具化生产出来的画像砖中,也蕴含着佛教人物的形象。他们被装饰在一些画像砖的两侧,包括有飞天及供养人的形象。

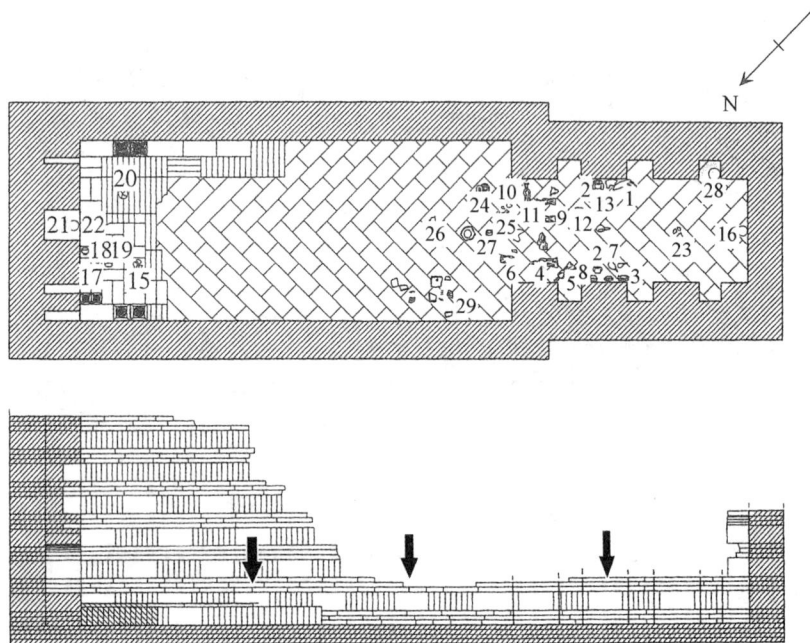

图 7-10 湖北麒麟村墓中孝子图的位置,南朝时期

参见襄阳市文物考古研究所:《湖北襄阳麒麟清水沟南朝画像砖墓发掘简报》,《文物》2017 年第 11 期,第 22 页。

1984 年,在麒麟村附近发现了贾家冲墓。① 与麒麟村墓相比,该墓较小,也是从约 1.5 米的高度起。其被损毁,但仍然保留了 975 块画像砖。它们与麒麟村的发现,有相同的特点:除了(重复)在邓县发现的

---

① 襄樊市文物管理处:《襄阳贾家冲画像砖墓》,《江汉考古》1986 年第 1 期,第 16-32 页。

图 7‑11 蔡顺，湖北麒麟村墓画像砖，南朝时期

襄阳市文物考古研究所：《湖北襄阳麒麟清水沟南朝画像砖墓发掘简报》，

第 27 页，图 14。

主题外，还有许多来自佛教的内容——供养人、飞天和佛像——以及六块具有叙事内容的画像砖。其中，郭巨被描绘了三次。他被两棵树及草丛环绕，在其妻与子的旁边挖掘墓坑（图 7‑12）。如果邓县墓郭巨画像砖上的场景，没有被左右颠倒地压制，则这些人物的排列顺序，将会与这里发现的一致。在另外三块画像砖上，有一人处于类似的景观环境中。右手持一碗，坐在台子上。在他的面前跪着另外一个人，似乎托着一个托盘，其上有 6 只盛具。两者之间，放置着一只香炉。这一主题并无铭文来加以说明，但或许与麒麟村发现的画像砖一样，都描绘了孝道的场景。① 就墓葬中砖块放置的位置而言，至少有一块郭巨的画像砖，位于墓室的入口处，甬道的最后一根假柱上。如果这块未能识别的画像砖也指向孝道的主题，那它也许会和其他的孝道主题相对安放（与在邓县发现的类似），或至少在同一排（与麒麟村发现的相似）。发掘报告没有提供相关的信息。这一主题的其余画像砖，是在封门墙中

---

① 郑岩指出了郭巨的故事在历史中所呈现的变化。郑岩：《北朝葬具孝子图的形式与意义》，第 55‑58 页。另一个可能的解释，是汉文帝为其病母亲尝药汤的故事。https://kknews.cc/culture/yemzra.html，（数据获取日期：2018 年 3 月 8 日）。

发现的——它们是在砌墙时有意安放于此,还是和其他已知的墓葬一样,将损坏的画像砖当作封门填充物使用,报告中没有提及。

图 7 - 12 郭巨,湖北贾家冲墓画像砖,拓印,南朝时期

襄樊市文物管理处:《襄阳贾家冲画像砖墓》,《江汉考古》1986 年第 1 期,第 21 页,图 9。

2015 年,在襄阳柿庄村的 M15 号墓中①,发现了其他 7 块绘有郭巨形象的画像砖(图 7 - 13)。画像砖的总体排列,类似于邓县和贾家

图 7 - 13 郭巨,湖北襄阳柿庄村墓画像砖,南朝时期

襄阳市博物馆编:《天国之享:襄阳南朝画像砖艺术》,北京:科学出版社,2016 年,第 142 页。

---

① 其他的图片可见于:http://m. ifeng. com/news/shareNews? aid = 103938729&mid=;(数据获取日期:2018 年 2 月 2 日)

冲。只是在细节上相对粗糙，有的部分甚至有误：看上去郭巨似挖出了一个土堆，而在邓县，则被明确为金釜。另一方面，他的妻子并没有把孩子抱在怀里，而是坐在她的肩上。

（二）主题的消失

南朝时期，仅在邓县和襄阳（南朝的宁蛮府）之间（也即当时的北方边境地区）非常有限的区域，才发现过孝道的主题。除老莱子和蔡顺外，南方的墓葬中主要绘制郭巨的图案。墓葬的砖砌建筑方式及画像砖的大部分主题，都与都城建康周边的墓葬相似，在风格上遵循了南方的传统。尽管如此，襄阳周围的墓葬还是深受北方的影响，因为在这些墓葬中，能看到数量众多的陶俑，且其中多为武士。同样，孝道主题的回归，似乎也有北方的影响，因为我们在南方的寻找毫无结果。

就地理位置而言，襄阳地区位于边境，长期处于南北的冲突之中，这导致了当地的墓葬文化为多种传统所深刻影响。此外，还能发现当时不同的信仰——比如地方的道教活动（邓县的以方相氏领头的游行场景）或者佛教的理念（贾家冲画像砖）。这些墓葬文化展示了当时区域文化的重要意义。[①] 就儒家思想而言，如前文所述，逝者被以私人传记或墓志铭的方式，编撰入孝道的传统故事，以将其描绘成孝道的典范，在他们死后对其进行颂扬，并最终以此来提高他们家庭的社会地位。而墓葬中的画像也起到了同样的作用。在地区层面上，宣扬及坚持儒家的价值观，不仅证明了自己家庭的地位，同时也是一种工具，以此来歌颂自己所生活的，具有认同感和归属感的地区。通过这种方式来表明，人们能够在当地培养出具有良好道德品质的人才，从而使得该

---

① 关于对襄阳特殊位置的论述，参见戚安道（Chittick）：《中古中国的荫护与社群：公元 400—600 年的襄阳城》（*Patronage and Community*），详见第 80 页。

地区享有盛誉。①

　　然而，人们只在当地的四座墓葬中发现了孝道的主题。由于其中两个在地理位置上非常接近，因此可以假设，墓葬的主人也许来自当地的同一世家。在这种情况下，儒家榜样式的人物在墓葬艺术中出现，或许可以解释为家族的传统。但为什么郭巨会如此常见呢？是不是牺牲自己的孩子，以此更好地侍奉父母，会被认为是特别的孝顺？或者，一个从实用角度出发的观点，显得尤为重要？这一主题被复刻，然后重复生产，以在墓葬中展示孝道这一主题。一如在其他墓葬中大量发现的，表明自己佛教徒身份的画像砖一样，这些画像砖是用同一模具制造出了供养人的形象。而那些过度使用模具生产出来的模糊不清的画像砖，或者是那些复刻有误的主题，都证明了这一猜想。

　　虽然在边境地区的墓葬中相对较多且反复出现的孝道主题，可以用强调地区认同来进行解释。但为什么在南方的都城建康，即使在广泛流行和传播，甚至是大量撰写和重新加工孝道故事的情况下，也很难（于墓葬中）找到相关的主题，这在今天仍然是一个谜。② 据传，梁武帝萧衍（502—549 在位）无法毫不间断地阅读《孝子传》，因为他每读必思其父母，从而泪流满面。③ 他的这种态度，难道不会反映在墓葬文化中吗？梁武帝对墓葬格局和随葬物品等持何观点，有何想法，都已可知。虽然他自己的陵墓尚未发现，但其下令修建的其父和其部分兄弟子侄

---

　　① 亦可参考南恺时（Knapp）:《无私的孩子》（*Filial Offspring*），28，44 - 45. 关于至今仍存在的，通过名人墓提高声誉，即墓葬工具化的相关分析，参见安然（Kieser, Annette）:《"长眠于他挚爱的山中"？寻找王羲之墓》（"'Laid to Rest there among the Mountains he loved so well'? In Search of Wang Xizhi's Tomb"），《中国中古研究》（*Early Medieval China*），17（2011），74 - 94.

　　② 南恺时（Knapp）:《无私的孩子》（*Filial Offspring*），70. 亦见巫鸿（Wu Hung）:《武梁祠》（*The Wu Liang Shrine*），272 - 273.

　　③ 南恺时（Knapp）:《无私的孩子》（*Filial Offspring*），79.

的神道及墓葬,均已发现。① 墓葬中除了花卉画像砖外,没有发现人物的形象。神道上安置了有翼的石制镇墓兽、石柱及石碑。这些恢复了汉朝时山东、四川等地区的传统(图 7 - 14)。② 根据已知,在汉代,神道上的石刻通常描绘了孝道的场景。而梁朝时期,陵墓神道中的石碑顶部,以及侧面(包括石柱础和柱额的侧面),通常都有画像。其中包括了佛教相关的主题和从汉代沿袭下来的传统题材。然与孝道有关的题材,在梁武帝亲眷的神道中,却无迹可寻。③

图 7 - 14   梁·萧秀(梁武帝之弟)墓神道中的石狮、石柱及石碑,Kieser 摄

① 安然(Kieser):《史镜中的神道与墓葬》(*Grabanlagen*),93 - 100,119 - 180.

② 发现的一个损坏的守护兽,被认为是梁武帝墓的随葬品,此时已不再使用柱子或纪念碑。安然(Kieser):《史镜中的神道与墓葬》(*Grabanlagen*),101 - 103.

③ 汉朝时期的主题,常见司雨、司电、司雷之神或是长着尖刺的巨兽。与佛教相关的主题,则是如意宝珠、供养者或宝瓶。参见安然(Kieser):《史镜中的神道与墓葬》(*Grabanlagen*),123 - 177.

　　梁武帝自己的陵墓（如前所述，尚未发现）也许遵循了其他的传统：上文提到的在南京和丹阳发现的，极有可能是刘宋和南齐帝陵中的画像砖，可以让我们对梁武帝的陵墓进行一些推测。他很可能遵循了刘宋与南齐帝陵的传统，以此来修建（自己的陵墓）。因此下面的情形也许会出现：陵墓甬道的两侧是装饰了"羽人戏龙"和"羽人戏虎"的画像砖壁画（图 7－15）；守卫者、狮子、骑马乐队、骑马武士、持戟武士、持扇盖侍从和被莲花包围的飞天，都会装饰在甬道和墓室壁上；最后，墓室的两侧，能够看到四组"竹林七贤和荣启期"的画像砖壁画（图 7－1）。然而，这七位源自晋朝的人物（荣启期，这位与孔子同时期的人物，由于对称的原因也被加上），乍一眼看上去并不与孝道的主题相符合。但是在缺少孝道场景的大前提下，对于他们的画像，可能，甚至是极有可能，应当进行另外一种解释。竹林七贤的形象，绝对不可能与隐士的形象——如在邓县发现的"商山四皓"——联系在一起。[1] 尽管在对他们进行描绘时，周围的自然环境如花、树等非常类似，但在这个场景下，竹林七贤却并非隐士，因为他们中的数位，曾经多次出仕。[2] 在图中，他们并没有归隐田园，而是在城中的花园以文会友，同时尽情饮酒（虽然事实上，他们也许从未齐聚）。将其聚合起来的，是对规则和礼教的拒

---

　　[1]　郑岩将竹林七贤视为隐士，并将丹阳墓中的他们，解释为带领逝者升仙的形象。同样，他也将洛阳棺上的孝子形象解释为慕逝者之名而来的访客，就逝者而言，他们为逝者的永生提供了帮助。郑岩：《北朝葬具孝子图的形式与意义》，第 63－67 页。类似的观点可以参见汪悦进（Wang, Eugene Y.）：《重塑：六世纪北魏"孝道"雕刻的视觉修辞》（"Refiguring"），108－121.

　　[2]　此处亦可参见：柏士隐（Berkowitz, Alan J.）：《分离的模式：中国中古早期隐遁的实践与形象》（*Patterns of Disengagement. The Practice and Portrayal of Reclusion in Early Medieval China*）. Stanford：University Press，2000，11. 竹林七贤的相关背景：侯思孟（Holzman, Donald）：《竹林七贤和他们所处时代的社会》（"Les Sept sages de la forêt des bambous et la société de leur temps"），《通报》（*T'oung Pao*），44（1956），317－346；关于他们的观点：斯皮罗·奥黛丽（Spiro, Audrey）：《思索古人》（*Contemplating the Ancients*），Berkley：University of California Press，1990.

绝。于是，我们能够看到他们裸肩、赤足、散发以及放荡不羁的姿态——对官员来说，这是一个非传统的描绘，尤其是当我们在墓葬里发现这些场景的时候。如前所述，在汉代之后的律法里，载明了一个相当长的居丧期。后人遂常常只是基于律法，而并非出自内心的需要，坚持居丧期的礼法。故意违反习俗——在居丧期不遵从礼法，比如过度饮酒、不适宜着装等，是竹林七贤中的某些人质疑这些制度化的居丧礼法的方式。最终，他们为自己的行为付出了十分高昂的代价，远高于遵守礼法者所会付出的代价：有的失去了官职（如阮咸和阮籍），有的则以健康为代价（如王戎）。这种非常规，一如曾经过度悲伤的孝子们。他们的悲伤不具有利己性，游离于传统之外，但又超越了传统。据此，竹林七贤也成了孝道的典范。① 基于这个背景，在都城建康的皇家陵墓中，竹林七贤接替了所谓的孝子形象。

图 7-15　羽人戏龙图，南齐帝陵画像砖，南京博物院，Kieser 摄

① 参见陈威(Chen, Jack W.)：《论〈礼记〉和〈世说新语〉中的丧祭》("On Mourning in the Liji and the Shishuo xinyu")，载田菱(Swartz, Wendy)、康儒博(Campany, Robert Ford)：《中国中古的记忆：文本、仪式和群体》(*Memory in Medieval China: Text, Ritual, and Community*)，Leiden：Brill，2018，63-81. 及南恺时(Knapp)：《无私的孩子》(*Filial Offspring*)，159-161.

五、结 论

墓葬中孝道的主题,特别在其出现的早期,一般是将墓主人安放于孝子和英雄的图像间,以此来对墓主人进行赞颂。对于孝道的描绘,同时也折射出了举行丧礼的人的孝行,及其对于礼法的遵循。他们对逝者所表达出来的关心及悲伤,会让前来吊唁的人认为他们是合格的后人。而这些描述并不是孤立存在的,它们必须联系礼法、联系行为人和参与人以及观者,来进行整体的分析。

在墓室内外不同地方安置的这些场景表明,逝者及其后代的美德,不仅应向俗世的人们展示,更应当向另一个超凡脱俗的世界展示。且在汉代之时,孝子场景的排列,也比北魏时期要灵活多变。北魏时,只在石棺或石棺床上可以看到这些场景。而在同一时期的南方,也只在墓室的墙壁上,装饰有同类的主题。在南方,虽然人们可以将孝道场景绘于神道中,但(事实上)只在墓葬中发现了这些(孝道)场景,显然,人们更愿意将其描绘在墓葬的内部。

汉时流行的孝道典范人物,在其衰败后逐渐消失,此时孝道场景中的主角,已较前不同。同时,在南方和北方,故事的选择对逝者的追思及敬奉发挥了愈来愈重要的作用。这可能反映了汉代以后儒家价值观的重要性。对逝者的追思敬奉,包括居丧期的礼法,更类似于一种文化的机制,用以增强汉末以来新兴世族的家族认同感。

在南北朝时期的北方,重新接纳孝道主题也许是为了通过对传统典范的重提,来寻求统治的合法性。而该主题在边境地区的出现,则意味着地方权力在当地的重要性。最后,在南方都城,乍看之下孝子似乎于墓葬中消失了。但在事实上,他们的地位却被一个特定的群体所接替。通过进一步的解读,这一群体的行为是非常仁孝的。并且,他们的表达体现了一种对于形式化居丧期礼法的微妙批评。

公元 589 年,隋朝重新统一中国。孝道这一主题直到唐代,在墓葬的艺术中都非常少见。到了宋代，这一主题才再度开始流行，且比以前出现得更为频繁。①

赵圆(贵州师范大学)译

---

① 参见例如邓菲(Deng Fei)：《从道德的典范到生动的形象：宋墓孝子图》("From Virtuous Paragons to Efficacious Images：Paintings of Filial Sons in Song tombs")，载罗汇(Oliveira Lopes，Rui)编：《面对面：从历史角度看中国艺术的超越》(*Face to Face．The transcendence of the arts in China and beyond-Historical Perspectives*)，Lisboa：Centro de Investigacao e Estudos em Belas Artes，2014.

六朝(220—589年)漆器之考察[①]

一、引言

"元兴元年(公元 105 年)……其蜀、汉釦器九带佩刀,并不复调。"[②]范晔在其《后汉书》中所称之"釦器",为十分贵重的漆器(有些实际带有青铜配件)。[③] 在汉朝,多年来这些由蜀及广汉两郡作坊所制的物品,在今天的四川省颇受欢迎。文献中偶有提及的器物短缺及考古资料都表明,自东汉中期始,漆器生产——不仅仅是蜀及广汉的作坊——已陷入停滞。20 世纪 80 年代前期,王仲殊已提出:"从战国时代开始突飞猛进的漆器制造业,在汉代度过了它的黄金时代。但是,与任何事物一样,漆器制作业也是盛极而衰的。"[④]

然而,事实真是如此吗? 在汉代之后,漆器产业真的有一个衰落吗? 的确,青釉炻器自汉代后期起日益流行。在中国南方的六朝时期,

---

① 原刊于潘甜(Frick, Patricia)、安然(Kieser, Annette)编:《生产、流传和鉴赏:东亚漆器新视角》(*Production, Distribution and Appreciation: New Aspects of East Asian Lacquer Wares*),东亚艺术和考古学的欧洲研究丛书 1(*European Studies in East Asian Art and Archaeology* 1). Leiden, Brill, 2019.

② [宋]范晔撰,[唐]李贤等注:《后汉书》卷十,北京:中华书局,1965 年,第 422 - 423 页。

③ 例如卮,通常装有青铜足和环,包括三个器足,带錾,顶盖亦有三个盖扭。参见科普琳(Kopplin, Monika):《东亚漆器》(*Ostasiatische Lackkunst*),Münster: Museum für Lackkunst, 1997, 80 - 81.

④ 王仲殊(Wang Zhongshu):《汉代文明》(*Han Civilization*),New Haven and London: Yale University Press, 1982, 90.

其最终成为主流,特别是作为随葬器物的材料,其他材质如青铜器或漆器,则不再于墓葬的陈设中扮演重要的角色。① 但迄今为止,六朝的髹漆用具仍未能成为专门的研究对象。没有关于漆器产量下降的确切规模的研究,也没有关于表面减产除漆器产业衰落外,还是否存在其他原因的研究。这一时期仅少数几件漆器因反复被复制,从而为更多的公众所知晓。最著名者,当属东吴将领朱然(殁于 249 年)墓中的人物绘像漆盘,其出土于安徽省马鞍山市(图 8 - 1)。② 由于六朝时期人物绘像日益流行,而当时著名画师的原作却无留存,③因此这些物件在很大程度上便被视作中国绘画的早期实例,而较少作为漆器艺术品来看待。④

---

① 毕梅雪(Pirazzoli-t'Sertevens):《从造型功效到生产力:公元三到四世纪的江南原始瓷器》("De l'efficacité plastique à la productivité: les grès porcelaineux du Jiangnan aux IIIe-IVe siècles de notre ère"),《通报》(*T'oung Pao*),LXXXIV (1998),21 - 61;安然(Kieser):《乡豪、流民、新贵——公元 3 至 6 世纪中国南方的家族墓地》(*Landadel—Emigranten—Emporkömmlinge: Familienfriedhöfe des 3. - 6. Jahrhunderts n. Chr. in Südchina*),Wiesbaden:Harrassowitz,2002,31 - 45.

② 安徽省文物考古研究所、马鞍山市文化局:《安徽马鞍山东吴朱然墓发掘简报》,《文物》1986 年第 3 期,第 1 - 15 页。

③ 收藏于大英博物馆的所谓《女史箴图》,传统上被认为是一件针对晋代画家顾恺之(344—406)作品的后世复制品,但巫鸿在 2003 年曾提出这幅作品或是公元 400 到 480 年间,由一名"出色但无名的作者"执笔完成。这也将使这幅画卷成为唯一幸存的原始画作。参见巫鸿(Wu Hong):《重访〈女史箴图〉:图像、叙事、风格、时代》("The Admonitions Scroll Revisited: Iconology, Narratology, Style, Dating"),马啸鸿(Shane McCausland)编:《顾恺之和〈女史箴图〉》(*Gu Kaizhi and the Admonitions Scroll*),London:British Museum Press,2003,99. 无论如何,自南朝以降,浮雕作品,间或绘画,都在墓葬中保存了下来。这些遗存或可就同时期的绘画主题和风格提供一些认识。有关浮雕之综述,参见郑岩:《魏晋南北朝壁画墓研究》,北京:文物出版社,2002 年,第 61 - 95 页。

④ 参见巫鸿(Wu Hong):《中国绘画的起源(旧石器时代至唐代)》["The Origins of Chinese Painting (Paleolithic Period to Tang Dynasty)"],理查德·巴恩哈特(Richard Barnhard)等编:《中国绘画三千年》(*Three Thousand Years of Chinese Painting*),New Haven and London:Yale University Press,1997,46. 或林树中:《从吴·朱然墓漆画谈三国绘画》,《南京艺术学院学报》2004 年第 1 期,第 24 - 30 页。

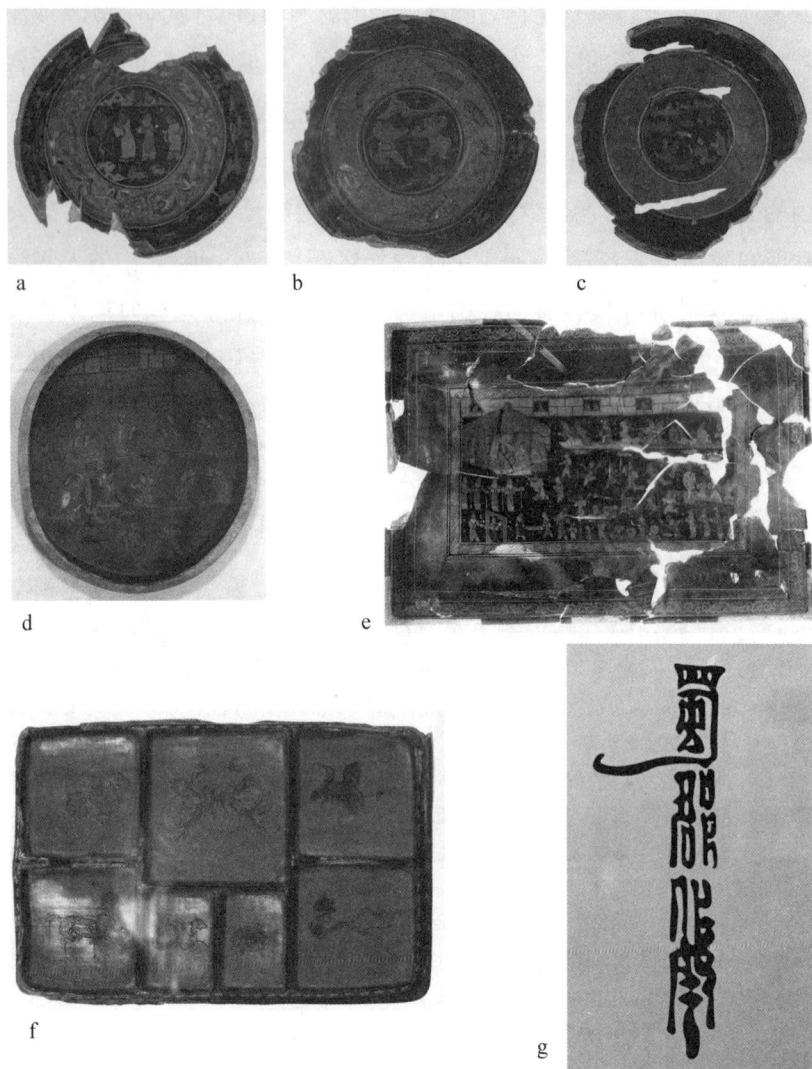

图 8‑1　安徽朱然墓出土漆器（公元 249 年）

中国安徽省马鞍山朱然家族墓地博物馆

人们兴趣寥寥还主要源于一个事实，即直到最近，除了像朱然墓中的漆盘这样令人称奇的发现外，并无太多漆器的实物出土。许多墓葬中遗留的残片不幸被忽视，甚至未见报告。但值得庆幸的是，这种状况似正在改善：有不少墓葬发现了随葬漆器，尽管它们残缺不全，但仍值得发掘和研究（见后表）。[①] 下文将试图对中国南方的六朝漆器随葬品进行一次初步的考察（六朝政权在汉帝国解体后，多数时间内都以建康作为其都城，直到公元 589 年隋再次完成统一）。[②]

二、背　景

丁爱博（Albert Dien）在其有关六朝文明的著作中指出，关于漆器的表述应"从保存的角度来解读，而不是从使用的程度去衡量"。[③] 当然，这种说法针对所有的考古遗存而言都是正确的，但对漆器尤其如此，因为这种器物很难完好地保存下来——记录在案的主要是漆皮残片。周围土壤的化学成分对漆器的保存影响很大。这一事实在南京（即之前的建康，六朝的都城）周边发现的文物上，有十分明显的表现。皇室及贵族在这里选择家族的墓地，因此包括漆器在内的奢侈随葬品应当有所发现。然而，在南京地区发掘的墓葬中，遗存下来的漆器数量并没有可称道之处，且往往只有残片遗留。相反，在距离南京西南仅约60 公里的安徽省马鞍山市，却发现了极为丰富的漆器——如朱然墓中的出土品。这就表明，可能是南京地区强烈的酸性土壤对漆器的保存造成了有害影响。[④]

---

① 例如，在罗宗真 1994 年关于六朝考古的著作中，仅一页是关于漆器的。罗宗真：《六朝考古》，南京：南京大学出版社，1994 年，第 238 页。而韦正 2011 年的著作中，关于漆器的内容已充实至 10 页。韦正：《六朝墓葬的考古学研究》，北京：北京大学出版社，2011 年，第 219 - 230 页。

② 关于同时期的北方漆器，参见宋馨（Shing Müller）：《北朝漆器的重新评估》，待刊。

③ 丁爱博（Dien，Albert）：《六朝文明》（*Six Dynasties Civilization*），New Haven and London：Yale University Press，2007，293.

④ 与南京大学荣休教授蒋赞初先生的私人交流。另参见丁爱博（Dien，Albert）：《六朝文明》（*Six Dynasties Civilization*），482，注 242。

另一个需要纳入考量的事实,是自汉代以来墓葬建筑所发生的巨大变化(图 8-2)。战国与汉代数量最多且保存最好的那类漆器文物

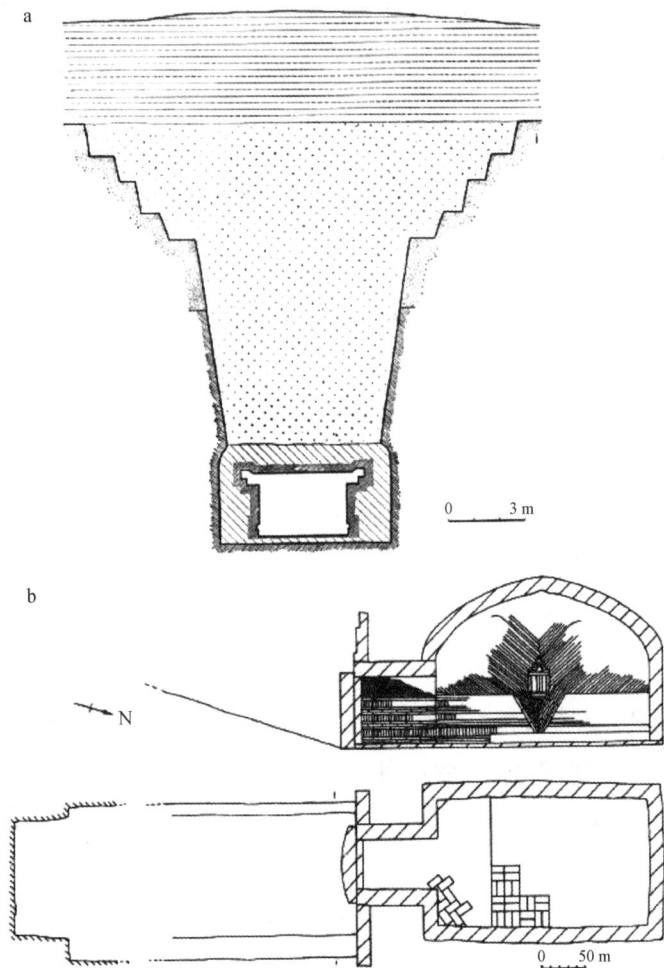

图 8-2　墓葬建筑之变化

a. 西汉木椁竖穴墓。湖南长沙马王堆 1 号墓。摘自湖南省博物馆、中国科学院考古研究所:《长沙马王堆一号汉墓》,北京:文物出版社,1973 年,第 3 页,图 3。

b. 东晋砖室墓。江苏南京仙鹤观 6 号墓。摘自南京市博物馆:《江苏南京仙鹤观东晋墓》,《文物》2001 年第 3 期,第 5 页,图 3。

是在所谓的木椁墓中被发现的。[1] 在这类墓中,漆器于深穴内得以保存——椁室有时被浸于水中,此外还有白色的黏土层(白膏泥)进行密封,以隔绝环境的影响。但到了六朝,这类木椁墓便不再建造。一位六朝时期贵族男性或女性的典型墓葬,是一座建在较浅墓穴中的砖室墓,并不使用防水黏土层,而是略为草率地填入之前挖出来的泥土。随葬品由此暴露于环境的影响中,比如时而发生的水患。且即使漆器表面经受住了潮湿及干燥的环境,一旦其表层出现裂缝,则其中心材料——如木胎、竹胎或夹纻胎——便开始分解,器物最终也只会缩减成漆皮残片。不幸的是,这样的情况似是多数六朝漆器的命运——这也使得那些遗存下来的文物更加引人注目。

三、出土漆器的编年与分布

根据笔者对已刊布的中国南方六朝墓葬的分析,漆器文物的分布是相当分散的。如前所述,这种分布可能反映了漆器的保存情况,而不是作为随葬品使用的频率。必须谨记,文中随后给出的数据仅能粗略地呈现所发现器物的数量和分布,且很可能与墓葬中器物的原始数量及分布相去甚远。

对于所有随葬漆器(包含残片)墓葬的编年,绝大多数这类墓葬可追溯至东吴时期(3世纪)(图8-3)。其数量在接下来的几个世纪内处于稳定下降的趋势。东晋时期(4世纪),下降似趋缓,这可从南昌(江西)和南京(江苏)两组墓葬群中的异常出土得到显示:在其随葬品中含有漆器(至少是残片),这种情况与南方同时期的其他地区少有墓葬出

---

① 可参见湖南长沙马王堆轪侯夫人墓(约公元前168年之前)中的出土文物。湖南省博物馆、中国科学院考古研究所:《长沙马王堆一号汉墓》,北京:文物出版社,1973年,第76-96页。

土漆器,形成了鲜明的对比。① 到了南朝时期(5 至 6 世纪),包括残片在内的漆器,只在屈指可数的几处墓葬中可以发现。

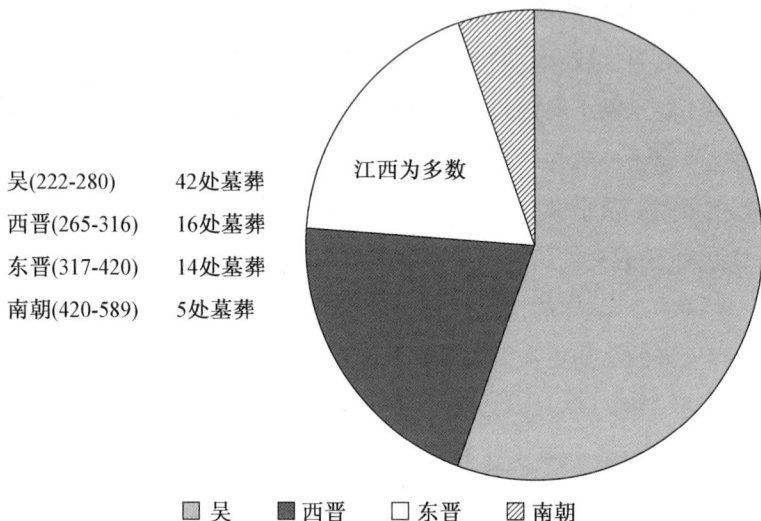

吴(222-280)　　42处墓葬

西晋(265-316)　16处墓葬

东晋(317-420)　14处墓葬

南朝(420-589)　5处墓葬

图 8 - 3　随葬漆器的墓葬数量

多数出土有漆器随葬品物质遗存(包括残片)的墓葬发现于今天的江苏和湖北,少数在江西和安徽。观察每座墓葬保存下来的漆器数量(参照文末表格),出土最丰富的是前已述及的朱然墓(安徽),其中发现有 60 件漆器。湖北最值得关注的是两座 3 世纪的墓葬,分别出土有超

① 南昌的出土文物参见江西省文物考古研究所、南昌市博物馆:《南昌火车站东晋墓葬群发掘简报》,《文物》2001 年第 2 期,第 15 - 28 页。以及杨军:《江西南昌火车站东晋雷鋽墓》,《2006 中国重要考古发现》,北京:文物出版社,2007 年,第 136 - 139 页。南京的情况可参见安然(Kieser):《乡豪、流民、新贵——公元 3至 6 世纪中国南方的家族墓地》(Landadel—Emigranten—Emporkömmlinge:Familienfriedhöfe des 3.- 6. Jahrhunderts n. Chr. in Südchina),284 - 328. 以及南京市博物馆:《江苏南京仙鹤观东晋墓》,《文物》2001 年第 3 期,第 4 - 40 页。

过 20 件和 30 件漆器。① 江苏、江西及广东、贵州境内分布的墓葬,每座墓葬中发现的漆器数量从几件残片到 15 件不等。同时,浙江、湖南和广西的一些墓中,也至少出土了一些残片,但在福建、云南及最令人惊讶的四川,却没有发现。作为汉朝时最为人称道的漆器产地,整个四川(已公布的)的六朝墓葬中都没有发现随葬漆器。当然,这种情况可能与四川地区常见的墓葬建筑类型有关。六朝时期四川墓葬的通常做法,是将漆器摆放在以砖块密封的崖墓里,但这种形式对于漆器的保存来说,可能比放在地下的砖室墓里更加无力。②

四、器　型

从六朝墓葬的随葬品中,可知漆器的不同器型。多数器具的内胎为木或竹板,亦有使用夹纻或皮革。基于仍可辨识的外形推测,大部分已发现的器具属于餐具或刀具一类。在墓葬中,它们可能是作为献祭器来使用(图 8-4)。最常见的是耳杯,两件耳杯有时会与一件盘形成器物组合。这种组合在汉代的遗存中十分著名——而在六朝的遗存中,这类组合则不限于漆器,还包括青铜器和陶瓷器。饮食器具中也包含有数量相对较少的其他器型,包括不同形状的碗(碗、钵、盂)、一些较大的盆、有分格的槅(果盒,方形及圆形)、匕和箸。这些器具可发现于墓葬的各个位置,不只集中在入口处,也在逝者的棺木附近甚或内部。

---

① 襄樊市文物考古研究所:《湖北襄樊樊城菜越三国墓发掘报告》,《考古学报》2013 年第 3 期,第 411-414 页。襄樊市文物考古研究所:《湖北襄樊樊城菜越三国墓发掘简报》,《文物》2010 年第 9 期,第 19 页(31 件)。南京大学历史系考古专业、湖北省文物考古研究所、鄂州市博物馆编著:《鄂城六朝墓》,北京:科学出版社,2007 年,第 295-299 页(M2215 中有 20 件)。

② 参见四川涂井崖墓。四川省文物管理委员会:《四川忠县涂井蜀汉崖墓》,《文物》1985 年第 2 期,第 49-95 页。

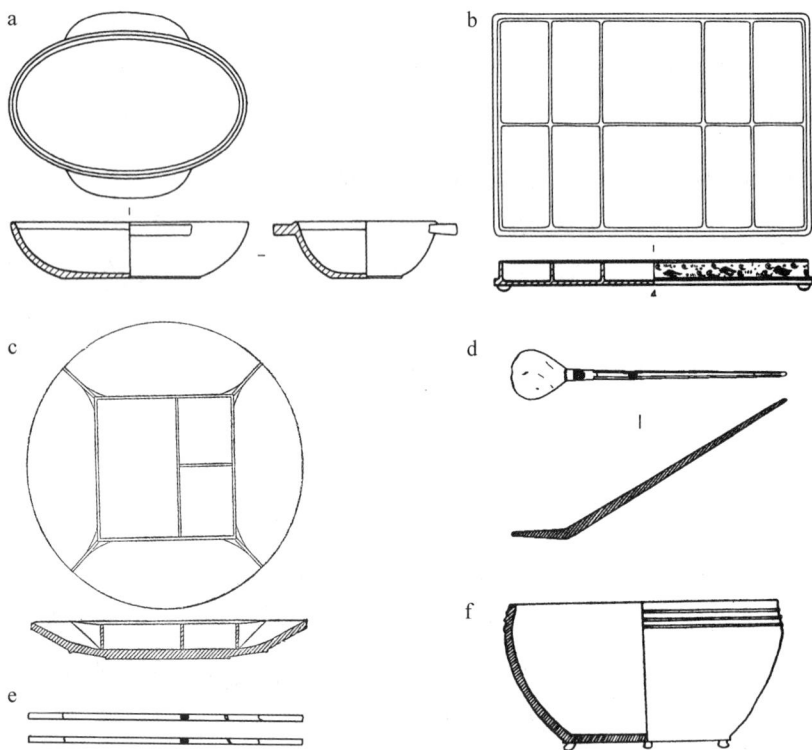

图 8-4　髹漆餐具

a. 耳杯，东吴。摘自南京大学历史系考古专业、湖北省文物考古研究所、鄂州市博物馆编著：《鄂城六朝墓》，北京：科学出版社，2007 年，第 296 页，图 213。

b. 方槅，东吴。摘自南京大学历史系考古专业、湖北省文物考古研究所、鄂州市博物馆编著：《鄂城六朝墓》，第 297 页，图 214。

c. 圆槅，东吴。摘自安徽省文物工作队：《安徽南陵县麻桥东吴墓》，《考古》1984 年第 11 期，第 977 页。

d. 匕，东晋。摘自江西省文物考古研究所、南昌市博物馆：《南昌火车站东晋墓葬群发掘简报》，《文物》2001 年第 2 期，第 22 页，图 24。

e. 箸，东晋。摘自江西省文物考古研究所、南昌市博物馆：《南昌火车站东晋墓葬群发掘简报》，第 22 页，图 24。

f. 碗，东吴。摘自江西省历史博物馆：《江西南昌市东吴高荣墓的发掘》，《考古》1980 年第 3 期，第 225 页，图 7。

　　盒类也很常见（图 8-5）——小型的盒与大型的奁皆有。它们外形各异——圆形、椭圆形甚至扇形。有些小型的盒，似为一套盒具的一

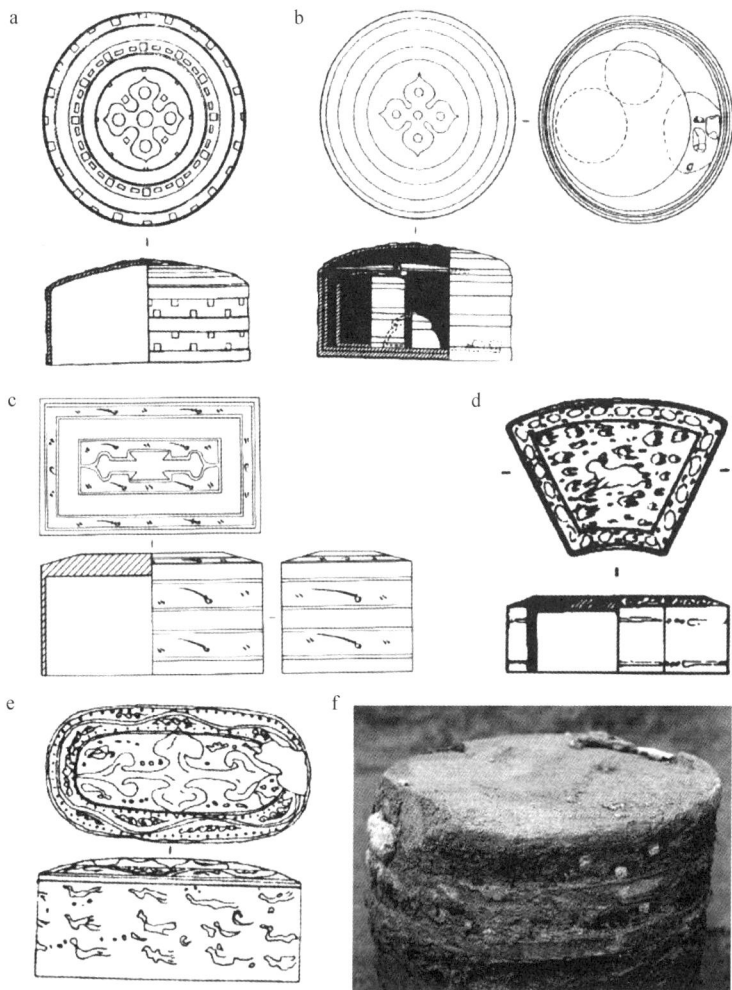

图 8 - 5　漆盒

a 与 b. 圆形漆奁,东吴。摘自襄樊市文物考古研究所:《湖北襄樊樊城菜越三国墓发掘报告》,《考古学报》2013 年第 3 期,第 413 页,图 25.4;第 414 页,图 26。

c. 长方形漆盒,东吴。摘南京大学历史系考古专业、湖北省文物考古研究所、鄂州市博物馆编著:《鄂城六朝墓》,第 296 页,图 213。

d. 扇面形漆攒盒,东晋。摘自江西省文物考古研究所、南昌市博物馆:《南昌火车站东晋墓葬群发掘简报》,第 22 页,图 24。

e. 椭圆形漆奁,东吴。摘自南京市博物馆:《江苏南京市北郊郭家山东吴纪年墓》,《考古》1998 年第 8 期,第 22 页,图 3.4。

f. 圆形漆奁贴饰金箔片,东吴。摘自襄樊市文物考古研究所:《湖北襄樊樊城菜越三国墓发掘简报》,《文物》2010 年第 9 期,第 14 页,图 32。

个部分,湖北省襄樊的东吴墓中即有保存尚好的一例(图 8-5b):①在一个顶部粘贴了柿蒂形铜饰的圆形大漆奁内,有三件较小的容器——一件漆盖罐和两件尺寸不一的圆漆奁。大漆奁的盖部装有一面铜镜,小漆奁内则残留有颜料和粉底的痕迹。木篦,时而髹漆,其与发簪都是这类套盒中的一个部分。因此,这一器具可确定为是妆奁,其传统可追溯至战国时代。妆奁在汉代也被用作随葬物品。② 它们很可能是逝者生前所用,在其离世后便被置于棺中。在一些完整的墓葬内,妆奁可发现于墓主人的头侧,或在棺内一个特殊的头部隔间里。

　　除这些供私人使用的器物和已提及的献祭器外,在六朝的墓葬中还发现了第三类漆器,即家具(图 8-6)。有凭几(呈弯曲形)及大型的攒盘,其中一些附有矮足,乃作为小漆案使用。由于在东晋的墓葬中,发现有漆木箱柜的陶瓷仿品,③因此我们或可假定,漆木箱柜在早期也

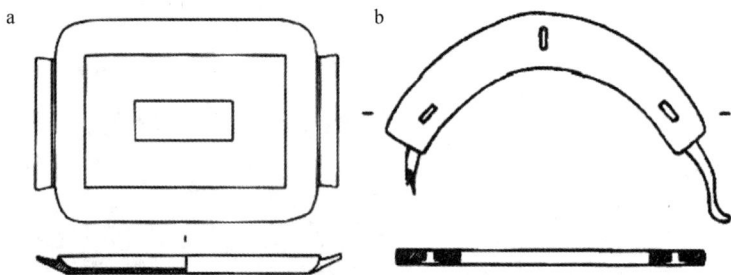

图 8-6　家具
a. 托盘　　b. 凭几
摘自江西省文物考古研究所、南昌市博物馆:《南昌火车站东晋墓葬群发掘简报》第 21 页,图 21。

---

　　①　襄樊市文物考古研究所:《湖北襄樊樊城菜越三国墓发掘报告》,第 414 页。此前 2010 年的发掘简报仅简要提及了漆器的发现。襄樊市文物考古研究所:《湖北襄樊樊城菜越三国墓发掘简报》,第 19 页。
　　②　如轪侯夫人随葬品中的妆奁。湖南省博物馆、中国科学院考古研究所:《长沙马王堆一号汉墓》,第 89-93 页。
　　③　在南京富贵山的一座东晋皇室陵墓中,出土了 9 件陶箱,大小测定为50.6×32.8×42.2 厘米。南京博物院:《南京富贵山东晋墓发掘报告》,《考古》1966 年第 4 期,第 202 页。

应属于随葬品之一。但遗憾的是，它们没能完好地保存下来。

最后，髹漆砚盒、书刀及毛笔握柄，乃作为一套文房用具出现。在一些墓中，它们是与木制名刺一起出土的。[①]

从东吴至东晋初年，南方漆器呈现出了上述形制的多种变化。但这种多样性却逐渐消失了，直到最后，自东晋以降及南朝时期，盘与奁盒成了主流器型。这后一时段里的耳杯，迄今为止只在帝王的陵墓内有所发现。[②]

五、器物装饰

在器物的装饰方面，也可观察到类似的发展：东晋时期，装饰开始趋于简单化，直到六朝，素色表面已成为基本的特点。这里有一点值得讨论，即这种趋势反映的是漆器工艺的衰退，还是审美趣味的转变？[③] 后者看上去似更有可能，因为同样的趋势在青瓷器上也得到了体现，东吴时代的釉下彩绘和华丽外观在东晋时期完全消失，取而代之的是强调器釉色彩和光泽的素面外观。[④] 六朝漆器的装饰技艺包括了铜、银

---

① 这些名刺发现于汉初至西晋的墓葬中，参见马硕(Korolkov)：《中国早期的"谒刺"：新出铭文所见官场交际礼仪的某些特征》("'Greeting Tablets' in Early China：Some Traits of the Communicative Etiquette of Officialdom in Light of Newly Excavated Inscriptions")，《通报》(T'uong Pao)，98（2012），295 - 348.

② 南京博物院：《江苏丹阳县胡桥、建山两座南朝墓葬》，《文物》1980 年第 2 期，第 10 页。安然(Kieser)：《乡豪、流民、新贵——公元 3 至 6 世纪中国南方的家族墓地》(Landadel-Emigranten-Emporkömmlinge：Familienfriedhöfe des 3. - 6. Jahrhunderts n. Chr. in Südchina)，339.

③ 丁爱博(Dien, Albert)：《六朝文明》(Six Dynasties Civilization)，293；韦正：《六朝墓葬的考古学研究》，第 221 - 222 页。

④ 参见安然(Kieser)：《乡豪、流民、新贵——公元 3 至 6 世纪中国南方的家族墓地》(Landadel-Emigranten-Emporkömmlinge：Familienfried höfe des 3. - 6. Jahrhunderts n. Chr. in Südchina)，43 - 44.；毕梅雪(Pirazzoli-t'Sertevens)：《从耳杯到圆杯：中国饮具的变化（公元二至六世纪）》["From the Ear-Cup to the Round Cup：Changes in Chinese Drinking Vessels (2nd to 6th century AD)"]，《东方艺术》(Oriental Art)，XLVIII. 3（2002），17 - 27.

箔片的镶嵌（平脱），少数例子中还镶嵌有金片、滑石片或玻璃片（图8-5f）。装饰有铜或鎏金箍带的奁盒亦有发现。① 另外，通过锥刻、填贴（枪金）及漆胎雕画（调漆）以展现不同色彩层次的技艺已出现，尽管很少见。② 但六朝早期运用最广泛的技术仍是表面漆绘，所采用的色系也比汉代更为多样。虽然红色和黑色依旧流行，但黄色、灰青色及白色也被用于人物、动物或风景场面的填充。人物绘像则发现于漆盘、托盘、奁盒及一件可能为漆壶的器物残片上。③

　　六朝墓葬中出土的漆器，其彩绘图案仍然完好且可辨识者，罗列于文末的表格中。它们中的一部分，主要是耳杯和奁盒，乃以云纹装饰。因为这些纹样与西汉漆器上的非常相似，因此部分漆器实际或可追溯至汉代，它们被流传到了六朝。④ 约 20 件幸存的器物和一些残片上都饰有人物绘像。最令人印象深刻的是朱然墓中出土的一组四件平口漆盘（图8-1a，c）。圆盘中间的图像与汉代漆器的人物像在风格上遥相

---

　　① 襄樊市文物考古研究所：《湖北襄樊樊城菜越三国墓发掘报告》，第412-414页。图13.6。韦正提到南京仙鹤观6号墓的出土漆器上镶嵌了玻璃器，但在发掘报告中未有列出。参见南京市博物馆：《江苏南京仙鹤观东晋墓》，第26-27页。他也提及了漆器的鎏金做法，但没有给出出处。韦正：《六朝墓葬的考古学研究》，第228页。

　　② 丁爱博（Dien）2007年著作的第294页指出，在朱然墓发现以前，雕刻漆器以揭露不同色彩层的技法被认为是始于唐代。关于锥刻和填贴，即所谓的枪金技术，参见潘甜（Patricia Frick.）之文。潘甜（Patricia, Frick）：《简洁与克制：宋代漆器》（"Simplicity and Restraint: Lacquer of the Song Dynasty"），潘甜（Patricia, Frick）、安然（Annette Kieser）编：《生产、流传和鉴赏：东亚漆器新视角》（*Production, Distribution and Appreciation: New Aspects of East Asian Lacquer Wares*），85-106.

　　③ （作者注）参见表格。

　　④ 关于西汉云纹，参见蒲吕西（Prüch）：《西汉时期的漆器（公元前206年—公元6年）：实存与分析》[*Die Lacke der Westlichen Han-Zeit（206 v.-6 n.Chr）: Bestand und Analyse*]，Frakfurt：Peter Lang，1997. 以及陈振裕：《战国秦汉漆器群研究》，北京：文物出版社，2007年。

呼应。① 漆盘中心所描绘的是历史故事,如季札(576 - 484)的故事,其为春秋时期吴国的公子,画面中表现了他在已故徐国国君的冢旁挂剑之场景(图 8 - 1a)。② 所有四件漆盘在围绕圆盘中心的两个同心圈带内,都呈现出了相似的构图。其中两件盘的圈带被绘满了汉代风格的云纹图案(图 8 - 1c),另两件则在内圈描绘了鱼、植物和童子形象③,在外圈分别表现了云龙纹及狩猎场景(图 8 - 1a,b)。后两件漆盘底部的朱漆铭文尚表明,它们很可能制作于蜀郡,即今天的四川境内(图 8 - 1g)。甚至,这些漆盘也可能是日益衰落之汉王朝的制品,其作为传家宝流传下来,并最终与逝者一起埋葬。李安敦(Barbieri-Low)指出,两件漆盘的中间主题应是由作坊内的高级画师绘制,其中一件漆盘的圈带同样是以一种颇具艺术感的方式完成,而另一件则似交付给了一位技艺较低的画工。④ 虽然其他两件漆盘没有任何铭文,但盘心同样出色的绘画风格、人物安排和主题选择(即某一场景设定中的情景主题),与那两件带铭文的漆盘极其相似,以致人们可以大胆地推测,它们也是蜀郡作坊的产品(图 8 - 1c)。问题在于,朱然是如何得到这些物品的。这些漆盘上多数的场景设定是宫闱环境(一件漆盘描绘了汉武帝生平的场景,图 8 - 1c),而一件小型的漆案上则画了一场宴会,并带有铭文

---

① 李安敦(Barbieri-Low)在其著作中分析了与乐浪郡汉代漆器间的相似性。李安敦(Barbieri-Low):《东汉漆器中的罗马主题》("Roman Themes in a Group of Eastern Han Lacquer Vessels"),《美成在久》(*Orientations*),32. 5 (May 2001),52 - 53.

② [汉]司马迁撰:《史记》卷三十一,北京:中华书局,1959 年,第 1459 页。另李安敦(Barbieri-Low):《东汉漆器中的罗马主题》("Roman Themes in a Group of Eastern Han Lacquer Vessels"),52.

③ 李安敦(Barbieri-Low)将一些图案,如鱼纹、卷草纹和孩童(普妥小天使)追溯到了罗马时代。李安敦(Barbieri-Low):《东汉漆器中的罗马主题》("Roman Themes in a Group of Eastern Han Lacquer Vessels"),52 - 58.

④ 李安敦(Barbieri-Low):《中国早期的工匠》(*Artisans in Early Imperial China*),Seattle and London:University of Washington Press,2007,71 - 72.

"官"字,这可能暗示着它是为官府,甚或为皇室所用。① 齐风由此推测,这些物件应是朱然葬礼上皇家所赐的唁劳之赠,而并非其生前家常所用。② 另一方面,丁爱博和杨泓也提到一个事实,即朱然曾两次参与对蜀远征,这些漆器也很可能是从那些战争中带回来的战利品。③

朱然墓中的高质量漆器或许均为蜀地作坊之产品,然其随葬品中的其他器物在造型和风格上却有所不同。另有一件漆盘为直口,表面饰有宴饮奏乐的场景(图 8-1d)。漆画风格略显呆板,人物被严格地排成三行。画面场景似设在一处庭院内,而非自然景观中,人物间的空隙为绿草植物所填充。这件容器没有任何铭文可知其产地。考虑到风格和构图的显著差异,其很可能是后世的一件作品,或为当地作坊之产品。类似的直口漆盘也有出土于江西南昌的东晋墓中(图 8-7),其中一件所描绘的场景被解释为皇帝求访商山四皓(图 8-7a,b)。④ 与朱然墓中早期的器物相比,这件漆画的总体布局要显得拥挤得多,陪衬人物有仆役和孩童,并有围绕中心主题排列的动物和植物。较浅的颜色被用来描绘场景,构图和图案的设计都显示出了艺术家在细节方面拥有一定的自由度。

但南昌另一座东晋墓中出土的部分保存完好的器物证明,无论器型还是主题安排,两者都为后世,且很可能是地方上的作坊所继承(图 8-8b)。⑤ 其中一件平口漆盘即展现出了蜀地漆盘的典型设计:圆盘的主要图像被两条圈带包围。中心圆盘饰以一只凤凰,外侧圈带则描

---

① 相反,韦正强烈反对这种解释,而倾向于这是地方上产出的器物,认为铭文可能为伪造。韦正:《六朝墓葬的考古学研究》,第 227-230 页。

② 齐风:《浅谈朱然墓出土的漆木器》,载王俊编:《马鞍山六朝墓发掘与研究》,北京:科学出版社,2008 年,第 250-251 页。

③ 丁爱博(Dien, Albert):《六朝文明》(*Six Dynasties Civilization*),294. 依杨泓之说。

④ 江西省文物考古研究所、南昌市博物馆:《南昌火车站东晋墓葬群发掘简报》,第 14 页,图 6。郑岩:《魏晋南北朝壁画墓研究》,第 216-223 页。

⑤ 杨军:《江西南昌火车站东晋雷鋽墓》,第 138-139 页。

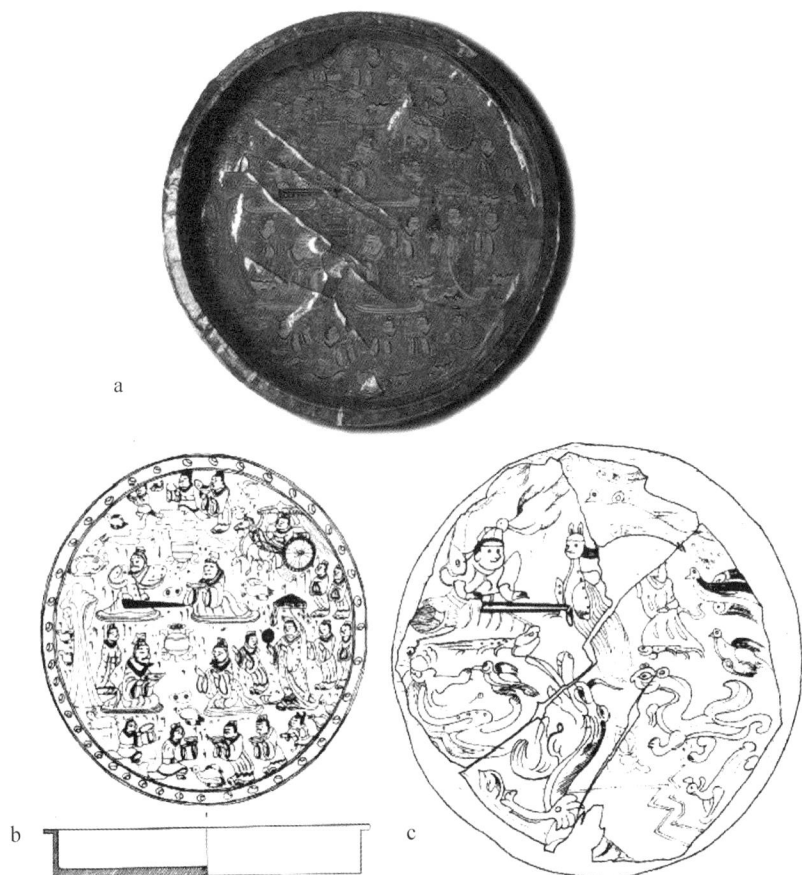

图 8-7　江西南昌火车站东晋墓出土两件漆盘,存中国江西南昌市博物馆

摘自江西省文物考古研究所、南昌市博物馆:《南昌火车站东晋墓葬群发掘简报》,
第 14-15 页,图 6、8。

绘了异想中的野兽(有些呈鱼形),虽然绘制得很粗糙,但却是对早期漆
器装饰中渔猎场景的再现。这一墓葬中还出土了一件漆椟,其上绘满
了想象的野兽,似乎同样对应着朱然墓中器物的传统(图 8-8a)。再
一次地,这里的绘画非常粗疏,似在复制图案以填补空间,忽视了传统
中将成对动物进行反向的安排,而这在早期的器物如朱然墓的漆器上,
通常都可见到(图 8-1f)。

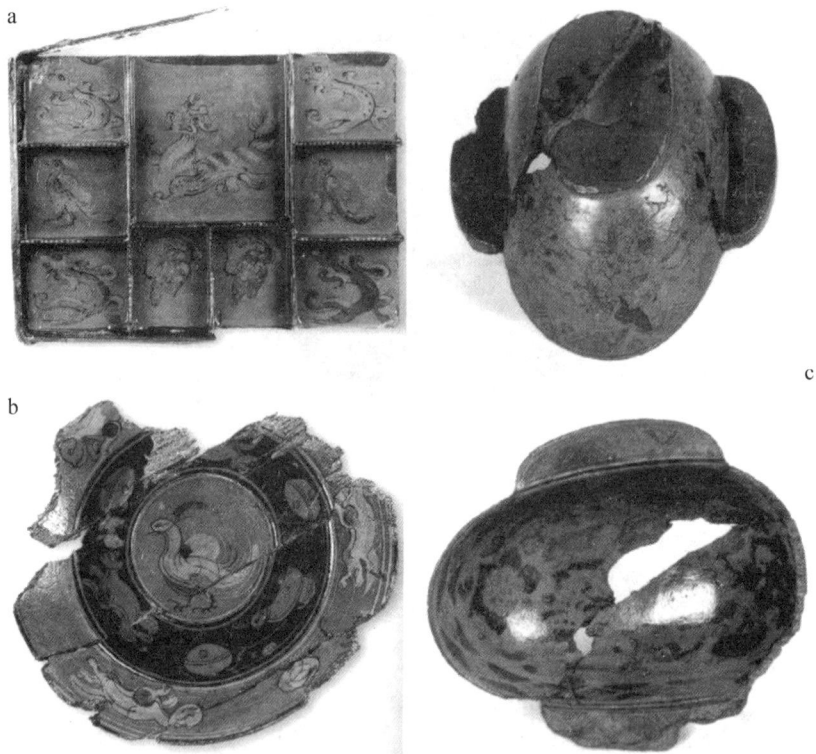

图 8-8　江西南昌东晋雷鄩墓出土漆器,存中国江西南昌市博物馆

摘自杨军:《江西南昌火车站东晋雷鄩墓》,第 138 页。

　　虽然存世很少的六朝漆器并不能让我们得出直接的结论,但对某些主题的偏好仍可通过现存的例子来判断。除了历史故事、宫廷宴饮及各种娱乐场景,我们也常看到童子戏棍图,其不仅作为主题图案,也在口沿或器物的其他部分绘制(图 8-9,图 8-1a,图 8-1b)。各种动植物,如鱼和鹿,在这些场景内随处可见。但汉代以后最为漆画师所钟爱的动物,似是一类野兔。事实上,它在许多例子中都是以一种极为相似的方式被描绘(图 8-1a,8-5d,8-7b,8-9b,8-9c)。

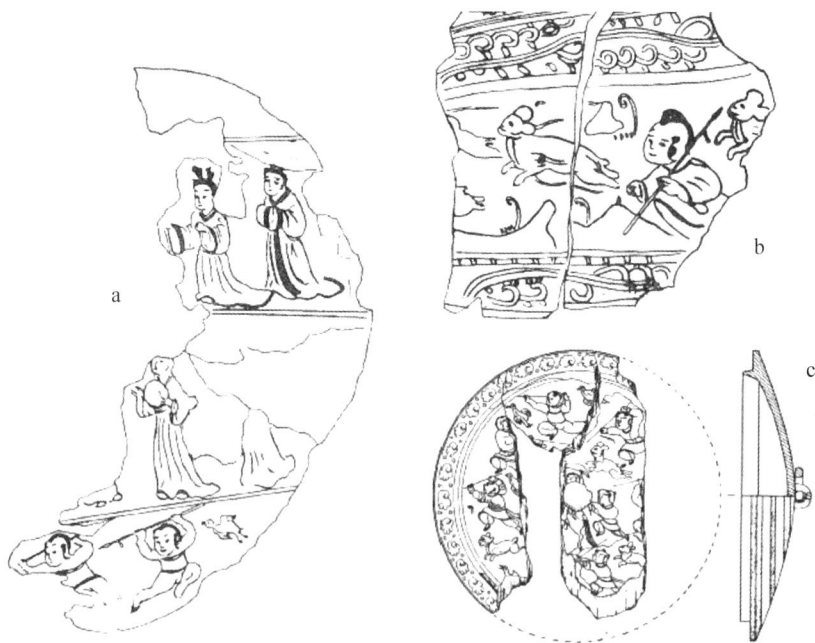

图 8‑9 童子戏棍(矛)图、狩猎图

a 与 b. 摘自南京市博物馆:《江苏江宁官家山六朝早期墓》,《文物》1986 年第 12 期,第 20 页,图 8、图 9。

c. 摘自南京市博物馆、南京市江宁区博物馆:《南京江宁上坊孙吴墓发掘简报》,《文物》2008 年第 12 期,第 28 页,图 71。

六、文献资料与铭文

朱然墓中两件漆盘上已提及的蜀郡铭文(图 8‑1g)表明,蜀地的漆器作坊于六朝时仍在运作——然而,需要假设这两件器物并不是自汉代传承下来,而是属于当时的产物。① 但如前述,只有朱然墓中的物

---

① 李安敦(Barbieri-Low)倾向于认为制作时间在东汉。李安敦(Barbieri-Low):《东汉漆器中的罗马主题》("Roman Themes in a Group of Eastern Han Lacquer Vessels"), 52.

件可归属于蜀郡的作坊(无论它们是汉代抑或是东吴早期的制品)。其他漆器在风格和绘画工艺上的不同,则指向了其他的可能性——它们或为六朝时期地方上的漆器生产中心所制(有关六朝漆器作坊的罕见资料将于下文描述)。这样的作坊在多大程度上受政府管控?在汉代以后动荡的岁月里,政府控制作坊的有效机制是否存在?这些问题都尚待进一步的研究。

让我们先来看看汉代的情况。据《汉书·地理志》载,受中央政府直接控制的官府工匠活跃于今天河南、山东及四川范围内的众多地方。[1] 关于四川,文献中明确提到了这里的工匠生产金、银器及漆器。实物证据则是西汉早期的漆器铭文中有"市府"的字样,即"管理商业和手工业的地方官署"。再结合地名如番禺(今广州)、布山(今处广西)、莒市(山东)及成市(四川)等,这些地方都为郡国治所。[2] 因此,铭文证明了这些器物是在政府的监督下生产。

关于六朝,文献资料中没有任何有关这一时期作坊的信息。《晋书·地理志》中唯一提及的地名——漆亭,按字面意思理解,是指漆器工棚或乡里——它可能指向了兖州南平阳(今山东省南部)的一个漆器生产地,或一处漆树种植地——当然,不一定为同时代的。[3]

---

① 王仲殊(Wang Zhongshu):《汉代文明》(*Han Civilization*),85.

② 关于漆器作坊及其组织,参见李安敦(Barbieri-Low):《中国早期的工匠》(*Artisans in Early Imperial China*),76 - 83 及王仲殊(Wang Zhongshu):《汉代文明》(*Han Civilization*),84. 有关从漆器铭刻中看汉代漆器产地的新资料,可参见刘艳:《权力与荣耀的象征:边疆出土汉代的中国漆器》("Emblems of Power and Glory: The Han-Period Chinese Lacquer Wares Discovered in the Borderlands")和蒲吕西(Prüch):《从东方到西方:汉代漆盒到克里米亚半岛之旅》("From East to West: The Journey of Han-Dynasty Lacquer Boxes to the Crimean Peninsula")。两文分别见载于潘甜(Patricia, Frick)、安然(Annette Kieser)编:《生产、流传和鉴赏:东亚漆器新视角》(*Production, Distribution and Appreciation: New Aspects of East Asian Lacquer Wares*),30 - 63;10 - 29.

③ 〔唐〕房玄龄等编撰:《晋书》卷十四,北京:中华书局,1974 年,第 419 页。

六朝墓葬中漆器的铭文也非常之少。保存最好的例子即朱然墓中的那两件带铭文的漆盘，如已指出的，它们可能在公元249年逝者入葬前很久就已制作完成。这两件漆盘的底部用朱漆书写着如下文字："蜀郡造作牢"和"蜀郡作牢"。意即"这件牢是在蜀郡制作的"（图8-1g）。"牢"，据齐风研究，乃指圆形的漆器——在本例中则为漆盘，但该字也可用于指示碗或者盆。① 韦正探讨了铭文为伪作的可能，通过将器物与蜀郡著名的作坊联系起来，可以有助于提升这些物品的价值及其销售。② 但是，这些有疑问器物的质量确实表明，它们是在那些闻名遐迩且备受推崇的作坊（如蜀郡的作坊）里生产和制作。

六朝漆器的部分铭文已经公布。南京一座东吴墓葬中的漆器残片上即有一例（图8-10a）。③ 铭文释作"吴□作上牢"。通过比对蜀郡铭文，空缺的部分可以"郡"字来填补，因此铭文可释读为"吴郡（今江苏南部）作上牢"。但"吴"字也可能是参与器物制作的工匠之名。这种解释可从南昌一处东晋墓中出土的耳杯铭文里得到佐证（图8-8c）。④ 其朱漆铭文为五个字："黄德章上牢"。在这里，似可译作"黄德章制作了这件牢"。而名字，至少是姓氏，也确有在器物铭文中出现的情况，如另一座南昌东晋墓内发现的铭文即如此（图8-10b所示）。⑤ 这件槅以朱漆在其黑色背面写着"吴氏槅"，即"吴氏家族的槅"。这也是为数不多的一例，铭文提供了同时代的信息（即六朝时期对于器物的定名）：这

---

① 齐风：《浅谈朱然墓出土的漆木器》，第250页。对于"牢"字的另一种解释（如"质量"），参见陈丽华：《中国古代漆器款识风格的演变及其对漆器辨伪的重要意义》，《故宫博物院院刊》2004年第6期，第77-79页。另可参考潘甜（Patricia Frick）之文章。潘甜（Patricia，Frick）：《简洁与克制：宋代漆器》（"Simplicity and Restraint：Lacquer of the Song Dynasty"），85-106.

② 韦正：《六朝墓葬的考古学研究》，第225-227页。他认为漆器上书写的铭文是很容易被伪造的。

③ 南京市博物馆：《江苏江宁官家山六朝早期墓》，《文物》1986年第12期，第20页。

④ 杨军：《江西南昌火车站东晋雷鋽墓》，第138页。

⑤ 江西省博物馆：《江西南昌晋墓》，《文物》1974年第6期，第375页。

种如今称作"果盒"的分格托盘,在当时称为"榻"。

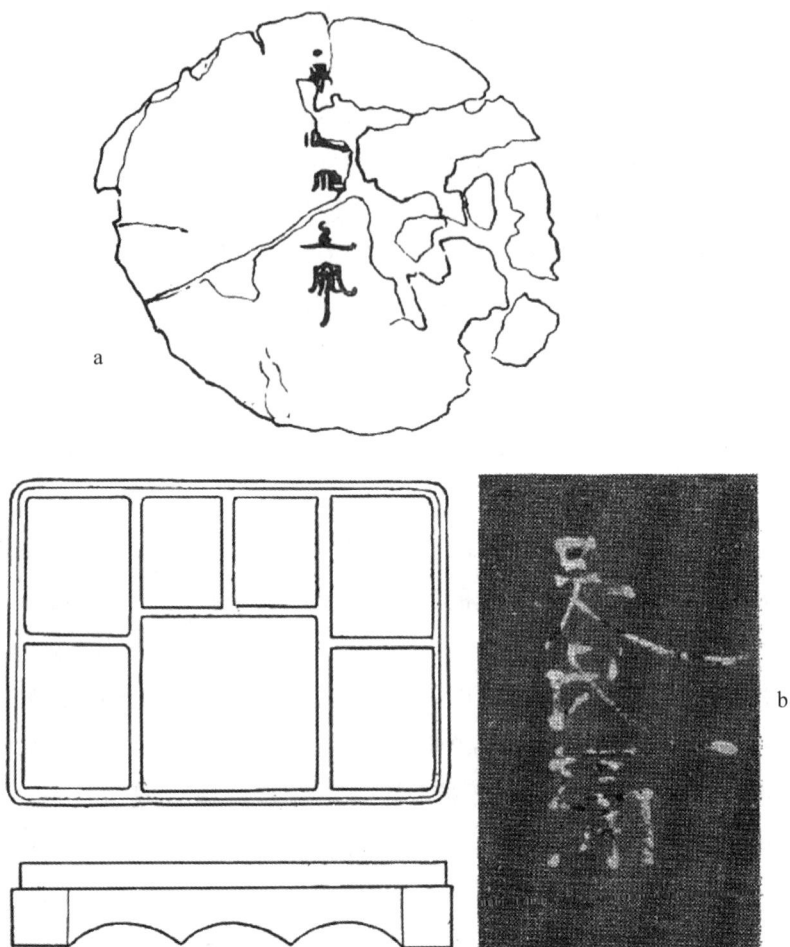

图 8-10 漆器铭文

a. "吴□作上牢",漆器残片铭文。摘自南京市博物馆:《江苏江宁官家山六朝早期墓》,第 20 页。

b. "吴氏榻",漆榻铭文。摘自江西博物馆:《江西南昌晋墓》,《文物》1974 年第 6 期,第 375 页。

七、结　论

　　总的来说,根据器物上的铭文,没有一处漆器生产中心可以肯定地追溯到汉至六朝。只有一座东吴朱然墓葬中出土的两件特别高质量的漆器的铭文上,有关于早期生产地点的信息。但它们究竟是在东汉末年还是在东吴早期生产的,尚无定论。由于资料不足,其他汉代的作坊在六朝时期是否依旧活跃也无法判断。六朝后期的漆器表现出了对汉朝器型的继承,而漆绘风格的多样则指向了一种地方性生产的可能。

　　六朝时期,漆器生产似已度过了它的全盛期。东汉之后这一产业无疑开始衰落。但考古资料显示,东吴时期(即 3 世纪)仍有相当数量的漆器使用,这种衰落只在 4 世纪时有所加速,而非于汉亡之后立即出现失传。我们仍须谨记,除漆器生产的衰退外,出土文物数量的减少或有其他原因——墓葬建筑的变化已有提及,盗墓行为的增多或以漆器作为随葬品倾向的消退也都应纳入考量。① 诚然,一些存世的东晋漆器无法达到早期蜀郡产品的质量,但仍没有足够的材料可以证明,其在品质或技艺上有所衰退。

　　若说漆器和青铜器为汉时的贵族所偏好,那么陶器及青釉炻器则成了六朝上层的青睐之物。这些变化的部分原因可能来自经济方面——相比漆器和青铜器,陶器的制作更简单也更低廉;但流行风尚的变化也可能是另一因素——不仅在装饰方面,也在色彩方面。正如毕梅雪(Michèle Pirazzoli-t'Serstevens)有关六朝的论述:"饮食器具的主流颜色发生了彻底改变。暖红色与黑色的组合,棕色与红色的组合(青铜器和漆器的颜色),被更冷、更浅的色调所取代:如瓷器的灰青色与黄

---

　　① 　含有丰富随葬品但未被盗扰的墓葬中,并没有漆器出土,从这一点中似可以看出。参见安乡县文物管理所:《湖南安乡西晋刘弘墓》,《文物》1993 年第 11 期,第 1 - 12 页。

青色之釉彩……"①

表 8-1　重要发现

墓葬	时代	出土漆器/图案	公布情况
安徽马鞍山朱然墓	东吴	超过60件漆器,超过10种不同的器型:案、凭几、盘、耳杯、果盒、砚、尺、盒、勺等/人物像	安徽省文物考古研究所、马鞍山市文化局,1986年,第1-15页。
安徽南陵县	东吴	8件漆器:槅、碗、双层奁、盒等/云纹、鸟	安徽省文物工作队,1984年,第974-978、1020页。
江苏南京薛秋墓	东吴	10件漆器:耳杯、槅、盒、盘、柄、盆、凭几、器盖、半圆形器/几何纹、缠枝花草纹、鹿	南京市博物馆,2008年,第4-15页。
江苏上坊	东吴	7件漆器:盘、盒、碗、勺、器盖/云纹、人物像	南京市博物馆、南京市江宁区博物馆,2008年,第4-34页。
江苏江宁官家山	东吴	12件漆器:盆、耳杯、盒、盘、碗、盒盖、槅/残片上绘云纹、鸟兽和人物	南京市博物馆,1986年,第17-22页。
湖北襄樊	东吴	31件漆器:带盖罐、杯、耳杯、盒残片/部分镶嵌金箔、滑石片	襄樊市文物考古研究所,2013年,第391-425页;襄樊市文物考古研究所,2010年,第4-20页。
湖北鄂城2215号墓	东吴	20件漆器:耳杯、盘、槅、碗、案、唾壶、虎子	南京大学历史系考古专业、湖北省文物考古研究所、鄂州市博物馆,2007年,第295　298页。
湖北鄂城2190号墓	东吴	8件漆器:盒、耳杯、槅、碗、案、砚	南京大学历史系考古专业、湖北省文物考古研究所、鄂州市博物馆,2007年,第295-298页。
湖北鄂城水泥厂1号墓	东吴	8件漆器:耳杯、碗、槅、盒、砚、案	鄂城县博物馆,1982年,第257-269页。

---

① 毕梅雪(Pirazzoli-t'Sertevens):《从耳杯到圆杯:中国饮具的变化(公元二至六世纪)》["From the Ear-Cup to the Round Cup: Changes in Chinese Drinking Vessels (2nd to 6th century AD)"],26.

（续表）

墓葬	时代	出土漆器/图案	公布情况
江西南昌高荣墓	东吴	16件漆器：榼、耳杯、碗、盘、盒、器盖、盆/云纹	江西省历史博物馆,1980年,第219-228页。
江西南昌	西晋末	9件漆器：盆、耳杯、盘、盒	江西省博物馆,1981年,第500-503页。
江苏仙鹤观6号墓	东晋	12件漆器：耳杯、盒、盘、唾壶、器盖	南京市博物馆,2001年,第4-40页。
江西南昌火车站雷锠墓	东晋	漆器数量不清：托盘、耳杯、匕、盒套组、妆奁、钱盒(?)、墨锭/动物图案	杨军,2007年,第138页。
江西南昌火车站2-5号墓	东晋	4座墓中26件漆器：盒、盘、耳杯、匕、箸、柄、凭几/人物像、鸟兽、云纹	江西省文物考古研究所、南昌市博物馆,2001年,第12-40页。

周胤(重庆大学)译

参考文献

原始文献

[汉]司马迁撰：《史记》,北京：中华书局,1959年。

[宋]范晔撰,[唐]李贤等注：《后汉书》,北京：中华书局,1965年。

[唐]房玄龄等编撰：《晋书》,北京：中华书局,1974年。

中文文献

陈丽华：《中国古代漆器款识风格的演变及其对漆器辨伪的重要意义》,《故宫博物院院刊》2004(6),第72-89页、第158页。

陈振裕：《战国秦汉漆器群研究》,北京：文物出版社,2007年。

安徽省文物考古研究所、马鞍山市文化局：《安徽马鞍山东吴朱然墓发掘简报》,《文物》1986(3),第1-15页。

湖南省博物馆、中国科学院考古研究所:《长沙马王堆一号汉墓》,北京：
    文物出版社,1973 年。

南京大学历史系考古专业、湖北省文物考古研究所、鄂州市博物馆编
    著:《鄂城六朝墓》,北京:科学出版社,2007 年。

安乡县文物管理所:《湖南安乡西晋刘弘墓》,《文物》1993(11),第 1 -
    12 页。

安徽省文物工作队:《安徽南陵县麻桥东吴墓》,《考古》1984(11),第
    974 - 978 页、第 1020 页。

林树中:《从吴·朱然墓漆画谈三国绘画》,《南京艺术学院学报》2004
    (1),第 24 - 30 页。

江西省历史博物馆:《江西南昌市东吴高荣墓的发掘》,《考古》1980(3),
    第 219 - 228 页。

襄樊市文物考古研究所:《湖北襄樊樊城菜越三国墓发掘报告》,《考古
    学报》2013(3),第 391 - 425 页。

罗宗真:《六朝考古》,南京:南京大学出版社,1994 年。

南京博物院:《南京富贵山东晋墓发掘报告》,《考古》1966(4),第 197 -
    204 页。

齐风:《浅谈朱然墓出土的漆木器》,载王俊编:《马鞍山六朝墓发掘与研
    究》,北京:科学出版社,2008 年,第 250 页。

南京市博物馆:《江苏南京市北郊郭家山东吴纪年墓》,《考古》1998(8),
    第 21 - 26 页。

宋馨:《北朝漆器的重新评估》,待刊。

南京市博物馆:《南京大光路孙吴薛秋墓发掘简报》,《文物》2008(3),第
    4 - 15 页。

王世襄、朱家溍编:《中国美术全集·工艺美术编 8·漆器》,北京:文物
    出版社,1989 年。

襄樊市文物考古研究所:《湖北襄樊樊城菜越三国墓发掘简报》,《文物》
    2010(9),第 4 - 20 页。

南京市博物馆、南京市江宁区博物馆:《南京江宁上坊孙吴墓发掘简报》,《文物》2008(12),第 4 - 34 页。

南京市博物馆:《江苏南京仙鹤观东晋墓》,《文物》2001(3),第 4 - 40 页。

韦正:《六朝墓葬的考古学研究》,北京:北京大学出版社,2011 年。

鄂城县博物馆:《湖北鄂城四座吴墓发掘简报》,《考古》1982(3),第 257 - 269 页。

江西省博物馆:《江西南昌市郊的两座晋墓》,《考古》1981(6),第 500 - 503 页。

杨军:《江西南昌火车站东晋雷鋽墓》,《2006 中国重要考古发现》,北京:文物出版社,2007 年。

南京博物院:《江苏丹阳县胡桥、建山两座南朝墓葬》,《文物》1980(2),第 1 - 17 页。

江西省博物馆:《江西南昌晋墓》,《文物》1974(6),第 373 - 378 页。

四川省文物管理委员会:《四川忠县涂井蜀汉崖墓》,《文物》1985(2),第 49 - 95 页。

江西省文物考古研究所、南昌市博物馆:《南昌火车站东晋墓葬群发掘简报》,《文物》2001(2),第 12 - 40 页。

郑岩:《魏晋南北朝壁画墓研究》,北京:文物出版社,2002 年。

南京市博物馆:《江苏江宁官家山六朝早期墓》,《文物》1986(12),第 17 - 22 页。

外文文献

Barbieri-Low, Anthony J, *Artisans in Early Imperial China*, Seattle and London: University of Washington Press, 2007.

Barbieri-Low, Anthony J, "Roman Themes in a Group of Eastern Han Lacquer Vessels", *Orientations* 32. 5 (May 2001), pp. 52 - 58.

Dien, Albert, *Six Dynasties Civilization*, New Haven and London:

Yale University Press, 2007.

Frick, Patricia. "Simplicity and Restraint: Lacquer of the Song Dynasty", *Production, Distribution and Appreciation: New Aspects of East Asian Lacquer Wares*. European Studies in East Asian Art and Archaeology Patricia Frick, Annette Kieser [eds.]. Leiden, Brill, 2019, pp. 85 - 106.

Kieser, Annette, *Landadel—Emigranten-Emporkömmlinge. Familien friedhöfe des 3. - 6. Jahrhunderts n. Chr. in Südchina*, Wiesbaden: Harrassowitz, 2002.

Kopplin, Monika, *Ostasiatische Lackkunst*, Münster: Museum für Lackkunst, 1997.

Korolkov, Maxim, "'Greeting Tablets' in Early China: Some Traits of the Communicative Etiquette of Officialdom in Light of Newly Excavated Inscriptions", *T'uong Pao* 98 (2012), pp. 295 - 348.

Pirazzoli-t'Sertevens, Michèle, "De l'efficacité plastique à la productivité: les grès porcelaineux du Jiangnan aux IIIe-IVe siècles de notre ère", *T'oung Pao* LXXXIV (1998), pp. 21 - 61.

Pirazzoli-t'Sertevens, Michèle. "From the Ear-Cup to the Round Cup: Changes in Chinese Drinking Vessels (2nd to 6th century AD)", *Oriental Art* XLVIII. 3 (2002), pp. 17 - 27.

Prüch, Margarete. *Die Lacke der Westlichen Han-Zeit (206 v. - 6 n. Chr): Bestand und Analyse*, Frakfurt: Peter Lang, 1997.

Wang Zhongshu, *Han Civilization*, New Haven and London: Yale University Press, 1982.

Wu Hong, "The Origins of Chinese Painting (Paleolithic Period to Tang Dynasty)", *Three Thousand Years of Chinese Painting*, edited by Richard Barnhard et al., New Haven and London: Yale University Press, 1997, pp. 15 - 86.

Wu Hung, "The Admonitions Scroll Revisited: Iconology, Narratology, Style, Dating", *Gu Kaizhi and the Admonitions Scroll*, edited by Shane McCausland, London: British Museum Press, 2003, pp. 89 - 99.

香袋和猪圈：中国南方六朝墓葬中的厕所模型明器[①]

> 刘寔诣石崇，如厕，见有绛纱帐大床，茵蓐甚丽，两婢女持锦香囊。[②]

在中国六朝时期，几乎没有一个厕所能像石崇宅邸的那样，布置得如此奢华。这个在《世说新语》中流传的故事是如此展开的：客人刘寔以为自己无意中走到了石崇的卧室，立刻惊慌失措地从厕所退出来。对于石崇梦幻般生活方式的描写，不仅仅表现在其华丽的洗手间上，还有他府邸的装饰及其对饮食的选择，都呈现出了一幅西晋时期洛阳贵族富裕奢侈的生活画面。

然而，可能由于这个盥洗室的奢华程度太过特别，以至于它在《世说新语》的其他故事中多次出现。根据描述，有十多个婢女不仅准备好了洗浴用品，还为每一位上厕所的宾客预备了新衣服。当大多数客人因为难为情而不愿替换时，一位被认为粗鲁，但有权势的将军王敦，充

---

① 原刊于宋馨（Müller，Shing）、谢藏（Selbitschka，Armin）编：《超越平凡：贺东劢先生 65 岁生日纪念文集》（*Über den Alltag hinaus：Festschrift für Thomas O. Höllmann zum 65. Geburtstag*）. Wiesbaden Harrassowitz 2017，161-175.

② ［晋］裴启撰，周楞伽辑注：《裴启语林》，北京：文化艺术出版社，1988 年，第 43-44 页。

满自信地更换了他的衣服。① 书中另一处还写到，同样是这位王敦，他在上厕所时，把厕所内的一只漆盒里，用来塞鼻子的干枣吃进了肚子里。王敦还误解了澡豆的作用。当侍女同时递给他一只装澡豆的玻璃碗和装水的金澡盆时，王敦不但没有洗手，反而把豆子倒入水里，一饮而尽。②

石崇的厕所归功于故事开头的场景描写。它作为表现其主人非同寻常，追求豪华排场的少有例子，被收录在了《世说新语》的轶事中。厕所在同期的文献资料中，只是零星地被描述为较宽敞的房间。要么如石崇的厕所那样让人闻所未闻③，要么只是作为故事情节的背景，很简单地在文献中提及。一个众所周知的例子，是汉代赵王生母戚夫人的悲惨命运。她被吕后断去手足，扔进茅房，命名为"人彘"④。关于这个茅房，大多数人并没有如期待的那样，在文献中找到相关的具有说服力的描述。

在本文中，笔者将从石崇厕所的故事出发，以中国南方六朝

---

① 徐震堮著：《世说新语校笺》卷三十，北京：中华书局，1984 年，第 468 页。

② 徐震堮著：《世说新语校笺》卷三十四，第 485 页。

③ 其他类似事例，参见雷蒙德·科尔布（Raidmund Th. Kolb）：《无声无臭，鬼怪消失：中国迎厕神、厕鬼习俗的历史简述》（"Weder Laut noch Gestank und der Dämon verschwindet: Ein kleiner historischer Blick auf den brauchtümlichen Umgang mit Latrinengöttern und-dämonen in China"），载雷蒙德·科尔布（Raidmund Th. Kolb）、马君兰（Martina Siebert）编：《天地论：纪念凡门德》（"Über Himmel und Erde: Festschrift für Erling von Mende"）, Harrassowitz: Wiesbaden，2006，233 - 236.（见该文注解 16。）

④ "太后闻其（赵王）独居，使人持鸩饮之……太后遂断戚夫人手足，去眼，煇耳，饮瘖药，使居厕中，命曰'人彘'."[汉]司马迁撰：《史记》卷九，北京：中华书局，1959 年，第 397 页。另见彭卫：《秦汉时期厕所及相关的卫生设施》，《寻根》1992 年第 2 期，第 18 - 21 页。

(222－589)时期的墓葬为重点①,阐述考古发现对研究古代厕所的帮助。文章开头是汉代厕所考古发现的概述,之后着重探讨中国南方六朝时期墓葬中的厕所模型明器。例如哪个时期、哪些地区出现了这种厕所的模型明器;厕所模型的外观是否具有地区性;它们和哪些陪葬品共同出现;墓葬中的厕所,是否和生人用的厕所有关;是否能将其视为社会声望和上层社会生活方式的特征。

一、汉代厕所的考古发现

厕所整体的发现非常之少,以至于如有发现,可以算是考古发掘中的幸事。一个在西安出土的断代为汉的厕所,引发了两种不同的意见:它是公共的,还是一座私人大宅院中的厕所?② 出土的茅坑,长宽至少为 4.3 米×3.8 米。砌墙有 1 米深,连着三个茅坑。一条连通的、像古罗马时期公共厕所那样的污水沟,在这个厕所的设施中并不显见。③然而,在河南省内黄县三杨庄的一个考古发掘中,发现的厕所很明显是

---

① 后来的文章立足于笔者博士论文的研究材料。笔者博士论文的导师为贺东劢(Thomas O. Höllmann)教授。安然(Annette Kieser):《乡豪、流民、新贵——公元 3 至 6 世纪中国南方的家族墓地》(*Landadel-Emigranten-Emporkömmlinge. Familienfriedhöfe des 3.－6. Jh. in Südchina*),Wiesbaden:Harrassowitz, 2002.

② 陕西省考古研究所:《西安南郊缪家寨汉代厕所遗址发掘简报》,《考古与文物》2007 年第 2 期,第 15－20 页。国庆华(Qinghua Guo):《中国汉代陶制明器建筑(公元前 206 年—公元 220 年)》("The Mingqi Pottery Buildings of Han-Dynasty China 206 BC-AD 220"),《建筑的表现和表现的建筑》(*Architectural Representations and Represented Architecture*),Brighton u. a.:Sussex Academic Press,2010,126. 关于公厕的资料,参看科尔布(Kolb):《无声无臭》("Weder Laut noch Gestank"),126.(见该文注解 26,27。)

③ 参看理查德·诺伊德克尔(Richard Neudecker):《厕所的奢华:皇城公厕的变化》("Die Pracht der Latrine: Zum Wandel öffentlicher Bedürfnisanstalten in der kaiserzeitlichen Stadt"),München:Pfeil,1994,40－61.

私人的。① 在四座挖掘出的庭院建筑中,有两座建筑配备了厕所。这两座建筑中的厕所,位于整个建筑的边缘位置,北面或西北面。厕所或是独栋,或依外墙而建。这些厕坑本身,其三面各自由砖块加固,地面下的坑洞只有23—61厘米深。

已知的是,居民区里仅有站立式或蹲式的厕所,但汉代的墓葬结构提供了一些其他形式的厕所。从战国(公元前481—前221)开始,一个观念日益被广泛接受,即冥宅应该反映阳间的生活场景。这种思想一直延续到西汉,因此当时的皇亲国戚们建造了众多的地下宫殿。明显体现这一想法的,是位于江苏省徐州市北洞山岩石上修凿的汉代石墓。楚安王刘道(公元前150年—前129年在位)很可能就葬于此。在一个由一段阶梯连通主墓室的附属墓室里,设置了厨房、储藏坑(可能是储冰处)、一口井、一间浴室及两间厕所。在整个墓室中轴线的末端,主墓室的旁边,有两间厕所。② 这两间厕所内,都有长方形或T形的蹲坑。但同样是西汉楚王墓的驮蓝山汉墓里,却有着一个不一样的厕所,在矩形蹲坑的两边,有长方形的脚塌石。解手时,可以靠在右边的石板上。③ 永城汉梁王墓群内,还有更舒服的厕所(见图9-1)。石制坐便器配有石制的靠背。厕坑上方的坐便器由两块呈L型的,顶端打磨圆滑的厚石板组成。石板底部的前端,则是成缓坡状的脚踏。脚踏上刻

---

① 林源、崔兆瑞:《河南内黄三杨庄汉代乡村聚落遗址一、二、四号庭院建筑初步研究》,《建筑与文化》2014年第8期,第48-51页。

② 第二个厕所可能是为墓主人的夫人所设计。而北洞山汉墓却和徐州其他的王侯墓不同,死者夫人并没有在同一墓穴下葬。推测应有一个原本计划将来为死者妻子举办的葬礼,但未曾实现过。徐州博物馆:《徐州北洞山西汉楚王墓》,北京:文物出版社,2003年,第6-28页。国庆华(Guo):《中国汉代陶制明器建筑(公元前206年—公元220年)》("The Mingqi Pottery Buildings"),125-137.

③ 参看周学鹰:《徐州汉墓建筑》,北京:中国建筑工业出版社,2001年,第72-82页。

有精致的树木、飞禽线形浮雕。①

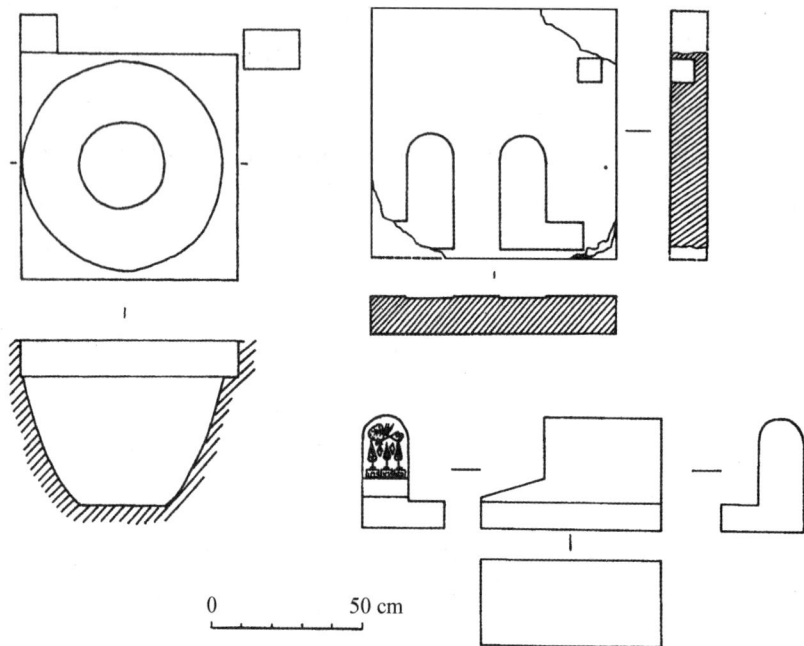

图 9-1 坐便器(左:排污孔;右上:坐便器和靠背前视图,靠背侧视图;右下:坐便器及脚踏花纹的前视及侧视图)。河南永城汉梁王墓群中的柿园汉墓

阎根齐:《芒砀山西汉梁王墓地》,北京:文物出版社,2001 年,第 96 页,图 38。

　　东汉末期的墓葬中,还发现了面积较小的厕所。② 然而,在墓葬中反映阳间生活场景的趋势越来越体现在壁画上,或是出小型的陶制模型来模拟生前的日用品。在笔者至今的研究中,墓葬壁画里没有关于

――――――――――

　　① 河南省文物考古研究所:《永城西汉梁国王陵与寝园》,郑州:中州古籍出版社,1996 年,第 124-129 页,图 25。国庆华(Guo)指出,曾发现一个战国后期涂漆的木制马桶座。国庆华(Guo):《中国汉代陶制明器建筑(公元前 206 年—公元 220 年)》("The Mingqi Pottery Buildings"),126.

　　② 如沂南东汉末或更晚期的墓。崔忠清:《山东沂南汉墓画像石》,济南:齐鲁书社,2001 年,第 2 页,图 2。

厕所的内容①，但在东汉墓中，小型厕所的模型明器却并不罕见。这与早期王侯墓葬建筑中的观察结果很相似。厨房、仓、井和厕所，是所有墓葬建筑中的一部分。根据黄晓芬的观点，灶、仓、井及厕所的模型明器，是一定身份等级以上陪葬品中所必需的一个部分②。在这些模型明器中，虽有独立的厕所出现，但更多是与猪圈相连接的厕所。也有各种不同厕所的变体，有位于猪圈旁的，有位于后方或上方的，或者是敞开的猪栏以及猪圈上方楼阁式的厕所建筑。在一些情况下，厕所成了一座较大建筑群中的一部分。某些厕所的模型细节精细，其中配有踏脚，甚至还有人偶坐于坐便器上。③ 另外，在西汉时期，墓葬中发现了双人厕所。特别是在这类厕所中，在两个隔间的一间内，放置了一个虎子。这表明，当时可能已经有了男女厕所。④

二、六朝时期厕所的考古发现

六朝时期的考古挖掘至今没有发现厕所，主要原因可能是由于中国南方长期不断的城市更新。迄今为止，六朝时期居住区的考古发掘较少。今天的南京几乎直接坐落于六朝的都城建康之上。城墙地基、寺庙、宫殿及住宅，甚至厕所，如有发现，也更多是无意间的，由大规模的道路规划（如建造地铁）所带来。公共厕所在六朝时期或已存在，但

---

① 来自佛教领域，敦煌莫高窟北周（557－581）第 290 窟中，有一个画面绘有一人正在大便。参看贺东劢（Thomas O. Höllmann）：《古代中国：一段文化史》（"Das alte China：Eine Kulturgeschichte"），München：Beck，2008，172－173.

② 依据黄晓芬全面的分析，厕所被认为是贵族及汉帝国边疆地区的墓葬建筑中的组成部分；另一方面，比如广州，已经发现了西汉中期墓葬中的陶制模型明器，而洛阳附近的墓葬，在东汉中期才出现陶制模型明器。参见黄晓芬：《汉墓的考古学研究》，长沙：岳麓书社，2003 年，第 217－227 页。

③ 国庆华（Guo）：《中国汉代陶制明器建筑（公元前 206 年—公元 220 年）》（"The Mingqi Pottery Buildings"），134，图 6.26.

④ 国庆华（Guo）：《中国汉代陶制明器建筑（公元前 206 年—公元 220 年）》（"The Mingqi Pottery Buildings"），125－137.

六朝的公厕如同少量汉代厕所的考古发现,只有在最理想的保存情况下,通过当时的砌砖,来进行考古学上的认定。比较常见的,是在地面上由木板遮掩的茅坑。通常在其上方,有一间简陋的棚屋用以遮挡。①在私人范围内,粪桶有更多的用途。很大可能是,当时的不少百姓完全在户外上厕所。六朝时期的露天厕所并不仅仅局限于乡村,首都的大部分百姓可能也在户外解手。因为首都建康被视为一座农业种植的城市,并有多条运河贯穿全城②,这给解手者提供了露天用厕的环境。

对于六朝时期厕所的了解,还必须从墓葬和陪葬品入手。因为六朝初期就有施予死者小型陶制模型器陪葬的习俗,包括各种不同的陶制建筑物或日用品,且这种习俗分布广泛。然而,至今关于这些陶制明器的研究相对较少。丁爱博(Albert Dien)的《六朝文明》(*Six Dynasties Civilization*)中,有一篇题为《动物及用具模型器》("Models of animals and equipment")的文章,其中用了三页多的篇幅来探讨这个问题。③可是,众多当时关于陪葬品的文献却完全没有提及关于厕所模型的部分。贺循(260–319)多少有在他的随葬器清单上列出了应当在墓中摆放的物品,如各种器皿和日用品。一些用陶土制作的器物,被清楚地命名为"明器",比如瓦盌盘。而从考古发掘已知的模型明器来看,只有陶灶是贺循提到过的,井或仓都未有涉及,更不用说厕所。④同样的,颜之推(531–591)在他的《终制》中,也没有提到关于模型随葬

----

① 参看贺东劢(Thomas O. Höllmann):《古代中国》("Das alte China"),172–173.

② 陆威仪(Mark Edward Lewis):《分裂的帝国:南北朝》(*China between Empires:The Northern and Southern Dynasties*),Cambridge,London:Belknap,2009,94–102.

③ 丁爱博(Albert E. Dien):《六朝文明》(*Six Dynasties Civilization*),New Haven,London:Yale University Press,2007,229–232.

④ 贺循的清单,参见[唐]杜佑(735–812):《通典》卷八十六,北京:中华书局,1988年,第2325–2326页。

品的情况。①

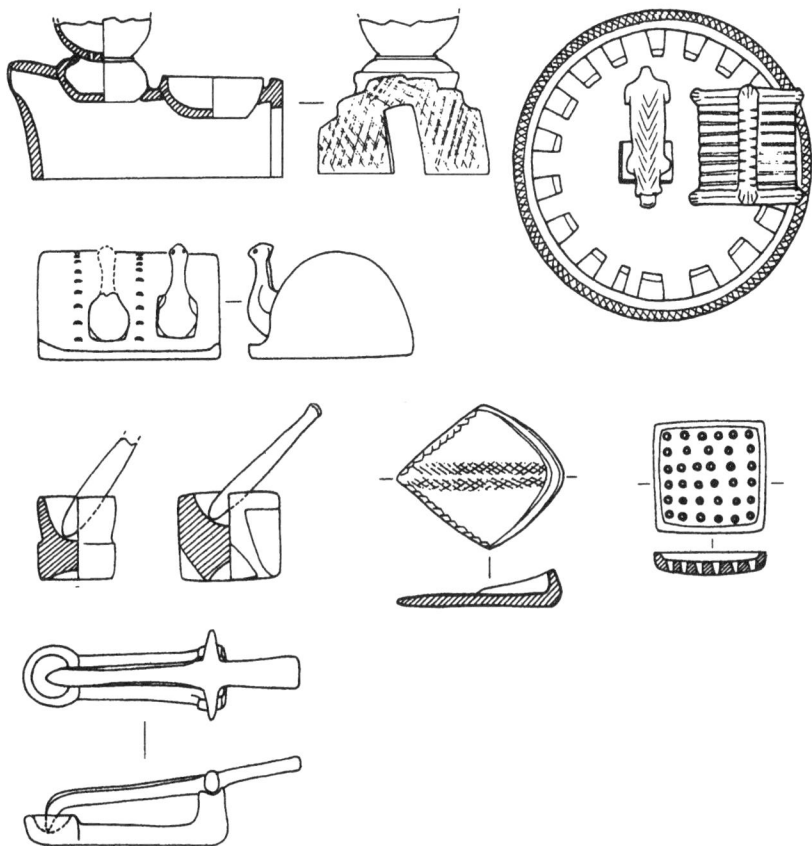

图 9-2　南京江宁上湖一座吴墓中的模型明器。灶、猪厕、禽舍、臼、箕、筛、碓。
南京市博物馆、南京市江宁区博物馆：《南京江宁上湖孙吴、西晋墓》，《文物》2007
年第 1 期，第 35-49 页，详见第 43 页，图 15。

---

① 参看丁爱博（Albert E. Dien）：《墓葬结构：颜之推之例》（"Instructions for
the Grave：The Case of Yan Zhitui"），《远东研究纪要》（*Cahiers d'Extrême-Asie*），
8（1995），41-58。从少量有关墓葬主题的文献得知，一般有黑名单或者预选名
单。与颜之推的例子类似，在最后的命令中给出相关信息，即在墓葬中不应该摆
放哪些东西以及应限制（少量）哪种陪葬品。参看房玄龄（579—648）撰写的《王祥
传记》等，《晋书》卷三十三，北京：中华书局，1974 年，第 989 页。或皇甫谧的传记，
参见《晋书》第五十一，第 1416-1418 页。

（一）京畿地区

六朝首都——建康，今天的南京。孙吴（222—280，六朝的第一个朝代）时期的大型墓葬中，有陶制的模型明器发现，它们常常比汉代的明器大很多，似乎想把阳宅中的所有陈设都陪葬到墓室里。其中有各种各样的成套组合，包含灶、井、仓、石磨、碓、臼、筛、箕、扫帚、禽舍（鸭、鹅、鸡、鸽）、山羊或绵羊棚、狗棚以及猪圈（图9-2）。有些猪圈的上方加盖了厕所。由于常常出现糟糕的保存状态，对各个墓葬中明器的确切存量，只能做非常谨慎的推论。然而，至少炉灶（灶上有一个带勺的釜和一个甑）是东吴时期每座墓葬的基本配备。最少在超过半数已被研究的东吴墓葬中（24座中的13座）发现了猪圈。其中11座墓葬中有猪圈和厕所的联合建筑。这类猪厕几乎都呈四角形的碗状（图9-3）。嵌进墙内相互留空的长条，是模仿木栅栏或镂空的墙体。墙顶有两面坡墙帽，置瓦垄。栅栏里是手塑的猪。有些情况下，还会有食槽或排污的沟渠。一根或几根柱子并连着外墙的一侧，顶端是正方形或长方形的带有硬山顶或庑殿顶的小屋厕所。屋脊饰鸱尾，向上翘起。厕所的底部则挖有一个长方形的茅坑，其排泄物直接排至位于正下方的猪圈。小茅房的入口，通常是一扇敞开的门，有时有一个斜坡或阶梯直达入口。①

但是这种习俗在西晋（265/280—316）时就已经发生了改变。这种改变不仅仅是西晋时已知的大多数模型明器由青瓷代替了普通陶器，而且明器的种类和数量也有所减少。在陪葬品中，灶仍然是明器中不可或缺的一部分。17座墓葬中，至少有11座有猪圈。然而，其中只有两个猪圈是与厕所相连的。猪圈本身大部分与早期的猪圈外形一致，

---

① 比如南京博物馆：《南京大光路孙吴薛秋墓发掘简报》，《文物》2008年第3期，第4-15页，详见第6页。可能厕所和猪圈组合的建筑数量更多，因为在墓葬出土报告中提到，猪圈和损毁厕所分离。

图 9 - 3　方形猪厕带栅栏和阶梯。高 24 cm,直径 31 cm。南京板桥西晋墓

南京市博物馆:《六朝风采》,北京:文物出版社,2004 年,第 319 页。

图 9 - 4　圆形猪圈内有躺着的猪。高 7 cm,边沿直径 12.7 cm。南京甘家巷

南京市博物馆:《六朝风采》,第 320 页。

只不过是圆的(而不是方的)。从常见的镂空碗壁猪圈,直到类似的样式减少,一般在圈里都塑有一只身形硕大的猪(图9-4)。

另一个需要解释的现象,是西晋末期的模型明器丧葬风俗几乎完全终止。[①] 在南京附近的东晋(317—420)墓中,只有灶或仓出现。直到南朝(420—589),模型的数量才稍微有所增加。除了灶和仓外,偶尔还发现了水井。但是无法回到六朝早期时的多样性,厕所也没有再被发现。[②]

(二) 长江中下游地区

位于长江下游建康的相邻地区(今浙江、安徽),在东晋伊始,如同很多中国南方的地区,停止了模型明器陪葬的习俗。与首都地区的情况相似,在进入东晋之前,模型明器在长江下游的地区已相当少见。陪葬品中有青瓷,也有陶器。在建康,已知灶上的釜和甑常常出现,而井和磨却很罕见。也有多种不同的动物圈舍陪葬器,通常是简单的畜舍以及不太容易辨认的动物。特别在浙江,猪圈并不少见,但是猪厕在浙江却没有发现。

在安徽则相反,猪圈和猪厕同时存在。其中一个猪厕是在东吴时期曹操(155—220)的宗族墓[③]中发现的。该件模型制作得尤为精致,其与建康发现的猪圈不同的是,在栅栏围绕的方形猪圈侧方(而不是上

---

①　为讨论更多的可能,参见安然(Annette Kieser):《东晋时期北方移民对南方墓葬影响的重新评估》("Northern Influence in Tombs in Southern China after 317 CE? A Reevaluation"),载巫鸿主编:《汉唐之间文化艺术的互动与交融》,北京:文物出版社,2001年,第231-268页。

②　在一个断代为南朝晚期的墓中发现唯一一个带有栅栏的猪圈却没有厕所。常州市博物馆、武进县博物馆:《江苏常州南郊画像、花纹砖墓》,《考古》1994年第12期,第1097-1103页,此处见第1101页。

③　马园村2号墓中发现了曹宪的印章,然历史文献中无曹宪之记载。安徽省亳县博物馆:《亳县曹操宗族墓葬》,《文物》1978年第8期,第32-45页,此处见第37页,图15。

方)，有一间方形的厕所，一座阶梯直达该厕入口。

不带厕所的猪棚形式多样，有模仿栅栏的圆形或方形碗状，也有直壁或弧壁的碗状。猪棚内通常有一只或两只猪俑，有些还带有猪仔或食槽。罕见的是，在江苏常州一座定为公元287年的墓葬中，发现了一间硬山顶的猪棚，棚内站着一个喂猪的女仆俑。①

长江中游地区也有类似的出土发现。但有一个例外，即湖北鄂城的孙将军墓。在这座墓中，出土了一座完整的陶院落模型。这个模型必须被视为一种地方的特色，因为在中国南方的其他墓葬中，并没有发现类似的随葬品。② 近乎正方形的院落由围墙环绕，围墙的四角各有一座碉楼。在大门出入口的上方，加盖一座高大的门楼。院落内沿着中轴线，有前殿和正殿。正殿两边各自有两间厢房，上置硬山顶。在院落的四角，有四间方形的小厢房。关于这座陶院落的描述，并没有提到在这四间小厢房中，是否有一间是厕所，或者是和猪圈相连的猪厕。即使通过插图，也无法确认。在一个住宅建筑群中的厕所，虽然可与汉代的厕所相比较，但如已知的研究所示，汉代的厕所是位于围墙外的。虽然，这座陶院落无法提供详尽的细节，但也不是没有启发。在这个例子中，可以推测的是，在这四间厢房中，一定有一间是厕所。因为一个有围墙的堡垒，屯兵作战，在战争时可能提供给众多的百姓避难，而这些避难的民众，必须得在城墙内上厕所。

---

① 金华地区文管会：《浙江常山县何家西晋纪年墓》，《考古》1984年第2期，第192页、第144页，详见第192页，图3.6。

② 鄂城县博物馆：《鄂城东吴孙将军墓》，《考古》1978年第3期，第164-167页，详见第165页。南京大学历史系考古专业、湖北省文物考古研究所、鄂州市博物馆编著：《鄂城六朝墓》，北京：科学出版社，2002年，第231-233页，图85。(作者注)自本文刊出，在长江中游地区已陆续有三座陶院落出土。

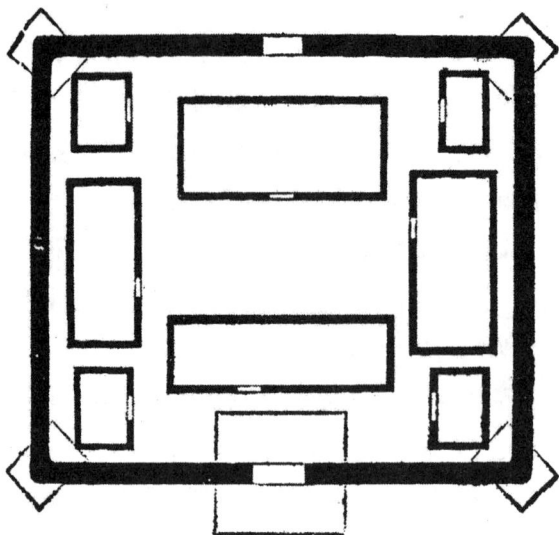

图 9-5　院落模型。宽 51 cm,碉楼高 44 cm,城墙高 9 cm。湖北鄂城东
吴孙将军墓

鄂城县博物馆:《鄂城东吴孙将军墓》,第 165 页,图 3-4。

湖北墓葬中多次出现的圈厕模型,提供了建造这些厕所的相关信息。
如同京畿地区的考古发现,湖北带有很多模型明器的墓葬,大部分都属
于东吴时期(图 9-5)。但厕所的模型明器,只有不到 12 个被发表和
研究,也很少标准化。圆形或方形的厕所,位于棚圈的上方或侧方,并
由竖条或横条的栅栏(或围墙)环绕。有的配备了阶梯,直通到厕所入
口,有的则没有。此外,厕所的外墙在某些情况下,还有如同树干上划

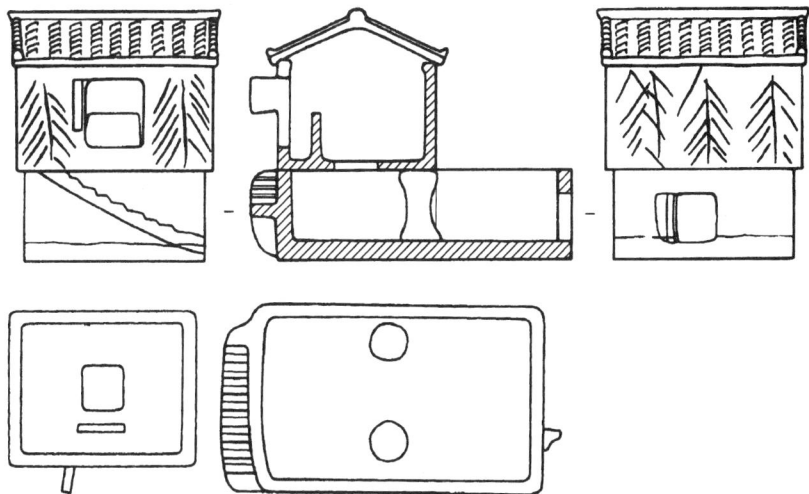

图 9-6　猪圈(圈内猪未绘)上方的方形厕所,带有阶梯;前视及后视图,侧视,厕所和猪圈的仰视图。长 19 cm,总高 18 cm。湖北鄂城 2162 号墓,六朝早期

南京大学历史系考古专业、湖北省文物考古研究所、鄂州市博物馆编著:《鄂城六朝墓》,第 234 页,图 172.1-2。

痕的装饰①(图 9-6)。有的畜舍内不仅有猪,还有禽类②(图 9-7),这一情况至今只在湖北的考古发掘中发现。最常见的模型是炉灶。厕所和灶在湖北地区,是与其他的模型明器配套出现的,如井、仓、碓(也有在碓房内)、磨以及各种不同式样的禽类圈舍和猪圈(形似圆碗)。不过,也有单个动物的造型。在湖北,东晋初期也同样出现了模型明器消失的情况。而有关陪葬品制作材料方面的变化,则是陶土和青瓷——这两种材料在当时可能同时出现。由于缺少墓志铭文,因此很多本地

----

①　此处想到汉代王墓的厕所上,线刻的树木禽鸟纹。参见河南省文物考古研究所:《永城西汉梁国王陵与寝园》,第 128 页,图 92,25。国庆华(Guo):《中国汉代陶制明器建筑(公元前 206 年—公元 220 年)》("The Mingqi Pottery Buildings"),126.

②　南京大学历史系考古专业、湖北省文物考古研究所、鄂州市博物馆编著:《鄂城六朝墓》,图 87-88。

的墓葬,通常被撰写出土简报的作者断定为六朝早期。在材料选择的变化上,从陶制到青瓷,长江中游可能与长江下游那些已经确定了不同年代(东吴与西晋间)的墓葬结果相反。

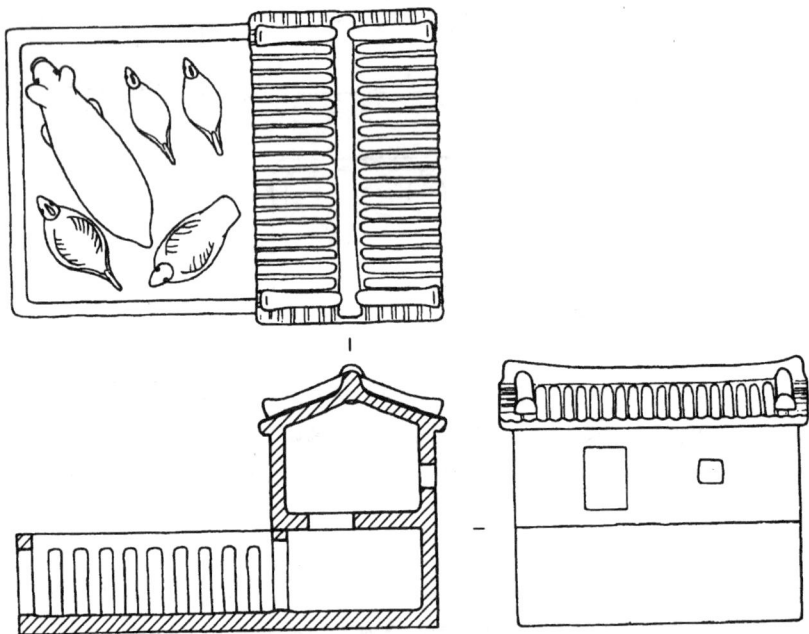

图 9-7　猪圈和禽舍上方的方形厕所。仰视,侧视和后视图。长 37. 9 cm,总高 22. 5 cm。湖北鄂城 2215 号墓,六朝早期

南京大学历史系考古专业、湖北省文物考古研究所、鄂州市博物馆编著:《鄂城六朝墓》,第 234 页,图 172.5。

相对来说,在长江中游中心以外的地区,已知的六朝墓葬较少。在江西和湖南,至今尚未发现完整的厕所模型明器。① 有碗壁呈栅栏的猪圈明器,有时里面会有两只猪,并设有污水槽。但很少有大量成套

————

① 长沙一座晋墓的一个猪圈中,发现了一个可能通向该猪厕入口的阶梯。湖南省博物馆:《长沙两晋南朝隋墓发掘报告》,《考古》1959 年第 3 期,第 75 - 105 页,此处见第 87 页。

的，如由灶、井、臼、仓、禽舍以及各式各样的畜舍（如牛舍、马厩、山羊圈和狗圈）组成的明器。① 南方其他地区常见的灶，在这里也比较罕见。

（三）华南地区

所谓"边塞地区"，已知的六朝墓葬很少。云南和贵州似乎没有模型明器，而在福州和广东的个别墓葬中，则有陪葬物品发现。② 最多的是在广西。那里的四座墓葬中，出土了数量相对较多的模型明器。这些墓葬全部断代为南朝时期，而中国南方其他的有类似模型明器的墓葬，则都属于六朝早期。广西的出土文物中，完全没有发现任何一个厕所的模型。主要发现的是动物俑，通常有猪、牛、鸭、鹅。禽舍和牛栏很少见。广西墓葬的一个特点是有田间劳作俑，另一个特点，是由滑石代替了青瓷或陶土来制作模型。③

一种独特的修饰是与炉灶有关的。前述长江中下游地区的墓葬都有类似的设计（灶上有甑和釜），而在南方的墓葬中，灶旁还设有人物俑或一只狗的模型，甚至提供菜肴，如在广州的一座墓中，灶上的釜里有一只陶制的乌龟④。

---

① 如湖南望城前半部损毁的墓葬里。长沙文物工作队：《湖南望城县东吴墓》，《文物》1984 年第 8 期，第 43－45 页。

② 如广州市文物管理委员会：《广州六朝砖室墓清理简报》，《考古通讯》1956年第 3 期，第 29－34 页，图 9－11。

③ 如广西壮族自治区文物工作队：《广西融安安宁南朝墓发掘简报》，《考古》1984 年第 7 期，第 627－632 页、第 635 页。该墓葬发掘报告指出，宋朝地方志《桂海虞衡志》中，有关于广西北部丰富的滑石之记载。

④ 广州市文物管理委员会：《广州六朝砖室墓清理简报》，图 11.1。

三、结 论

六朝考古出土的厕所模型概况说明了：在早期的大型墓葬中，有大量品种繁多的模型明器，其中就包括了厕所模型。这些墓葬属于政治精英家族，并非常靠近当时的权力中心。因此，模型明器及厕所模型，常在东吴的首都——建业（南京）附近的墓葬中发现。长江中游地区六朝早期的大型墓葬，也有类似的情况。特别在鄂城，那里反映了东吴之后，由于地方政治力量衰退，从而导致了模型明器大幅度减少的状况。因为鄂城（当时称为武昌）直到公元 229 年迁都至建业（后称建康）之前，都是东吴初年的首都。目前推测，模型明器是长期在南方定居的汉族上层社会的一种主要丧葬习俗。因为一方面，在南京附近发现了东吴、西晋时期的铭文砖，墓中的死者被认为是这类上层社会家族的成员[①]。另一方面，是之后的首都——武昌和建康，以前就是很多汉族移民向南迁徙的目的地[②]。然而，为何就在一大波移民潮之后，在西晋于公元 316 年灭亡以后，众多的汉人从北方陷落的都城逃亡到南方，而这时将模型明器带入墓葬的习俗却突然中断了，这一问题迄今仍没能得到充分的解析。模型明器的消失，可能是由于政治流亡者在流亡初期，希望能够尽快回到北方的故土，因此为死者建造了一个临时的，没有必要完工的墓穴[③]。这里一定有深层次的，在墓葬观念上的根本改变。另外，也必须考虑到这段时期为逝者厚葬的贵族成员组成方面的变化。当然，完全不能就这一结果得出这样的结论，即由于模型明器和厕所模

---

① 参见安然（Annette Kieser）：《乡豪、流民、新贵——公元 3 至 6 世纪中国南方的家族墓地》(*Landadel*)，54 - 82.

② 陆威仪（Lewis）：《分裂的帝国》(*China between Empires*)，14 - 17.

③ 参见安然（Annette Kieser）：《东晋时期北方移民对南方墓葬影响的重新评估》("Northern Influence in Tombs")，载巫鸿主编：《汉唐之间文化艺术的互动与交融》，第 256 - 263 页。

型消失，因此自东晋起就没有建造厕所。应该是当时有能力在其府邸修建奢侈厕所的社会上层成员，可能发生了改变。

另外，不是所有墓葬的模型明器都带有厕所，原因可能是盗墓。目前没有出土过完整无缺的整套陪葬模型。比如任何家庭都会拥有的炉灶，在所有模型明器的墓内，就无法找到标准器。墓葬中相对少见的厕所模型，可能是为了通过特意建造的厕所，来表现墓主人生前能担负起很少人拥有的奢华生活。其他十分常见的如厕选择，还有便壶、马桶、露天或猪栏的边缘。

墓葬中模型明器的规格组合，反映了中国南方的农业水平。一个可以有效运转的，具备一定规模的家庭，最理想的状态是拥有不同的家畜——猪、绵羊、山羊和鸡禽，牛则比较罕见。另外，还需配备各种农作物的加工器具——石磨、碓等。所以，根据当时的发掘结果，没有带猪圈的厕所也不足为奇。人的排泄物不只对猪而言是有价值的附加饲料，①粪便也可以作为重要的肥料。猪圈和厕所共用的排污槽，都有可以同时清除污垢的实用效果。这个实用的，将厕所和猪圈组合起来的用途，直到近些年都还保留着。在中国的农村地区，还时常可以看到。不管怎样，《史记》里提到的吕后把她记恨的人做成"人彘"，并扔进厕所。在这个背景下，可以有如下的解释：戚夫人可能并没有被扔进厕所，而是扔进了厕所下面的猪圈，所以被称为"人彘"。

关于墓葬中厕所原本的位置，只有很少的研究。这与古墓糟糕的保存状态有关，也与其是否被盗以及自然环境的侵蚀程度有关。只要墓中的厕所清晰可认，就能在墓穴里的不同位置被发现。其一般在前室，与其他的模型明器摆放在一起。在一次考古发现中，我们得以探寻到与阴宅几乎相类似的真实生活场景：南京一座年代为公元 254 年的墓葬内部，对阳间的仿效体现出了更多的价值意义。该墓的厕所被安

---

① 科尔布（Kolb）：《无声无臭》（"Weder Laut noch Gestank"），233.

置在一个壁龛内，与其他的明器分开摆放。这个壁龛是朝主墓室敞开的。① 这让人想起了汉代的传统，汉代王侯石墓里的厕所，作为独立分开的房间，被设计在逝者的棺木附近。这可能表示，在真实的生活中，厕所就位于皇宫内的卧室旁。在石墓附属墓室里添置的厕所，不仅反映了其实际的用途（比如在现实生活中，去厕所可以避免绕路），而且还表明了宫殿里的一个普遍现象，即根据等级设置不同的厕所。而根据性别分置的厕所，在汉代也很有可能已经存在。一方面是在石墓中，靠近主墓室的地方，在一些情况下分别有两间厕所。另一方面，厕所的模型明器也是同样分开摆放的。这样的设置，是否与六朝贵族宅邸的设计有关，还不能得到详细的论证，因为可作比较的陵墓没有再被建造，而且可比较的两个排便器模型，也没能在随葬品中更多地发现。性别分开的厕所，发现于一座夫妻墓中，有两套模型明器（一套是陶制明器，另一套是青瓷明器）以及两个各自分别的排便器物。② 虎子的使用方法表明了使用者的性别。如同在南京发掘的某座墓葬那样，男性墓主人的脚边有一个虎子③，而墓主人夫人的脚边，却没有马桶或类似供排泄的器物。许是由于木制的原因，马桶或类似的器物已经腐蚀消失。

六朝厕所的造型，缺乏汉代那样想象力丰富的设计。少量的变化只在局部的地区有所发现，但是建康周围的模型厕所，却很标准化。对于厕所内部的设置，六朝的考古资料也只有少量的说明。一个矩形坑的蹲厕，应该是当时较为普遍的厕所。考古发现的厕所模型明器中，没

---

① 幕府山2号墓，参看南京市博物馆：《南京郊县四座吴墓发掘简报》，《文物资料丛刊》1983年第8期，第1-15页，尤见第1-7页。

② 该墓在江宁上坊发现，并断代为公元275年。参见南京市博物馆：《南京郊县四座吴墓》，第9-12页。另外还有两套陪葬品，在安徽的一座夫妻合葬墓中发现。但除了各自分别有两个储藏容器和一辆牛车外，只有两个不带厕所的猪圈。朱献雄：《安徽青阳县清理一座西晋残墓》，《考古》1992年第11期，第1050-1051页，第1003页。

③ 南京市博物馆：《南京象山5号、6号、7号墓清理简报》，《文物》1972年第11期，第23-41页，此处见第29页。

有一件是精巧制作的坐便器。但还是可以想象六朝的王公贵族如同汉朝的贵族那样,可以享受一个奢华的便桶。而且在如此豪华的便桶旁,一定还配有盥洗设备。同样在六朝,解手时出现了靠背及扶手。也许当时在中国南方,也有与石崇府邸类似的厕所,厕所内有固定的地方来放置器皿,以盛放塞鼻孔用的干枣。最后需要思考的,是文章开头引文中,有关石崇厕所的描述。如同模型明器那样,石崇的厕所可能位于猪圈上方。而这对于贵族娇惯的鼻子来说,是否负担太重? 这些干枣是用来抑制动物气味的,还是仅仅用来抵制源于自身排泄物的异味? 这些疑问只能等待将来的研究来解答了。

李敏(德国明斯特大学)译

译后记

安然(Annette Kieser)研究员现供职于德国明斯特大学汉学系暨东亚研究所。本书为其 2002 年至 2019 年间,以德文和英文发表的九篇文章之中译。诸文在精选之下,汇为一编,并分别由六位学者同期翻译,历时半年完成。

书中各篇文章从不同的角度出发,考察了中国中古早期,特别是东晋及南朝时期的墓葬和特定之出土文物,并通过它们来透视当时的社会历史背景。

在《魂返故土还是寄托异乡:从墓葬和墓志看东晋的流徙士族》《建康东晋流徙士族墓葬新解》《"长眠于他挚爱的山中"? 寻找王羲之墓》三篇文章中,作者对东晋时期的流徙士族墓进行了详细的分析。通过对墓葬结构、墓葬装饰、随葬品情况以及墓志书写等方面的研究,作者认为,在东晋时期,特别是在东晋初期,流徙士族的墓葬多以家族墓之形式,围绕着首都建康而设。并且,它们多为临时性的墓葬。东晋初期,自北方南迁而来的世家大族始终期盼着能在不久的将来收复故土,重返家园。因此,他们在南方的墓葬不仅规模狭小,而且棺内与棺外的随葬品差异明显。甚至在这些流徙士族的墓志铭中,还表明了它们为临时的安息之所。由此作者推测,一旦北方光复,他们就将重新打开墓葬,带上家族逝者的棺木,一同迁往故土家园。作者在这三篇文章中,希望于文献资料外,通过实物的印证,来说明东晋当时特殊的社会历史背景,并试图还原彼时真实的社会面貌,这是具有积极启发意义的。

在《"广州皆平康":南朝广东的墓葬与移民》《葬礼对犯罪与道德的态度》《从考古角度看东晋社会:初探》三篇文章中,作者对东晋时期南方社会的不同群体组成进行了探讨。这些群体主要分为三类:北方汉人流徙者、早期的汉人居留者和南方的地方土著。这三类群体分布于当时南方的不同区域,即长江下游的广大都城地区、长江中游的次级中心,以及华南的偏远区域。通过对墓葬的考察,作者发现不同的群体在东晋社会中所处的地位不尽相同,但在组成这一偏安王朝的过程中,都发挥了自己的作用。魏晋南北朝时期,曾经发生过三次人口南徙的大潮,作者通过分析六朝时期广东地区的墓葬(从陪葬品和墓葬样式入手),考证了当时移民南下的路线,特别是那些自长江流域南下的移民之迁徙路线及其落脚点。作者的论证基于对地下文物的细致观察,其分析之精辟,令人耳目一新。

在《孝子贤孙不见了? 一个在时代变迁中消失的主题(东汉至南北朝)》《六朝(220—589 年)漆器之考察》《香袋和猪圈:中国南方六朝墓葬中的厕所模型明器》三篇文章中,作者对中古早期,特别是南北朝时期特定的随葬品,即绘有孝子图像的画像石、漆器和厕所模型明器等进行了分析。透过考察这些当时的随葬品,作者阐释了它们于时代中兴衰起伏的历史原因。如在西晋灭亡后,在众多的汉人从北方逃到南方后,以模型明器随葬的习俗突然中断。作者认为,这可能是由于政治流亡者在流亡初期,希望能够尽快回到北方的故土,于是为死者建造了一个临时的墓葬,而不再随葬大量的模型明器。在作者看来,是墓葬观念上深层次的根本改变,造成了厕所模型明器大幅度的减少。关于汉时墓葬中流行的孝道主题之消失,作者认为,这与汉代以后儒家价值观的变化有关。在南北朝时期,北方重新接纳孝道的主题,或许是为了通过对传统典范的重提,来寻求统治的合法性。而在南方地区,则是新的主角("竹林七贤")接替了该主题中传统孝子的形象。总的来说,作者希望通过分析中古早期墓葬中随葬品的兴衰,来告知读者:地下文物是关于过往世界生与死的痕迹。透过考古,透过文物,可使我们获得文献以外更多的信息,也使我们更为生动地了解古人曾经的世界。这或许,就是考古者所谓的"以物说话、透物见人"吧。

本书的翻译虽历时不久,然作者及每位译者,均以极其认真和负责之态度,在付出了大量心血的情况下完成。诸位译者在翻译的过程中,在修改和校对原文时,虽已保持着精益求精之专业态度,然由于本书内容涉及广泛,译者的学力和能力有限,因此误译和错译或在所难免,希望读者不吝赐教,我们对此深表感激。

最后,感谢南京大学历史学院胡阿祥教授以及南京大学出版社对于本书翻译的鼓励和支持,在此表示衷心的感谢!

周胤

2019 年 7 月于重庆

"南京大学六朝研究所书系"已出图书

一、甲种专著

1.《东晋南朝侨州郡县与侨流人口研究》(修订本),胡阿祥著,江苏人民出版社,2019年10月版,"甲种专著"第壹号;

2.《中古丧葬礼俗中佛教因素演进的考古学研究》,吴桂兵著,科学出版社,2019年12月版,"甲种专著"第贰号;

3.《六朝的城市与社会》(增订本),刘淑芬著,南京大学出版社,2021年1月版,"甲种专著"第叁号。

二、乙种论集

1.《"都城圈"与"都城圈社会"研究文集——以六朝建康为中心》,张学锋编,南京大学出版社,2021年1月版,"乙种论集"第壹号。

三、丙种译丛

1.《中古中国的荫护与社群:公元400—600年的襄阳城》,[美]戚安道著,毕云译,南京大学出版社,2021年1月版,"丙种译丛"第壹号;

2.《从文物考古透视六朝社会》,[德]安然著,周胤等译,南京大学出版社,2021年1月版,"丙种译丛"第贰号。

四、丁种资料

1.《建康实录》,(唐)许嵩撰,张学锋、陆帅整理,南京出版社,2019年10月版,"丁种资料"第壹号。

五、戊种公共史学

1.《"胡"说六朝》,胡阿祥著,江苏人民出版社,2019年6月版,"戊种公共史学"第壹号;

2.《谢朓传》,胡阿祥、王景福著,凤凰出版社,2019年12月版,"戊种公共史学"第贰号。